試験直前まで手放せない!

2024年版

ユーキャンの行政書士これだけ!一問一答集

ユーキャン
自由国民社

〈 本書における法令の基準日 〉

本書は、原則として、令和５年 11 月１日現在施行の法令および令和５年 11 月１日現在において令和６年４月１日までに施行されることが判明している法令に基づいて執筆されています。執筆以後の法改正情報等については、下記「ユーキャンの本」ウェブサイト内「追補（法改正・正誤）」にて、適宜お知らせいたします。

https://www.u-can.co.jp/book/information

ユーキャンの

これだけ！一問一答集

ここがポイント！

最終確認の強い味方！

ユーキャンの行政書士『これだけ！ 一問一答集』は、試験直前にしっかり確認しておきたい事項を一問一答形式でコンパクトにまとめた問題集です。持ち運びに便利な新書サイズ＆赤シートつきなので、いつでもどこでも手軽に学習できます。

受験対策に必須の基本事項を網羅した 1,000 問

過去の本試験の出題傾向の分析に基づいて、繰り返し問われる重要事項を、1,000 問の○×問題にしました。解答解説は見開きで掲載しているので、知識の確認がスムーズに行えます。

横断的に学習できるまとめページ

一問一答では体系的に理解しづらい重要項目は、「POINT マスター」のページにまとめてあります。大事なポイントを図表などで横断的に解説しているので、一問一答とあわせて効率よく学習することができます。

本書の使い方

本書は、○×形式の一問一答ページとポイントまとめページで構成されています。問題ページで知識を確認、まとめページで重要ポイントを整理することができます。

1 一問一答で知識を確認

まずは、赤シートで右ページの解答を隠しながら一問一答問題を解き、自分の理解度を確認しましょう。

2 右ページの解説をチェック

間違えた問題はしっかり解説を確認し、確実に理解しましょう。正解した問題も解説を読み、プラスアルファの知識を吸収しましょう。

行政法 ⑨ 地方自治法

★★ Q421 □□【予想】 憲法上、地方公共団体の組織および運営に関する事項は「地方自治の本旨」に基づいて法律で定めることとされているが、「地方自治の本旨」とは住民自治のみを指し、団体自治はこれに含まれない。

Q422 □□【平24】 地方自治法は、その目的として、「地方公共団体の健全な発達を保障すること」をあげている。

★ Q423 □□【予想】 憲法上、地方公共団体として都道府県および市町村の両方が設置されるべきことが明文で規定されているため、地方公共団体のうち都道府県を残し、市町村を廃止することは当然に憲法に違反する。

Q424 □□【令5】 市となるべき普通地方公共団体の要件として、地方自治法それ自体は具体的な数を示した人口要件を規定していないが、当該都道府県の条例で人口要件を定めることはできる。

★★ Q425 □□【予想】 地方公共団体の長の直接選挙制を廃止して、地方議会が長を選任することとしたとしても憲法では…… 都の特別…… 事の同… いとする…

190

直前期に、これだけ！は押さえておきたい基本事項を問う問題です。

● **出典の明記**

【予 想】⇨オリジナル問題です。
【令５】⇨この場合、令和５年度試験で出題されたことを表します。
なお、一部改変した過去問題には「改」と付記しています。

● **重要度**

高い ↑ 重要度 低い
★★
★
過去の出題傾向を踏まえた重要度を三段階で表記。★★、★がついている問題の知識は必須です。

問題にも解説にもチェックボックスが２回分。繰り返しが学習効果を高めます。

POINTマスター 憲法

1 公共の福祉による人権相互の調整

公共の福祉は、人権相互の矛盾や衝突を調整する原理であるとの考え方が有力であり、憲法上、次に示す条文に規定されている。

自由・権利の利用の責任（12条）	生命・自由・幸福追求権（13条）
居住・移転・職業選択の自由（22条1項）	財産権（29条2項）

2 労働基本権（労働三権）

団結権	労働者の団体を組織する権利（労働組合結成権）
団体交渉権	労働者の団体が使用者と労働条件について交渉する権利
団体行動権（争議権）	労働者の団体が労働条件の実現を図るために団体行動（その中心は、いわゆるストライキなどの争議行為）を行う権利

3 公務員の労働基本権の制限

	団結権	団体交渉権	争議権
警察職員、消防職員、自衛隊員、海上保安庁または刑事施設に勤務する職員	○	○	○
非現業の一般公務員	×	○	○
現業公務員	×	×	○

○：制限あり　×：制限なし

62

3 まとめページで横断整理

一問一答だけではフォローしきれない重要項目は、まとめページでしっかり確認し、知識を整理しましょう。

横断的な重要項目を図表などで整理しました。また、憲法においては、『判例まとめ』で、本試験に頻出の重要判例を列記していますので、あわせて覚えましょう。赤シートを使うとより効果的です。

…自治法は、確実な得点源とできるよう、全体を網羅的に…
…ましょう。

行政法　地方自治法

421 地方自治の本旨は、住民自治と団体自治の両…意味する。

422 地方自治法は、地方公共団体の健全な発達を保障することを目的とする（1条）。 ○

423 憲法上、都道府県および市町村の両方が設置されるべき旨の規定はなく、市町村と都道府県という二段構造が当然に憲法上の要請であるかについては争いがある。市町村を廃止し、都道府県のみにすることは当然に憲法に違反するとはいえない。 ×

424 地方自治法は、市になるときに必要とされる成立要件として、人口5万人以上という具体的な数を示した人口要件を規定している（8条1項1号）。 ×

425 憲法は、地方公共団体の長…ているので、地方議会が…となる。ただし、特別…特別区の特殊性を強調し…る地方公共団体にはあた…判昭38.3.27）。

解説ページは『穴埋め問題集』としても活用できます！

重要部分が赤字になっているので、赤シートを使い穴埋め形式でチェックすることも可能です。

目　次

商法

基礎法学

基礎知識

POINT マスター一覧

憲法

行政法

民法

行政書士試験の概要

（1）受験資格

年齢、学歴、国籍等に関係なく、誰でも受験することができます。

（2）受験スケジュールと手続

	インターネットによる申込み	郵送による申込み
受験願書配布・掲載期間	7月下旬から8月下旬頃	郵送配布…7月下旬から8月下旬頃 窓口配布…7月下旬から8月下旬頃
受験願書配布・掲載場所	（一財）行政書士試験研究センターのホームページ	（一財）行政書士試験研究センターほか各都道府県の指定箇所
申込受付期間	7月下旬から8月下旬頃	7月下旬から8月下旬頃
受験票の交付	10月下旬頃受験者宛に発送されます	
試験実施日	11月第2日曜日　午後1時～午後4時（3時間）	
合格者の発表	試験翌年の1月下旬に（一財）行政書士試験研究センター事務所の掲示板とホームページ上に合格者の受験番号一覧が掲載されます。なお、合格者には合格証が送付されます	

注）上記は令和5年度試験の日程をもとに作成しています。令和6年度試験の実施要項については変更になる可能性がありますのでご注意ください。
具体的な日程は、一般財団法人行政書士試験研究センターのホームページ等でご確認ください。

（3）出題形式

試験は、筆記試験によって行われます。

出題の形式は、「行政書士の業務に関し必要な法令等」については択一式および記述式、「行政書士の業務に関し必要な基礎知識」については択一式です。

記述式の問題は、40字程度で記述するものが出題されます。

（4）出題範囲

試験科目	内容等
行政書士の業務に関し必要な法令等（出題数46題）	憲法、行政法（行政法の一般的な法理論、行政手続法、行政不服審査法、行政事件訴訟法、国家賠償法および地方自治法を中心とする）、民法、商法および基礎法学のなかからそれぞれ出題されます
行政書士の業務に関し必要な基礎知識（出題数14題）	一般知識、行政書士法等行政書士業務と密接に関連する諸法令、情報通信・個人情報保護および文章理解のなかからそれぞれ出題されます

注）法令については、試験を実施する日の属する年度の４月１日現在施行されている法令に関して出題されます。
なお、「行政書士法等行政書士業務と密接に関連する諸法令」は、令和６年度に実施される試験から出題範囲に明記されましたが、従前から「一般知識等」の範囲内で出題しうるとされており、試験の内容および出題範囲を変更するものではないとされています。

（5）配点

試験の配点は以下のようになります。

試験科目	出題形式		出題数	満　点
法令等	択一式	５肢択一式	40問	160点
		多肢選択式	3問	24点
	記述式		3問	60点
	計		46問	244点
基礎知識	択一式	５肢択一式	14問	56点
合　計			60問	300点

（備考）問題別配点
＊択一式　５肢択一式　１問につき４点
　　　　　多肢選択式　１問につき８点　空欄（ア〜エ）一つにつき２点
＊記述式　１問につき 20 点

（6）合格基準

次の要件のいずれも満たした者が合格となります。

「行政書士の業務に関し必要な法令等」科目の得点が、満点の 50%以上である者
「行政書士の業務に関し必要な基礎知識」科目の得点が、満点の 40%以上である者
試験全体の得点が、満点の 60%以上である者

なお、合格基準については、問題の難易度を評価し、補正的措置が加えられることもあります。

（7）試験実施機関

名称：一般財団法人 行政書士試験研究センター
電話：03 － 3263 － 7700（試験専用）
https://gyosei-shiken.or.jp

受験データ

年　度	申込者数	受験者数	合格者数	合格率
平成 30 年度	50,926 人	39,105 人	4,968 人	12.7%
令和 元 年度	52,386 人	39,821 人	4,571 人	11.5%
令和 2 年度	54,847 人	41,681 人	4,470 人	10.7%
令和 3 年度	61,869 人	47,870 人	5,353 人	11.2%
令和 4 年度	60,479 人	47,850 人	5,802 人	12.1%

※ 令和５年度の受験データについては、一般財団法人行政書士試験研究センター発表のものをご確認ください。

試験の特徴

（1）択一式

択一式とは、五つの選択肢のなかから答えを一つ見つけ出す試験の形式をいいます。問題を解くにあたっては細部までの確かな知識が必要です。

⇒本書で一問一答形式の問題を数多く解き、出題の傾向に慣れることで、正答を導く力を養いましょう。

（2）多肢選択式

多肢選択式は、問題文に空欄が複数あり、そこに語句群から適当な語句を選択し、埋めて答える形式をいいます。語句群はまぎらわしいものばかりなので、不注意な失点のないように気をつける必要があります。

⇒本書の解説ページを赤シートで隠し、穴埋め問題として利用してみるなどして、重要語句の知識の習得に努めましょう。

（3）記述式

指定された字数で文章を作成し、答える形式をいいます。直近の試験では、法律科目の民法から２問、行政法から１問出題されています。

民　法	ある効果を認めるための条件（要件という）を答えさせたり、大原則とその例外を答えさせたりする問題が出題される傾向にあります。
行政法	行政事件訴訟法や行政手続法に定める具体的な手続の流れや、訴訟を行うための要件を答えさせる問題が出題されています。

解答を40字程度の字数でまとめるための訓練が必要になりますので、多くの設問の解答を実際に書いて覚えてください。

憲法 ① 憲法総論

★
Q 1
□□
【予想】

「法の支配」は、公権力の担い手を法で拘束し、恣意的な統治活動がなされることを防ぐことを目的としており、その内容は法治主義と同じである。

Q 2
□□
【予想】

実質的意味の憲法であっても、制限規範の性質を備えていないものは立憲主義的意味の憲法ということはできない。

Q 3
□□
【予想】

日本国憲法が大日本帝国憲法の改正手続に従って成立した点につき、いわゆる八月革命説は、天皇主権から国民主権への転換は法的に不可能であり、ポツダム宣言の受諾によって法的意味での革命があったと説明する。

★★
Q 4
□□
【予想】

一般に、主権には、①国家の統治権、②統治権の対外的独立性ないし対内的最高性、③国政の最高決定権の三つの意味があるとされるが、日本国憲法前文における「主権」の言葉は、いずれも③の意味で用いられている。

★
Q 5
□□
【予想】

「これは人類普遍の原理であり、この憲法は、かかる原理に基くものである。われらは、これに反する一切の憲法、法令及び詔勅を排除する」との日本国憲法前文は、憲法改正に限界があることを示すと解すると、人類普遍の原理たる民主主義を否定する内容の憲法改正は理論的には不可能ということになる。

憲法は、どのような点で他の一般の法律と異なるか、その特色を押さえておきましょう。

A 1 □□
法の支配の「法」は、法律の内容が合理的なものでなくてはならず、法律の内容がどのようなものであっても、行政権の行使は議会の制定する法律に反してはならないとする法治主義とは異なる。 ×

A 2 □□
立憲主義的意味の憲法は、専断的な権力を制限して国民の権利を保障するとの考えであるから、制限規範の意味を備えないものは、立憲主義的意味の憲法とはいえない。 ○

A 3 □□
八月革命説は、憲法改正限界説に立ったうえ、天皇主権から国民主権への転換は改正権の限界を超えており、ポツダム宣言の受諾によって法的意味での革命があったとしている。 ○

A 4 □□
前文１項の「ここに主権が国民に存することを宣言し」というのは③の意味であるが、前文３項の「自国の主権を維持し」というのは、②の意味である。 ×

A 5 □□
日本国憲法前文を本問のように解すると、人類普遍の原理たる民主主義を否定する内容の憲法改正は理論的には不可能となる。 ○

憲法 ② 人権総論

★
Q 6
□□
【予想】

税理士会が、税理士に係る法令の制定改廃に関する政治的要求を実現することを目的として行った、政党など政治資金規正法上の政治団体に金員を寄付するために特別会費を徴収する旨の総会決議は無効である。

★★
Q 7
□□
【平27】

わが国に在留する外国人は、憲法上、外国に一時旅行する自由を保障されているものではない。

★★
Q 8
□□
【平29】

わが国の政治的意思決定またはその実施に影響を及ぼすなど、外国人の地位に照らして認めるのが相当でないと解されるものを除き、外国人にも政治活動の自由の保障が及ぶ。

★★
Q 9
□□
【令3】

個人の容ぼうや姿態は公道上などで誰もが容易に確認できるものであるから、個人の私生活上の自由の一つとして、警察官によって本人の承諾なしにみだりにその容ぼう・姿態を撮影されない自由を認めることはできない。

★
Q 10
□□
【平27】

国家機関が国民に対して正当な理由なく指紋の押捺を強制することは、憲法13条の趣旨に反するが、この自由の保障は我が国に在留する外国人にまで及ぶものではない。

人権の享有主体について、判例の立場を押さえておきましょう。

A 6 □□

南九州税理士会政治献金事件で、最高裁は、このような行為は税理士会の目的外の行為であり、無効となると判示した（最判平 8.3.19）。 ○

A 7 □□

森川キャサリーン事件で、最高裁は、外国に一時旅行する自由は、わが国に在留する外国人には保障されないと判示した（最判平 4.11.16）。 ○

A 8 □□

マクリーン事件で、最高裁は、外国人の政治活動についても、わが国の政治的意思決定またはその実施に影響を及ぼす活動等外国人の地位に鑑みこれを認めることが相当でないと解されるものを除き保障されると判示した（最大判昭 53.10.4）。 ○

A 9 □□

京都府学連事件で、最高裁は、警察官が、正当な理由もないのに、個人の容ぼう・姿態を撮影することは、13条の趣旨に反し、許されないと判示した（最大判昭 44.12.24）。 ×

A 10 □□

指紋押なつ拒否事件で、最高裁は、みだりに指紋の押なつを強制されない自由の保障はわが国に在留する外国人にも等しく及ぶと判示した（最判平 7.12.15）。 ×

★

Q 11

□□

【平19】

普通地方公共団体は、条例等の定めるところによりその職員に在留外国人を採用することを認められているが、この際に、その処遇について合理的な理由に基づいて日本国民と異なる取扱いをすることは許される。

★

Q 12

□□

【予想】

公務就任権は、参政権的性格があると考えると、外国人が国家意思の形成に参画できない以上、国家意思の形成への参画に携わる公務員への就任権については、選挙権と同様に憲法上、当然には外国人に保障されていない。

Q 13

□□

【平27】

社会保障上の施策において在留外国人をどのように処遇するかについては、国は、特別の条約の存しない限り、その政治的判断によってこれを決定することができる。

★★

Q 14

□□

【平25】

私人間においては、一方が他方より優越的地位にある場合には私法の一般規定を通じ憲法の効力を直接及ぼすことができるが、それ以外の場合は、私的自治の原則によって問題の解決が図られるべきである。

Q 15

□□

【平18】

私人による差別的行為であっても、それが公権力との重要な関わり合いの下で生じた場合や、その私人が国の行為に準じるような高度に公的な機能を行使している場合には、法の下の平等を定める憲法14条が直接に適用される。

A 11 □□

外国人管理職事件で、最高裁は、条例等の定めるところにより普通地方公共団体はその職員に在留外国人を採用することを認められているが、その処遇について合理的な理由に基づいて日本国民と異なる取扱いをすることは許されると判示した（最判平 17.1.26）。 ○

A 12 □□

最高裁は、定住外国人の国家意思の形成への参画に携わる公務員への就任権については、憲法上当然に保障されるものではないと判示した（外国人管理職事件、最判平 17.1.26）。 ○

A 13 □□

最高裁は、塩見訴訟において、本問に掲げた理由により、旧国民年金法の国籍条項が、生存権や平等原則に反しないと判示した（最判平 1.3.2）。 ○

A 14 □□

最高裁は、憲法の私人間効力に関して、一方が他方より優越的地位にあるかどうかを問題にせず、間接適用説に立ち、私人相互間の関係について当然に適用ないし類推適用されるものでないと判示した（三菱樹脂事件、最大判昭 48.12.12）。 ×

A 15 □□

本問の見解は、アメリカの判例で採用された「国家行為の理論」であるが、最高裁は、この理論を採用していない。 ×

憲法 ③ 精神的自由権

★★
Q16
□□
【平21】

憲法19条の「思想及び良心の自由」は、国民がいかなる思想を抱いているかについて国家権力が開示を強制することを禁止するものであるため、謝罪広告の強制は、それが事態の真相を告白し陳謝の意を表するに止まる程度であっても許されない。

★★
Q17
□□
【平28】

信仰の自由の保障は私人間にも間接的に及ぶので、自己の信仰上の静謐を他者の宗教上の行為によって害された場合、原則として、かかる宗教上の感情を被侵害利益として損害賠償や差止めを請求するなど、法的救済を求めることができる。

★
Q18
□□
【予想】

宗教法人に対する解散命令は、宗教団体の法人格を剥奪するなど法人としての活動に対する規制を行うにすぎず、信者の宗教上の行為に何ら支障を生じさせるものではないから、憲法20条1項に違反するものではない。

★★
Q19
□□
【平21】

憲法20条3項は、国と宗教とのかかわり合いが、その目的と効果に照らして相当な限度を超えた場合にこれを禁止する趣旨であるため、国公立学校で真摯な宗教的理由から体育実技を履修できない学生に対して代替措置を認めることを一切禁じるものではない。

精神的自由権のなかでも、優越的地位を認められている表現の自由について、その内容を押さえておきましょう。

A 16 □□

最高裁は、謝罪広告について、単に事態の真相を告白し陳謝の意を表すにとどまる程度のものは、強制しても許されると判示した（最大判昭 31.7.4）。 ×

A 17 □□

自衛官合祀拒否事件で、最高裁は、静謐(せいひつ)な宗教的環境の下で信仰生活を送るべき利益は、ただちに法的利益と認めることができないと判示した（最大判昭 63.6.1）。 ×

A 18 □□

最高裁は、本問のような場合、信者の宗教上の行為に何ら支障を生じさせるものではないとはしておらず、「支障が生ずることが避けられないとしても、その支障は、解散命令に伴う間接的で事実上のものであるにとどまる」と判示した（最決平 8.1.30）。 ×

A 19 □□

最高裁は、20 条 3 項に違反するか否かの判断基準として、いわゆる目的効果基準を採用しており、本問のような場合に代替措置をとることが 20 条 3 項に違反するということができないのは明らかであると判示した（最判平 8.3.8）。 ○

★★
Q 20
□□
【予想】

政教分離規定に違反する国またはその機関の活動も、信教の自由を直接侵害するに至らない限り、私人に対する関係で当然には違法と評価されるものではない。

★
Q 21
□□
【平28】

憲法は、宗教と何らかのかかわり合いのある行為を行っている組織ないし団体であれば、これに対する公金の支出を禁じていると解されるが、宗教活動を本来の目的としない組織はこれに該当しない。

★★
Q 22
□□
【令2】

表現の内容規制とは、ある表現が伝達しようとするメッセージを理由とした規制であり、政府の転覆を煽動する文書の禁止、国家機密に属する情報の公表の禁止などがその例である。

★★
Q 23
□□
【予想】

市民会館を集会目的で使用することについて、条例により許可制をとること自体は、憲法21条違反とならない。

★★
Q 24
□□
【予想】

県の公会堂を労働組合の大会のために使用することを求めたのに対し、集会を妨害しようとする団体により周辺の平穏が害されるとの理由で拒否しても、集会の自由の内在的制約の範囲内なので、憲法21条違反とならない。

A 20 □□

自衛官合祀拒否事件で、最高裁は、政教分離規定に違反する国またはその機関の活動も、信教の自由を直接侵害するに至らない限り、私人に対する関係で当然には違法と評価されるものではないと判示した（最大判昭 63.6.1）。 ○

A 21 □□

最高裁は、「宗教上の組織若しくは団体」とは、宗教と何らかのかかわり合いのある行為を行っている組織ないし団体のすべてを意味するものではないと判示した（最判平 5.2.16）。 ×

A 22 □□

表現の自由に対する規制のうち、ある表現が伝達しようとするメッセージを理由とした規制を表現の内容規制という。政府の転覆を煽動する文書の禁止や、国家機密に属する情報の公表の禁止は、表現の内容規制に該当する。 ○

A 23 □□

最高裁は、公共施設の管理については、管理目的からくる規制は免れないが、許可制を採用していてもその許可基準が具体的で明確であれば、憲法 21 条違反とならないと判示した（最判昭 29.11.24）。 ○

A 24 □□

最高裁は、集会を妨害しようとする団体により周辺の平穏が害されるとの理由だけで公会堂の使用を拒否するのは、憲法 21 条違反とならないとはいえず、より制限的に、回避しないと明らかに差し迫った危険の発生が客観的事実に照らして具体的に予見される等の厳格な基準を満たしてはじめて拒否できると判示した（泉佐野市民会館事件、最判平 7.3.7）。 ×

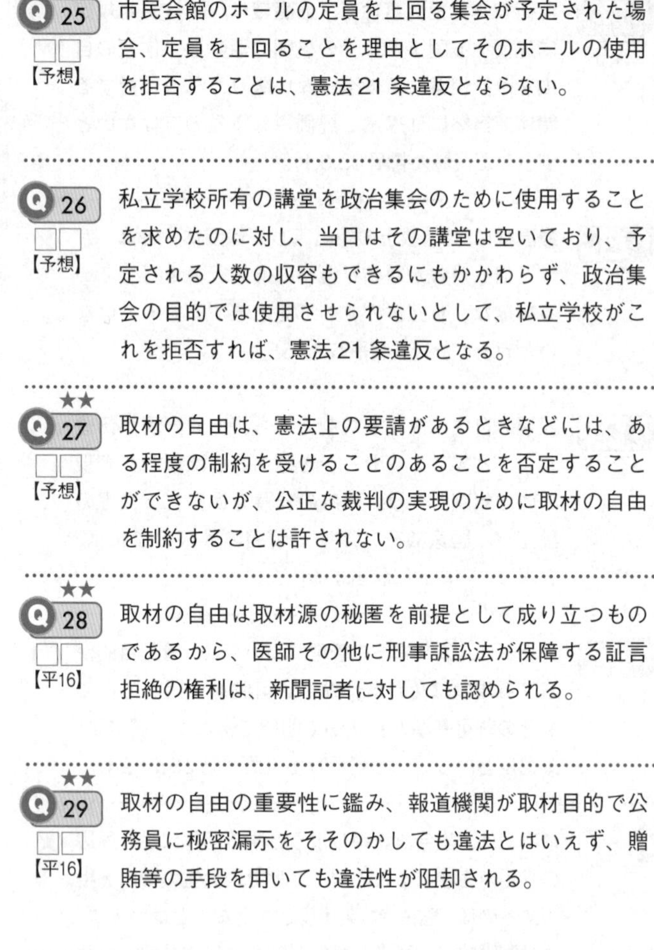

★
Q 25 □□【予想】

市民会館のホールの定員を上回る集会が予定された場合、定員を上回ることを理由としてそのホールの使用を拒否することは、憲法21条違反とならない。

Q 26 □□【予想】

私立学校所有の講堂を政治集会のために使用することを求めたのに対し、当日はその講堂は空いており、予定される人数の収容もできるにもかかわらず、政治集会の目的では使用させられないとして、私立学校がこれを拒否すれば、憲法21条違反となる。

★★
Q 27 □□【予想】

取材の自由は、憲法上の要請があるときなどには、ある程度の制約を受けることのあることを否定することができないが、公正な裁判の実現のために取材の自由を制約することは許されない。

★★
Q 28 □□【平16】

取材の自由は取材源の秘匿を前提として成り立つものであるから、医師その他に刑事訴訟法が保障する証言拒絶の権利は、新聞記者に対しても認められる。

★★
Q 29 □□【平16】

取材の自由の重要性に鑑み、報道機関が取材目的で公務員に秘密漏示をそそのかしても違法とはいえず、贈賄等の手段を用いても違法性が阻却される。

★
Q 30 □□【平25】

傍聴人のメモを取る行為が公正かつ円滑な訴訟の運営を妨げるに至ることは通常はあり得ないのであって、特段の事情のない限り、これを傍聴人の自由に任せるべきであり、それが憲法21条1項の規定の精神に合致する。

A 25 □□

本問のような公共施設は、管理目的からくる規制を免れない。定員を上回ることを理由としてそのホールの使用を拒否することは管理目的からくる正当な制限であり、憲法21条違反とならない。 ○

A 26 □□

本問の講堂は、私立学校の所有物であり、所有者には、それを誰に利用させるかを決定する自由があり、その場所を集会に使用させる義務はない。また、私人間の問題であり、憲法21条が直接適用されることもない。 ×

A 27 □□

最高裁は、博多駅事件で、取材の自由も、たとえば公正な裁判の実現というような憲法上の要請があるときは、ある程度の制約を受けることがあると判示した（最大決昭44.11.26）。 ×

A 28 □□

最高裁は、石井記者事件で、刑事裁判において新聞記者に取材源に関する証言拒否権は認められないと判示した（最大判昭27.8.6）。 ×

A 29 □□

外務省機密漏洩事件で、最高裁は、本問のような場合、取材活動の範囲を逸脱し違法性を帯びると判示した（最決昭53.5.31）。 ×

A 30 □□

最高裁は、法廷内で傍聴人がメモをとる行為は、21条の精神に照らして尊重に値し、ゆえなく妨げられてはならないと判示した（法廷メモ採取事件、最大判平1.3.8）。 ○

★★
Q 31
□□
【令2】

表現行為を事前に規制することは原則として許されないとされ、検閲は判例によれば絶対的に禁じられるが、裁判所による表現行為の事前差し止めは厳格な要件のもとで許容される場合がある。

★★
Q 32
□□
【令1】

教科書検定による不合格処分は、発表前の審査によって一般図書としての発行を制限するため、表現の自由の事前抑制に該当するが、思想内容の禁止が目的ではないから、検閲には当たらず、憲法21条2項前段の規定に違反するものではない。

★★
Q 33
□□
【予想】

税関検査は、これにより輸入を禁止された表現物に表された思想内容等は、日本国内においては発表の機会を奪われることとなるため、憲法21条2項にいう検閲に該当する。

★
Q 34
□□
【予想】

「通信の秘密」には、憲法の文言上制限は明示されていないが、一定の内在的制約があると考えられており、そのような例として、在監者に対する通信の制限や、破産管財人が破産者宛の郵便物を開披できることをあげることができる。

★★
Q 35
□□
【平30】

判例によれば、大学の学生が学問の自由を享有し、また大学当局の自治的管理による施設を利用できるのは、大学の本質に基づき、大学の教授その他の研究者の有する特別な学問の自由と自治の効果としてである。

A 31 □□

最高裁は、検閲の主体を「公権力」とせず「行政権」と制限して解しているので（最大判昭 59.12.12）、裁判所は検閲の主体にあたらず、裁判所による表現行為の事前差し止めが許容される場合がある。 ○

A 32 □□

最高裁は、教科書検定は、一般図書としての発行を何ら妨げるものではないと判示した（最判平5.3.16）。 ×

A 33 □□

最高裁は、税関検査事件で、税関検査は、事前規制そのものとはいえないこと、思想内容等それ自体の審査・規制を目的とするものではないことなどから、21 条２項にいう検閲に当たらないと判示した（最大判昭 59.12.12）。 ×

A 34 □□

「通信の秘密」には、憲法の文言上制限は明示されていないが、一定の内在的制約があると考えられている。 ○

A 35 □□

ポポロ事件で、最高裁は、大学の学生が学問の自由を享有し、また大学当局の自治的管理による施設を利用できるのは、大学の本質に基づき、大学の教授その他の研究者の有する特別な学問の自由と自治の効果としてであると判示した（最大判昭 38.5.22）。 ○

憲法 ④ 精神的自由権以外の自由権

★
Q 36
□□
【平21改】

小売市場の開設経営を都道府県知事の許可にかからしめる法律については、中小企業保護を理由として、最高裁判所の合憲判決が出ている。

★
Q 37
□□
【予想】

ジェット・バスを特徴とする浴場を新規に開設しようとする者に対して、既存の公衆浴場と隣接していることを理由に開設を許可しないとする距離制限は、営業の自由を制限している。

★
Q 38
□□
【予想】

コンビニエンス・ストアが新たに酒類の販売を始めようとする場合において、あらかじめ酒類販売業免許の取得を要求する免許制は、営業の自由を制限している。

★
Q 39
□□
【予想】

官公署に提出する書類の作成を業として行おうとする者に対して、行政書士試験等に合格することを求める資格制は、職業選択の自由を制限している。

★
Q 40
□□
【予想】

建築物の大規模な修繕をするにあたって、その計画が法規に適合するものであるかどうかを点検する、建築主事の確認は、営業の自由を制限している。

経済的自由権の種類を整理し、これに対する規制についての合憲性判定基準を押さえておきましょう。

A 36 □□

小売市場の適正配置規制を定める小売商業調整特別措置法については、中小企業保護政策の一方策であることを理由とした合憲判決が出されている(最大判昭 47.11.22)。 ○

A 37 □□

ジェット・バスを特徴とする浴場を新規に開設しようとする行為は営業にあたり、本問のように、その開業に係る距離制限規定は、営業の自由の制限にあたる。 ○

A 38 □□

コンビニエンス・ストアが新たに酒類の販売を始めようとする行為は営業にあたり、本問のように、その販売を免許制とすることは、営業の自由の制限にあたる。 ○

A 39 □□

官公署に提出する書類の作成を業として行うことは職業にあたり、本問のように、それを資格制とすることは、職業選択の自由に対する制限にあたる。 ○

A 40 □□

本問の規制は、財産権に対する制限であり、営業の自由に対する制限ではない。 ×

Q 41 □□ 【平19改】

憲法31条は、ニューディール期のアメリカ連邦最高裁判所で猛威を振るった、手続的デュープロセス論を否定したものである。

★★

Q 42 □□ 【平19改】

憲法31条は、刑事手続については、ただ単にこれを法律で定めればよいと規定しているのではなく、その手続が適正なものであることを要求している。

★

Q 43 □□ 【平19改】

憲法31条には「法律の定める手続」とあるので、条例によって刑罰その他についての手続を定めることは、許されていない。

★

Q 44 □□ 【平19改】

日本国憲法は別に罪刑法定主義の条文をもっているので、憲法31条においては、戦前にないがしろにされた刑事手続について、これを法律で定めることが要請されている。

★★

Q 45 □□ 【平19改】

憲法31条の条文は刑事手続を念頭に置いており、行政手続などの非刑事手続については、その趣旨が適用されることはない。

(参考)

31条　何人も、法律の定める手続によらなければ、その生命若しくは自由を奪はれ、又はその他の刑罰を科せられない。

A 41 □□ 31条は、まさにアメリカ憲法のデュープロセス（適正手続条項）を具体化した規定とされている。 ×

A 42 □□ 31条は、刑事手続につき、単にこれを法律で定めればよいと規定しているのではなく、その手続が適正なものであることを要求している。 ○

A 43 □□ 31条は必ずしも刑罰がすべて法律そのもので定められなければならないとするものではなく、法律の授権によってそれ以下の法令によって定めることもできると解されている。そして、条例が民主的基盤を有し法律に類するものであることから、法律の授権は相当な程度に具体的で限定されていれば足りると解される。地方自治法は、相当に具体的な内容の事項につき刑罰の範囲を限定して授権しているから、31条に反しないとされる（最大判昭37.5.30）。 ×

A 44 □□ 憲法上、31条以外に、直接罪刑法定主義を定める条文はない。31条は、罪刑法定主義の内容を含み、かつ、法の支配の原理を具体化したものである。 ×

A 45 □□ 判例によれば、行政手続についても、31条の規定が準用されうるとしている（最大判平4.7.1）。 ×

憲法 ⑤ その他の憲法上の権利・義務

Q 46 □□ 【令5】

憲法は何人に対しても平穏に請願する権利を保障しているので、請願を受けた機関はそれを誠実に処理せねばならず、請願の内容を審理および判定する法的義務が課される。

★ Q 47 □□ 【予想】

憲法上、裁判を受ける権利が保障されているが、この裁判を行う裁判所は、平等かつ公平なものでなければならない。

★ Q 48 □□ 【予想】

ある者が犯罪の嫌疑を受けて逮捕勾留され、公訴を提起されたが、適用された法律が違憲であると判断されて無罪の判決を受けたときは、起訴状記載の公訴事実の存在を認定することができた場合であっても、この者に対する抑留拘禁についての補償を受ける権利は憲法40条によって保障されている。

★★ Q 49 □□ 【平30】

憲法が保障する「健康で文化的な最低限度の生活」を営む権利のうち、「最低限度の生活」はある程度明確に確定できるが、「健康で文化的な生活」は抽象度の高い概念であり、その具体化に当たっては立法府・行政府の広い裁量が認められる。

★ Q 50 □□ 【予想】

教育権は、社会権の側面を有するため、憲法26条を直接の根拠として、国に対して教育施設の整備を請求することができる。

憲法が、自由権のほかにどのような権利を保障し、どのような義務を課しているか、押さえておきましょう。

A 46 □□
憲法は何人に対しても平穏に請願する権利を保障しており（16条）、請願を受けた機関はそれを誠実に処理しなければならないが（請願法5条）、請願の内容を審理および判定する法的義務までは課されていない。 ×

A 47 □□
法の支配を実現し、個人の基本的人権を保障する最後のよりどころは裁判所であり、32条は、平等かつ公平な裁判所による裁判を受ける権利を保障している。 ○

A 48 □□
本問の場合、逮捕抑留された後で、無罪の裁判がなされており、40条の要件を満たしているので、同条に基づき補償を受けることができる。 ○

A 49 □□
25条にいう「健康で文化的な最低限度の生活」は、抽象的、相対的概念であり、その具体的内容は、その時々の文化の発達の程度、経済的、社会的条件等との相関関係により判断すべきとされている（堀木訴訟、最大判昭57.7.7）。 ×

A 50 □□
教育権は、社会権の側面を有するが、生存権と同様、国の政治的義務を定めるにすぎず、26条を直接の根拠として、国に対して教育施設の整備を請求することはできない。 ×

★
Q 51
□□
【平20】

国は、子ども自身の利益のため、あるいは子どもの成長に対する社会公共の利益と関心にこたえるために、必要かつ相当な範囲で教育の内容について決定する権能を有する。

Q 52
□□
【平20】

憲法が義務教育を定めるのは、親が本来有している子女を教育する責務をまっとうさせる趣旨によるものであるから、義務教育に要する一切の費用を当然に国が負担しなければならないとは言えない。

★★
Q 53
□□
【平20】

労働基本権に関する憲法上の規定は、国の責務を宣言するもので、個々の国民に直接に具体的権利を付与したものではなく、国の立法措置によってはじめて具体的権利が生じる。

★
Q 54
□□
【平20】

労働基本権は、勤労者の経済的地位の向上のための手段として認められたものであって、それ自体が自己目的ではなく、国民全体の共同利益の見地からの制約を受ける。

★
Q 55
□□
【平22】

憲法15条1項は、「公務員を選定し、及びこれを罷免することは、国民固有の権利である」と定めるが、最高裁判例はこれを一切の制限を許さない絶対的権利とする立場を明らかにしている。

A 51 □□

最高裁によれば、国は、「あるいは子ども自身の利益の擁護のため、あるいは子どもの成長に対する社会公共の利益と関心にこたえるため、必要かつ相当と認められる範囲において、教育内容についてもこれを決定する権能を有する」とされている（最大判昭51.5.21）。 ○

A 52 □□

最高裁は、義務教育の無償の趣旨は、授業料を無償とすることであって、教科書等義務教育に要する一切の費用を当然に国が負担しなければならないとはいえないと判示した（最大判昭39.2.26）。 ○

A 53 □□

労働基本権に関する28条は、単なるプログラム規定ではなく、具体的権利性を認められ、裁判規範性を有する規定とされる。 ×

A 54 □□

全農林警職法事件で、最高裁は、労働基本権は、勤労者の経済的地位の向上のための手段として認められたものであって、それ自体が目的ではなく、国民全体の共同利益の見地からの制約を受けると判示した（最大判昭48.4.25）。 ○

A 55 □□

公務員選定罷免権は、たとえば選挙犯罪による選挙権の停止など、制限を受けることがあり、絶対的権利であることを明らかにする最高裁判例もない。 ×

★★
Q 56
□□
【平14】

選挙人は、その選択に関し公的にも私的にも責任を問われない。

★★
Q 57
□□
【平14】

選挙における投票の秘密は、公共の福祉に反しない限りで、保障される。

★
Q 58
□□
【平14】

公務員の報酬は、在任中、これを減額することができない。

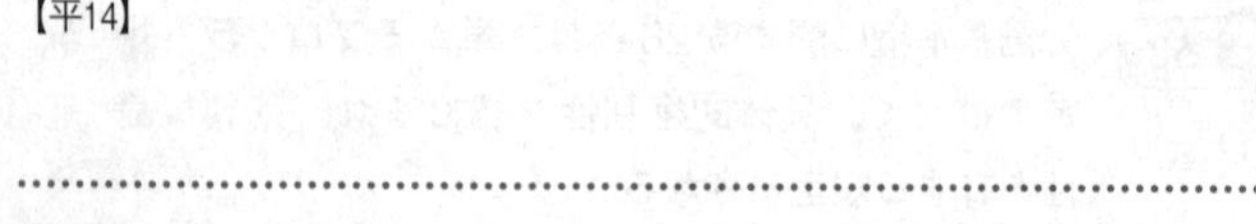

Q 59
□□
【平14】

すべて公務員には、公益のため、無定量の奉仕が要求される。

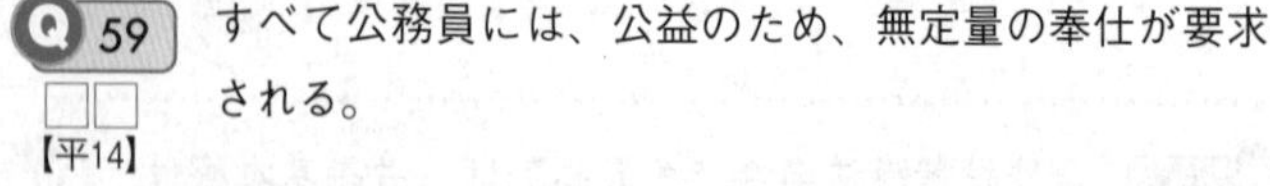

Q 60
□□
【予想】

憲法の定める国民の三大義務は、教育、納税および憲法の尊重・擁護である。

A 56 □□

選挙人は、選挙における選択に関し公的にも私的にも責任を問われない（15条4項後段）。 ○

A 57 □□

投票の秘密に関しては、これを侵してはならないと規定されており（15条4項前段）、公共の福祉による制約は定められていない。 ×

A 58 □□

公務員の報酬に関して、このような規定はない。裁判官の報酬に関する規定（79条6項後段、80条2項後段）と混同しないよう、注意が必要である。 ×

A 59 □□

公務員は全体の奉仕者であるとの規定はあるが（15条2項）、これは、私的な利益のためにその地位を利用してはならないとの当然の理を宣言しているのであり、無定量の奉仕まで要求するものではない。 ×

A 60 □□

国民の三大義務は、教育（26条2項前段）、勤労（27条1項）および納税（30条）である。憲法上、天皇または摂政および国務大臣、国会議員、裁判官その他の公務員は、この憲法を尊重し擁護する義務を負うとされているが（99条）、国民はこれに含まれていない。 ×

憲法 ⑥ 国会

★★
Q 61
□□
【予想】

国会は国の唯一の立法機関と定められているため、地方公共団体が自主的な法規範を制定することはできない。

★★
Q 62
□□
【予想】

憲法上、一定の事項については、衆議院の優越が認められているが、法律で衆議院の優越を規定することは許されない。

★
Q 63
□□
【平28】

衆議院で可決し、参議院でこれと異なった議決をした法律案は、衆議院で出席議員の３分の２以上の多数で再び可決したときは、法律となる。

★
Q 64
□□
【平21改】

衆議院が先議した予算について参議院が異なった議決を行った場合、日本国憲法の定めによると、両院協議会を必ずしも開かなくてもよいとされている。

★
Q 65
□□
【予想】

内閣総理大臣の指名について、衆議院と参議院とが異なった指名の議決をした場合、両議院の協議会を開く必要はなく、衆議院の議決が国会の議決とされる。

国会の権能と議院の権能とを混同しないよう、整理しておきましょう。

A 61 □□

国会は国の唯一の立法機関とされているが(41条)、憲法上の例外として、地方公共団体は、法律の範囲内で条例を制定することができる(94条)。 ×

A 62 □□

衆議院の優越は法律で規定することもでき、国会の会期の決定については、国会法の規定によって衆議院の優越が規定されている(国会法13条)。 ×

A 63 □□

法律案の場合、参議院で否決されても、衆議院で出席議員の3分の2以上の多数で再可決したときは法律となる。なお、その際、両院協議会の開催は任意的とされている(59条)。 ○

A 64 □□

予算案の場合、両院協議会は、必ず開かなければならない(必要的)と定められている(60条2項)。なお、法律案については、両院協議会の開催は任意的である(59条3項)。 ×

A 65 □□

内閣総理大臣の指名について、衆議院と参議院とが異なった指名の議決をした場合に、法律の定めるところにより、両議院の協議会を開いても意見が一致しないとき、または衆議院が指名の議決をした後、国会休会中の期間を除いて10日以内に、参議院が指名の議決をしないときは、衆議院の議決が国会の議決とされる(67条2項)。 ×

★★
Q 66
□□
【予想】

衆議院が解散されたときは、解散の日から40日以内に、衆議院議員の総選挙を行い、その選挙の日から30日以内に、国会を召集しなければならない。

★
Q 67
□□
【予想】

衆議院議員の任期満了による総選挙が行われたときは、その任期が始まる日から30日以内に特別会が召集されることとなっている。

★
Q 68
□□
【平17】

衆参両院の会期は同じであり、衆議院の側の事情によって行われた閉会、会期の延長は、参議院の活動能力をも左右することになる。

Q 69
□□
【平17】

日本国憲法は「会期中に議決に至らなかつた案件は、後会に継続しない。」とするが、各議院の議決で付託され閉会中に審査した案件は、後会に継続するのが慣例である。

★★
Q 70
□□
【予想】

両議院は、各々その総議員の３分の１以上の出席がなければ、議事を開き議決することができず、両議院の議事は、憲法に特別の定めのある場合を除いては、出席議員の過半数でこれを決し、可否同数のときは、議長の決するところによる。

A 66 □□ 衆議院が解散されたときは、衆議院議員の総選挙は解散の日から40日以内に行わなければならず、国会（特別会）をその選挙の日から30日以内に召集しなければならない（54条1項）。 ○

A 67 □□ 特別会とは、衆議院が解散された場合に、総選挙の日から30日以内に召集される国会のことである（54条、国会法1条3項）。衆議院議員の任期満了に伴う総選挙が行われた場合は、その任期が始まる日から30日以内に国会の召集が行われるが、これは臨時会として行われるものである（53条、国会法2条の3第1項）。 ×

A 68 □□ 二院制を採用していることから、両院の同時活動の原則が導かれると解され、その具体化が「衆議院が解散されたときは、参議院は、同時に閉会となる」とする54条2項本文である。 ○

A 69 □□ 憲法に、本問のような会期不継続を定めた規定はなく、国会法68条本文に規定されているだけである。 ×

A 70 □□ 両議院の定足数は各々その総議員の3分の1であり、両議院の議事は、憲法に特別の定めのある場合を除き、出席議員の過半数でこれを決し、可否同数のときは、議長の決するところによる（56条）。 ○

★★
Q 71
□□
【令1】

両議院の議員は、国会の会期中逮捕されないとの不逮捕特権が認められ、憲法が定めるところにより、院外における現行犯の場合でも逮捕されない。

Q 72
□□
【予想】

両議院の議員で組織される弾劾裁判所は、罷免の訴追を受けた裁判官の存在を前提とするものであることから、その罷免の訴追があったときに設置されることとなっている。

★
Q 73
□□
【平26】

憲法は両議院に対し自律権を認め、議院内部の事項について自主的に議事規則を定める権能を付与しているが、国会法は、両議院と政府等の関係や議院相互の関係にとどまらず、議院内部の事項をも規定している。

Q 74
□□
【平17】

日本国憲法は「両議院は、国民より提出された請願書を受けることができる。」と定めるにとどまるが、いわゆる請願権を憲法上の権利と解するのが通説である。

★★
Q 75
□□
【予想】

衆議院の解散後の総選挙で、選挙前の内閣の与党が多数を占めて勝利したときであっても、国会が召集された後に内閣は総辞職しなければならないこととなっている。

A 71 □□

両議院の議員は、法律で定める場合を除き、国会の会期中逮捕されない（50条）が、院外における現行犯は、この法律で定める場合にあたり、逮捕されることがある（国会法33条）。 ×

A 72 □□

弾劾裁判所（64条1項）は、常設の機関であり、罷免の訴追があったときに設置されるものではない。 ×

A 73 □□

憲法は両議院に対し自律権を認め、議院内部の事項について自主的に議事規則を定める権能を付与しているが、実際には、国会法が制定されている。国会法は、各議院の役員や経費、委員会および委員など、議院内部の事項を規定している。 ○

A 74 □□

日本国憲法には、16条に請願権を保障する直接の規定が存在し、本問のような規定は存在しない。 ×

A 75 □□

衆議院の解散後、総選挙があれば、選挙前の与党が選挙後も多数を占めるか否かにかかわらず、国会が召集された後は、内閣は総辞職しなければならない（70条）。 ○

憲法 ⑦ 内閣

★
Q76
□□
【予想】

内閣総理大臣は、国会議員の中から国会の議決で指名される。

★★
Q77
□□
【平16】

内閣を構成する国務大臣の過半数を参議院議員が占めるとしても、それは憲法上許容されている。

★★
Q78
□□
【平26】

国務大臣は、内閣総理大臣の指名に基づき、天皇が任命する。

★★
Q79
□□
【平24】

国務大臣は、裁判により、心身の故障のために職務を執ることができないと決定された場合を除いては、問責決議によらなければ罷免されない。

Q80
□□
【平16】

内閣の組織については、憲法が定める基本的な枠組に基づいて、国会が法律で定めるところによる。

内閣総理大臣の地位とその権能について押さえておきましょう。

A 76

国会は、その議決により、国会議員の中から内閣総理大臣を指名する（67条1項前段）。 ○

A 77

内閣の過半数は、国会議員であればよく（68条1項ただし書）、内閣を構成する国務大臣の過半数を参議院議員が占めるとしても、それは憲法上許容されている。 ○

A 78

国務大臣は、内閣総理大臣が任命する（68条1項本文）。天皇は、国務大臣の任免を認証する（7条5号）。 ×

A 79

内閣総理大臣は、任意に国務大臣を罷免することができる（68条2項）。また、国務大臣の問責決議に、罷免などの法的効果は与えられていない。 ×

A 80

66条に、「内閣は、法律の定めるところにより～」との規定があり、これに基づいて、内閣法が制定されている。 ○

Q 81 □□ 【予想】

日本国憲法では、明治憲法とは異なり、国民の民主的コントロールを徹底させる趣旨から、内閣の下にある行政組織については法律で定めるべきことを明文で規定している。

★ **Q 82** □□ 【予想】

内閣総理大臣は、内閣の首長である。

★ **Q 83** □□ 【予想】

行政事務を分担管理しない国務大臣として無任所大臣を置くこともできるが、主任の国務大臣の場合とは異なり、憲法上その存在を予定する規定はみられない。

★ **Q 84** □□ 【予想】

内閣総理大臣は必ず文民でなければならないが、その他の国務大臣は必ずしも文民でなくてもよい。

★★ **Q 85** □□ 【予想】

内閣総理大臣が国会議員であることは、選任の要件であるとともに在職の要件でもあると解されている。したがって、資格争訟や選挙訴訟で国会議員でなくなったとされた場合はもちろん、解散によって議員の地位を失ったときにも、その時点で内閣総理大臣の資格を失うことになる。

A 81 □□
憲法は、内閣の組織は法律で定めると規定するが（66条1項）、内閣の下にある行政組織については法律で定めるべきことを明文で規定していない。 ×

A 82 □□
内閣は、法律の定めるところにより、その首長たる内閣総理大臣およびその他の国務大臣で組織される（66条1項）。 ○

A 83 □□
憲法上、主任の国務大臣の存在は認めているが（74条）、無任所大臣の存在を予定する規定はない。なお、無任所大臣を定めることが禁止されているわけではないので、過去にも無任所大臣が置かれることはたびたびあった。 ○

A 84 □□
内閣総理大臣その他の国務大臣は、文民でなければならない（66条2項）。 ×

A 85 □□
内閣総理大臣が国会議員であることは、選任の要件であるとともに在職の要件でもあると解されている。したがって、資格争訟や選挙訴訟で国会議員でなくなった場合、その時点で内閣総理大臣の資格を失う。しかし、解散によって議員の地位を失ったときは、総選挙後の国会で新たな内閣総理大臣が任命されるまではその地位が継続する（71条）。 ×

★★
Q 86
□□
【予想】

内閣は、衆議院で不信任の決議案が可決されたときは、10日以内に衆議院が解散されない限り、総辞職をしなければならないが、信任の決議案が否決されたときは、総辞職する必要はない。

★
Q 87
□□
【予想】

衆議院は、個々の国務大臣に対しても不信任決議を行うことができるが、その決議には、当該国務大臣の辞職を強制する法的効力は認められない。

Q 88
□□
【令4】

内閣総理大臣が欠けたとき、内閣は総辞職をしなければならないが、この場合の内閣は、あらたに内閣総理大臣が任命されるまで引き続きその職務を行う。

★★
Q 89
□□
【平16】

内閣は、事前ないし事後に国会の承認を得ることを条件として、条約を締結する権能をもっている。

Q 90
□□
【予想】

天皇の行為に関して、国事行為のほかに象徴としての行為として公的行為を認める立場では、天皇の公的行為に対して、憲法上の規定はないものの、内閣が政治的責任を負うものと解されることになる。

A 86 □□

内閣は、衆議院で不信任の決議案を可決し、または信任の決議案を否決したときは、10日以内に衆議院が解散されない限り、総辞職をしなければならない（69条）。 ×

A 87 □□

内閣は、国会に対し連帯責任を負うといっても、国務大臣の単独責任を否定する趣旨ではなく、衆議院は、個々の国務大臣に対しても不信任決議を行うことができる。ただし、その決議に法的効力は認められない。 ○

A 88 □□

内閣は、総辞職した場合には、新たに内閣総理大臣が任命されるまで引き続きその職務を行う（71条）。 ○

A 89 □□

内閣は、条約を締結する権能を有するが、事前ないし事後に国会の承認を得る必要がある（73条3号）。 ○

A 90 □□

天皇の行為に関して、国事行為以外の公的行為を認める見解によれば、天皇の非政治性から、公的行為について内閣が責任を負うものと解される。 ○

憲法 ⑧ 裁判所

★★
Q 91
□□
【平27】

具体的な権利義務ないしは法律関係に関する紛争であっても、信仰対象の価値または教義に関する判断が前提問題となる場合には、法令の適用による解決には適さず、裁判所の審査は及ばない。

★★
Q 92
□□
【平19】

法律が、国会の両議院によって議決を経たものとされ、適法な手続によって公布されている場合、裁判所は両院の自主性を尊重して、法律制定の際の議事手続の瑕疵について審理しその有効無効を判断するべきではない。

★★
Q 93
□□
【令2】

内閣による衆議院の解散は、高度の政治性を有する国家行為であるから、解散が憲法の明文規定に反して行われるなど、一見極めて明白に違憲無効と認められる場合を除き、司法審査は及ばないとするのが判例である。

★★
Q 94
□□
【平27】

政党の結社としての自律性からすると、政党の党員に対する処分は原則として自律的運営にゆだねるべきであり、一般市民法秩序と直接の関係を有しない内部的な問題にとどまる限りは、裁判所の審査は及ばない。

★★
Q 95
□□
【平19】

大学は、国公立であると私立であるとを問わず、自律的な法規範を有する特殊な部分社会を形成しているから、大学における法律上の紛争は、一般市民法秩序と直接の関係を有しない内部的な問題にとどまる限り、その自主的・自律的な解決にゆだねられる。

司法権の意味、特にその重要な構成要素である「法律上の争訟」の意義を押さえておきましょう。

A 91 □□
最高裁は、信仰対象の価値または教義に関する判断が前提問題となる場合には、事柄の性質上法令の適用による解決には適さず、司法審査の対象外であると判示した（板まんだら事件、最判昭56.4.7）。 ○

A 92 □□
最高裁は、警察法改正無効事件で、各議院の自律権を認め、本問のように判示した（最大判昭37.3.7）。 ○

A 93 □□
最高裁は、衆議院の解散のような直接国家統治の基本に関する高度の政治性を有する国家行為（統治行為）は、これに対する有効無効の判断が法律上可能である場合であっても、裁判所の判断すべき法的問題ではないと判示した（苫米地事件、最大判昭35.6.8）。 ×

A 94 □□
最高裁は、共産党袴田事件で、政党内の行為について「部分社会の法理」を採用し、本問のように判示した（最判昭63.12.20）。 ○

A 95 □□
最高裁は、富山大学事件で、本問のように「部分社会の法理」を認めている（最判昭52.3.15）。 ○

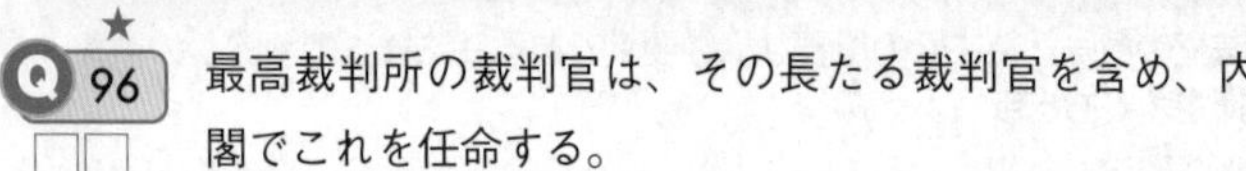

★
Q 96
□□
【予想】

最高裁判所の裁判官は、その長たる裁判官を含め、内閣でこれを任命する。

★★
Q 97
□□
【平27】

最高裁判所裁判官は、その任命後初めて行われる衆議院議員総選挙の期日に、国民審査に付される。

★
Q 98
□□
【予想】

最高裁判所の裁判官の国民審査において、投票者の10分の1以上が裁判官の罷免を可とするときは、その裁判官は、罷免される。

Q 99
□□
【予想】

最高裁判所の裁判官は、法律の定める年齢に達した時に退官する。

★
Q 100
□□
【予想】

下級裁判所の裁判官は、任期を10年とされるが、再任されることはない。

A 96 □□

最高裁判所の長たる裁判官は、内閣の指名に基づいて、天皇が任命し（6条2項）、長たる裁判官以外の裁判官は、内閣でこれを任命する（79条1項）。 ×

A 97 □□

最高裁判所裁判官の国民審査が行われるのは、その任命後はじめて行われる衆議院議員総選挙の際である（79条2項）。 ○

A 98 □□

国民審査において、投票者の多数が裁判官の罷免を可とするときは、その裁判官は、罷免される（79条3項）。 ×

A 99 □□

最高裁判所の裁判官は、法律の定める年齢に達した時に退官する（79条5項）。なお、この年齢は70歳と定められている（裁判所法50条）。 ○

A 100 □□

下級裁判所の裁判官の任期は10年とされ、再任されることができる（80条1項中段）。 ×

Q 101
□□
【予想】

暴力団員が被告人となった刑事事件において、傍聴人として暴力団関係者とみられる者が多数押し掛け、被害者である証人が傍聴人をおそれて証言することができない状態となった場合に、裁判長が、その証人尋問が終了するまでの間に限り、審理を非公開とすることは、憲法82条の定める裁判の公開の原則に反する。

★
Q 102
□□
【予想】

父母が協議離婚する際に、子の親権者を定める協議が調わず、父または母の請求によって家庭裁判所が親権者を定める場合において、その審判手続を非公開で行うことは、憲法82条の定める裁判の公開の原則に反する。

★
Q 103
□□
【予想】

訴訟手続を正確に記録する目的で録音機を持参した傍聴人に対し、裁判長が法廷における録音機の使用を禁止することは、憲法82条の定める裁判の公開の原則に反する。

★
Q 104
□□
【予想】

訴訟当事者を非難する言動を法廷で繰り返す傍聴人に対し、裁判長が、退廷を命じ、傍聴を禁ずることは、憲法82条の定める裁判の公開の原則に反する。

Q 105
□□
【予想】

全国に原告が散在する事件について、それを担当する甲裁判所の裁判官が、口頭弁論期日外に、一部の原告の最寄りの乙裁判所に出向き、その法廷で原告本人を尋問した場合に、この手続を非公開で行うことは、憲法82条の定める裁判の公開の原則に反する。

A 101
□□
本問の場合に非公開とすることは、裁判の公開の原則に反する（82条）。本問の場合、裁判所の訴訟指揮により、暴力団関係者を退廷させれば足りる。 ○

A 102
□□
公開の対象となる裁判は、「純然たる訴訟事件」に限られ、本問のような非訟事件はその対象に含まれず、裁判の公開の原則に反しない。 ×

A 103
□□
録音機での録音の規制は、法廷の秩序維持と被告人等の利益保護の見地から、裁判の公開の原則に反しないとされる。 ×

A 104
□□
本問のような場合に退廷を命ずることは、裁判所の訴訟指揮の範囲内であり、裁判の公開の原則に反するものではないとされている。 ×

A 105
□□
82条の対審は、民事訴訟の場合の口頭弁論手続、刑事訴訟の場合の公判手続をいうとされる。本問のように、口頭弁論期日外での行為は82条の対象外とされ、非公開で行うことも許される。 ×

憲法 ⑨ 統治に関するその他の事項

★★
Q106 □□ 【予想】
あらたに租税を課すには、法律または法律の定める条件によることを必要とするが、現行の租税を変更するには、法律または法律の定める条件によることを要しない。

Q107 □□ 【予想】
公金その他の公の財産は、宗教上の組織もしくは団体の使用、便益もしくは維持のため、これを支出し、またはその利用に供してはならない。

★
Q108 □□ 【平27】
予算の提出権は内閣にのみ認められているので、国会は予算を修正することができず、一括して承認するか不承認とするかについて議決を行う。

★★
Q109 □□ 【平24】
予見し難い予算の不足に充てるため、国会の議決に基づいて予備費を設け、内閣の責任でこれを支出することができる。

★
Q110 □□ 【平24】
国の収入支出の決算は、すべて毎年会計検査院がこれを検査し、内閣は、次の年度に、その検査報告とともに、これを国会に提出しなければならない。

★★
Q111 □□ 【予想】
地方公共団体の組織および運営に関する事項は、法律でその内容を自由に定めることができる。

財政の基本原則を押さえておきましょう。

A 106 □□

あらたに租税を課し、または現行の租税を変更するには、法律または法律の定める条件によることを必要とする（租税法律主義、84条）。 ×

A 107 □□

公金その他の公の財産は、宗教上の組織もしくは団体の使用、便益もしくは維持のため、または公の支配に属しない慈善、教育もしくは博愛の事業に対し、これを支出し、またはその利用に供してはならない（89条）。 ○

A 108 □□

予算の提出権は内閣にのみ属する（73条5号）。しかし、国会は、予算を修正することが可能である。 ×

A 109 □□

予備費は、予見し難い予算の不足に充てるため、国会の議決に基づいて設けられ、内閣の責任で支出される（87条1項）。 ○

A 110 □□

会計検査院は、毎年国の収入支出の決算を検査し、内閣は、次の年度に、その検査報告とともに、これを国会に提出しなければならない（90条1項）。 ○

A 111 □□

地方自治制度の核心的な部分、すなわち地方自治の本旨については、国の法律をもってしても侵すことは許されないとされている。 ×

★
Q112
□□
【予想】

憲法が、市町村と都道府県の二重構造の存在を要請しているか否かについて、要請していると解する説によっても、現行の都道府県と市町村を保障していると解する論理必然性はないので、都道府県制を廃止して、他の制度を採用したとしても、必ずしも違憲の問題は生じない。

★★
Q113
□□
【予想】

憲法上、地方公共団体については、議会の議員のみならず、その長も住民によって直接選挙される、いわゆる大統領制型が採用されており、地方自治法上、その長に、議会の行為に対する拒否権や、その権限に属する事務に関する規則制定権、さらには議会の解散権が認められているのは、その現れである。

Q114
□□
【予想】

普通地方公共団体とされている都道府県および市町村とは異なり、特別地方公共団体は政策的見地から設けられる特殊な地方公共団体であって、憲法上の地方公共団体には該当しないことから、地方自治法上、その長は、普通地方公共団体とは異なった方法で選出することとされている。

★
Q115
□□
【予想】

憲法上の地方公共団体といいうるためには、実質上、住民が経済的・文化的に共同生活を営み、共同体意識をもっているという社会的基盤が存在することが不可欠である、という前提に立てば、歴史的な沿革に照らして、基礎的な地方公共団体である都道府県についてはこれを容易に肯定できるが、市町村については疑義があることになる。

A 112 □□

二重構造を憲法上の要請と解する見解からも、たとえば都道府県に代わって道州制を導入することは憲法上可能である。 ○

A 113 □□

憲法上、地方公共団体の議会の議員のみならず、その長についても直接選挙することが規定されており（93条2項）、これはいわゆる大統領制型とされるものである。地方自治法上、地方公共団体の長には、①議会の行為に対する拒否権（地方自治法176条1項等）、②その事務に関する規則制定権（同15条1項）、③議会の解散権（同178条1項）が認められているが、このうち③は、大統領制ではなく議院内閣制の要素を取り入れた規定である。 ×

A 114 □□

特別地方公共団体のなかでも、特別区の区長の選出については、地方自治法上、普通地方公共団体の長の選出と同様、直接公選制が採用されている（地方自治法283条1項）。 ×

A 115 □□

本問の記述のなかで、「都道府県」と「市町村」の記述が逆である。市町村は、基礎的自治体として、憲法上の地方公共団体として疑義がない。 ×

Q116 □□ 【平20改】

憲法98条2項から、確立された国際法規は、条約が自動執行力をもつ場合に限って、国内法的効力を有するという考え方が導かれる。

Q117 ★ □□ 【平20改】

憲法98条2項や憲法の前文を根拠として、条約は、一般的に国内法として受容されるという考え方が導かれる。

Q118 □□ 【平20改】

憲法98条2項から、当事者が人的に法律を異にする国の国籍を有する場合には、当事者に最も密接な関係のある法律を当事者の本国法とするという考え方が導かれる。

Q119 ★★ □□ 【平20改】

憲法98条2項から、最高裁判所の判例の考え方によれば、違憲審査の対象は国内法に限られるから、条約に対する違憲審査は認められないという考え方が導かれる。

Q120 □□ 【平20改】

憲法98条2項から、条約は、国会によって国内法に変型されることによってはじめて、国内法としての効力を有するという考え方が導かれる。

(参考)
98条2項　日本国が締結した条約及び確立された国際法規は、これを誠実に遵守することを必要とする。

A 116 □□ 確立された国際法規は、何らの立法措置を要さずに国内法的効力を有するとされている。 ×

A 117 □□ 98条2項や前文を根拠として、条約は、一般的に国内法として受容されると解される。 ○

A 118 □□ 当事者が人的に法律を異にする国の国籍を有する場合には、その国の規則に従い指定される法が当事者の本国法とされるのが原則である。 ×

A 119 □□ 砂川事件判決で、最高裁は、条約の司法審査に関して、一見きわめて明白に違憲無効となる場合を除いて違憲審査の対象外としているが、反面、一見きわめて明白に違憲無効となる場合、条約も違憲審査の対象となることを認めている（最大判昭34.12.16）。 ×

A 120 □□ 条約は、その批准、公布により当然に国法の一形式として受け入れられるため、国会によって国内法に変型されることなしに、国内法としての効力を有する。 ×

POINTマスター

憲法

1 公共の福祉による人権相互の調整

公共の福祉は、人権相互の矛盾や衝突を調整する原理であるとの考え方が有力であり、憲法上、次に示す条文に規定されている。

自由・権利の利用の責任（12条）	生命・自由・幸福追求権（13条）
居住・移転・職業選択の自由（22条1項）	財産権（29条2項）

2 労働基本権（労働三権）

団結権	労働者の団体を組織する権利（労働組合結成権）
団体交渉権	労働者の団体が使用者と労働条件について交渉する権利
団体行動権（争議権）	労働者の団体が労働条件の実現を図るために団体行動（その中心は、いわゆるストライキなどの争議行為）を行う権利

3 公務員の労働基本権の制限

	団結権	団体交渉権	争議権
警察職員、消防職員、自衛隊員、海上保安庁または刑事施設に勤務する職員	○	○	○
非現業の一般公務員	×	○	○
現業公務員	×	×	○

○：制限あり　×：制限なし

4 国会における衆議院の優越

民意をより忠実に反映していること、国会と内閣の関係を単純化し政治の安定を図ることを理由として、多くの重要な問題の処理について、次のような衆議院の優越が認められている。

<table>
<tr><td rowspan="2">憲法上の優越</td><td>衆議院の専権事項</td><td>① 内閣不信任決議（69 条）
② 予算先議権（60 条1項）</td></tr>
<tr><td>衆議院の決議が優先する事項</td><td>① 法律案の議決（59 条）
② 予算の議決（60 条2項）
③ 条約の承認（61 条）
④ 内閣総理大臣の指名（67 条2項）</td></tr>
<tr><td colspan="2">法律上の優越</td><td>国会の臨時会および特別会の会期の決定、国会の会期の延長（国会法 13 条）</td></tr>
</table>

5 憲法の定める国会における表決数の例外

国会の両議院における表決数の原則は、出席議員の過半数であるが、憲法上、次のような例外が定められている。

<table>
<tr><td rowspan="4">出席議員の 2/3 以上の賛成</td><td>議員の資格喪失の裁判（55 条ただし書）</td></tr>
<tr><td>秘密会の開催（57 条1項ただし書）</td></tr>
<tr><td>議員の除名（58 条2項ただし書）</td></tr>
<tr><td>法律案の再議決（59 条2項）</td></tr>
<tr><td>総議員の 2/3 以上の賛成</td><td>憲法改正の発議（96 条1項）</td></tr>
</table>

6 内閣総理大臣の権限

①	国務大臣の任免（68 条）
②	国会への議案の提出、国務の報告等（72 条）
③	法律、政令への連署（74 条）
④	国務大臣の訴追への同意（75 条本文）

7 司法権の対象

司法権の対象は具体的な紛争であり、裁判所法３条１項は、これを「法律上の争訟」としており、次のような内容のものをいうとされている。

法律上の争訟…次の二つのいずれも満たすもの
① 当事者間の具体的な権利義務ないし法律関係の存否に関する紛争
② 法令を適用することにより、終局的に解決することができるもの

8 裁判公開の原則と例外

裁判の公正を確保し、裁判に対する国民の信頼を維持するため、裁判は公開が原則とされているが、次のような例外が定められている。

原　則	裁判の対審と判決は、公開の法廷で行う（82条１項）
例　外	次の両方に該当する場合、対審を非公開とできる（82条２項本文） ① 裁判官の全員一致 ② 公の秩序または善良の風俗を害するおそれがあると決したこと
例外の例外 （原則に戻る）	次のいずれかに該当する場合、常に対審を公開しなければならない（82条２項ただし書） ① 政治犯罪 ② 出版に関する犯罪 ③ 憲法第三章で規定する国民の権利が問題となっている事件

9 天皇の国事行為

①	国会の指名に基づいて、内閣総理大臣を任命すること
②	内閣の指名に基づいて、最高裁判所の長たる裁判官を任命すること
③	憲法改正、法律、政令および条約を公布すること
④	国会を召集すること
⑤	衆議院を解散すること
⑥	国会議員の総選挙の施行を公示すること
⑦	国務大臣および法律の定めるその他の官吏の任免ならびに全権委任状および大使および公使の信任状を認証すること
⑧	大赦、特赦、減刑、刑の執行の免除および復権を認証すること
⑨	栄典を授与すること
⑩	批准書および法律の定めるその他の外交文書を認証すること
⑪	外国の大使および公使を接受すること
⑫	儀式を行うこと

天皇の国事行為については、内閣の助言と承認が必要とされ、その結果については内閣が責任を負う。

CHECK! 判例まとめ

□ 国民の権利および義務の各条項は、性質上可能な限り、内国の法人にも適用される。

□ 基本的人権の保障は、権利の性質上日本国民のみをその対象としているものを除き、わが国に在留する外国人に対しても等しく及ぶ。

□ 公務員を選定罷免する権利の保障は、わが国に在留する外国人に及ばない。

□ わが国に在留する外国人のうち、永住者等について、法律をもって、地方公共団体の長、その議会の議員等に対する選挙権を付与する措置を講ずることは、憲法上禁止されていない。

□ 未決拘禁者の新聞紙、図書等の閲読の自由は、監獄内の規律および秩序の維持のために必要とされる場合には、一定の制限を加えられる。

□ 公務員の政治的行為を禁止することは、それが合理的であり必要やむを得ない限度にとどまるものである限り、憲法の許容するところである。

□ 憲法の各規定は、私人相互の関係を直接規律することを予定するものではない。

□ 警察官が、正当な理由もないのに、個人の容ぼう等を撮影することは、13条の趣旨に反し、許されない。

□ 尊属殺に関する刑法200条（現在は削除）は、普通殺に関する刑法199条に比し著しく不合理な差別的取扱いをするものと認められ、14条に違反する。

□ 非嫡出子の法定相続分を嫡出子の2分の1とする民法900条4号ただし書の規定（現在、該当部分は削除）は、14条1項に違反する。

- □ 謝罪広告を新聞紙に掲載すべきことを加害者に命ずることは、単に事態の真相を告白し陳謝の意を表明するにとどまる程度のものにあっては、良心の自由を侵害しない。

- □ 宗教行為が、他人の生命、身体等に危害を及ぼす違法な有形力の行使にあたるものであり、これにより被害者を死に致したものであるときは、信教の自由の保障の限界を逸脱する。

- □ 20条3項にいう宗教的活動とは、当該行為の目的が宗教的意義をもち、その効果が宗教に対する援助、助長、促進または圧迫、干渉等になるような行為をいう。

- □ 県が玉串料等を靖國神社または護國神社に奉納したことは、20条3項の禁止する宗教的活動にあたる。

- □ 公共の安全が損なわれる差し迫った危険の発生が許可権者の主観により予測されるだけでなく、客観的な事実に照らして具体的に明らかに予測される場合に、集会の自由を規制することは、21条に違反するものではない。

- □ 事実の報道の自由は、表現の自由を規定した21条の保障の下にある。

- □ 報道のための取材の自由は、21条の精神に照らし、十分尊重に値するものであるが、たとえば公正な裁判の実現というような憲法上の要請がある場合、制約を受けることがある。

- □ 報道機関が取材の目的で公務員に対し秘密を漏示するようにそそのかすことは、その手段・方法が法秩序全体の精神に照らし社会観念上是認することのできない場合、正当な取材活動の範囲を逸脱し違法性を帯びる。

- □ 筆記行為の自由は、21条1項の規定の精神に照らして尊重されるべきであり、傍聴人が法廷においてメモをとることは、その見聞する裁判を認識、記憶するためになされるものである限り、尊重に値する。

- □ 刑法230条の2第1項にいう事実が真実であることの証明がないが、行為者がその事実を真実であると誤信し、その誤信したことについて、確実な資料、根拠に照らし相当の理由がある場合、名誉毀損の罪は成立しない。
- □ いわゆるプライバシー権は私生活をみだりに公開されないという法的保障ないし権利として理解されるから、その侵害に対しては侵害行為の差止めや精神的苦痛による損害賠償請求権が認められる。
- □「検閲」とは、行政権が主体となって、思想内容等の表現物を対象とし、その全部または一部の発表の禁止を目的として、対象とされる一定の表現物につき網羅的一般的に、発表前にその内容を審査したうえ、不適当と認めるものの発表を禁止することを、その特質として備えるものを指す。
- □ 大学の学問の自由と自治は、直接には教授その他の研究者の研究、その結果の発表、研究結果の教授の自由とこれらを保障するための自治とを意味し、大学の学生は、これらの自由と自治の効果として、学問の自由と施設の利用を認められる。
- □ 大学における学生の集会において実社会の政治的社会的活動にあたる行為をする場合、大学の有する特別の学問の自由と自治を享有しない。
- □ 小売市場の許可制は、22条1項に違反しない。
- □ 薬局の開設等の許可基準の一つとして地域的制限を定めた薬事法（当時）の規定は、22条1項に違反する。
- □ 公衆浴場の適正配置規制を定める公衆浴場法2条2項および大阪府公衆浴場法施行条例2条（いずれも当時）の規定は22条1項に違反しない。
- □ 酒類販売業免許制度を定める酒税法9条、10条10号の規定は22条1項に違反しない。
- □ 共有森林につき持分価額2分の1以下の共有者に民法256条1項所定の分割請求権を否定する、森林法186条（現在は削除）は、29条2項に違反する。

□ 関税法 118 条 1 項によって第三者の所有物を没収することは、31 条、29 条に違反する。

□ 純然たる刑事手続以外の手続であって、実質上、刑事責任追及のための資料の取得収集に直接結びつく作用を一般的に有する手続においては、38 条 1 項による保障が及ぶ。

□ 25 条 1 項の規定は、すべての国民が健康で文化的な最低限度の生活を営みうるように国政を運営すべきことを国の責務として宣言したにとどまり、直接個々の国民に対して具体的権利を賦与したものではない。

□ 25 条の規定の趣旨にこたえて具体的にどのような立法措置を講ずるかの選択決定は、それが著しく合理性を欠き明らかに裁量の逸脱・濫用とみざるを得ないような場合を除き、裁判所が審査判断するのに適しない事柄である。

□ 国は、必要かつ相当と認められる範囲において、教育内容についてこれを決定する権能を有する。

□ 信仰の対象の価値または宗教上の教義に関する判断が、訴訟の帰すうを左右する必要不可欠のものと認められる場合、当該訴訟は、裁判所法3条にいう法律上の争訟にあたらない。

□ 衆議院の解散のように、直接国家統治の基本に関する高度に政治性のある国家行為は、裁判所の審査権の外にある。

□ 日米安全保障条約は、高度の政治性を有するものであり、一見きわめて明白に違憲無効であると認められない限りは、裁判所の司法審査権の範囲外にある。

□ 普通地方公共団体の議会の議員に対する出席停止の懲罰の適否は、司法審査の対象となる。

□ 政党が党員に対してした処分が一般市民法秩序と直接の関係を有しない内部的な問題にとどまる場合、裁判所の審査権は及ばない。

行政法 ① 行政法総論

★
Q121 □□【予想】
法律の優位の原則は、行政活動は法律の定めに違反して行われてはならないという原則であり、法律の定めよりも厳しい内容の行政指導をすることは、この原則に反し許されない。

★
Q122 □□【予想】
法律の法規創造力の原則は、法律のみが法規を創造することができるとする原則であり、国民の権利義務に関する行政立法を法律の授権なしに行うことは、この原則に反し許されない。

Q123 □□【予想】
公務員の勤務関係のような、いわゆる特別権力関係に対しては、法律による行政の原理が適用されることはなく、特別権力関係の内部における処分の相手方は、当該処分に不服があっても裁判所に救済を求めることができない。

★
Q124 □□【平30】
建築基準法において、防火地域または準防火地域内にある建築物で外壁が耐火構造のものについては、その外壁を隣地境界線に接して設けることができるとされているところ、この規定が適用される場合、建物を築造するには、境界線から一定以上の距離を保たなければならないとする民法の規定は適用されない。

★
Q125 □□【平18】
現実に開設されている私道を日常的に利用する利益は反射的利益であり、敷地所有者に対して通行妨害排除の民事訴訟を提起する利益とはなりえないとするのが最高裁の判例である。

行政法の基本原理と、公法と私法の適用関係について、押さえておきましょう。

A 121 □□ 行政指導は、相手方の任意の協力に基づいて行われるのであり、法的拘束力を有しないので、それが強制にわたらない限り、法律の優位の原則に反しない。 ×

A 122 □□ 国民の権利義務に関する行政立法は、法律の授権なしに行われてはならない。 ○

A 123 □□ 本問のような特別権力関係理論は、日本国憲法下ではそのまま妥当しない。すなわち、公務員の勤務関係は法律によって規律され、また違法な不利益処分については裁判所に救済を求めることができる。 ×

A 124 □□ 防火地域に関する建築基準法63条の規定は、民法234条1項の規定に関する特別法として適用され、建築基準法63条が適用される場合には、民法234条1項は適用されない（最判平1.9.19）。 ○

A 125 □□ 最高裁は、私道を通行することについて日常生活上不可欠の利益を有する者は、通行を妨害している敷地所有者に対して通行妨害排除の民事訴訟を提起することができるとする（最判平9.12.18）。 ×

Q126 □□ 【平18】

建築確認は、その土地について私法上の権原がある者により申請される必要があるから、権原なき者によって申請された場合には、そのことを理由として却下することができるというのが最高裁の判例である。

★ **Q127** □□ 【平30】

公営住宅を使用する権利は、入居者本人にのみ認められた一身専属の権利であるが、住宅に困窮する低額所得者に対して低廉な家賃で住宅を賃貸することにより、国民生活の安定と社会福祉の増進に寄与するという公営住宅法の目的にかんがみ、入居者が死亡した場合、その同居の相続人がその使用権を当然に承継することが認められる。

Q128 □□ 【平18】

海岸線の変動により、従来私人の所有であった土地が海面下に沈んだ場合には、私人の土地所有権は自動的に滅失するというのが最高裁の判例である。

★ **Q129** □□ 【平30】

食品衛生法に基づく食肉販売の営業許可は、当該営業に関する一般的禁止を個別に解除する処分であり、同許可を受けない者は、売買契約の締結も含め、当該営業を行うことが禁止された状態にあるから、その者が行った食肉の買入契約は当然に無効である。

★ **Q130** □□ 【平25】

公営住宅の使用関係については、原則として公法関係と解されるので、法令に特別の定めがない限り、民法の規定は適用されない。

A 126 □□

最高裁の判例で、建築確認について、本問のような判示をしているものはない。 ×

A 127 □□

最高裁は、公営住宅に世帯主として入居している者が死亡した場合、その使用権は当然に相続人に承継されるものではないとする（最判平 2.10.18）。 ×

A 128 □□

最高裁は、過去において国が海の一定範囲を区画してこれを私人に帰属させた事実があれば、海面下となっても、所有権の客体となるとする（最判昭 61.12.16）。 ×

A 129 □□

本問のような取締規定に違反する取引であっても、私法上の売買契約の効力は影響されないのが原則であり、売買契約は無効とされない。 ×

A 130 □□

公営住宅の使用関係については、公営住宅法およびこれに基づく条例が特別法として適用されるが、特別の定めがない場合には、一般法である民法や借地借家法が適用される（最判昭 59.12.13）。 ×

行政法 ② 行政組織

Q131 □□ 【平13改】

公庫、事業団などは、特殊法人と呼ばれているが、法的には国という公法人に所属する、その一機関にすぎない。

★ Q132 □□ 【平13】

行政機関が、行政主体のために行うことのできる事柄・活動の範囲は権限と呼ばれ、私法上の権利と同様に、その権限行使を担当する公務員に効果が帰属する。

Q133 □□ 【平18】

行政庁、諮問機関、参与機関などの行政機関の定義は、国家行政組織法において定められている。

★ Q134 □□ 【平21】

行政庁とは、行政主体の意思を決定し、これを外部に表示する権限を有する行政機関をいう。

★ Q135 □□ 【平27】

国家行政組織法によれば、同法の定める国の行政機関には、審議会等、合議により処理することが適当な事務をつかさどるための合議制機関を置くことができる。

行政機関の種類と、その権限の代行について押さえておきましょう。

A 131 □□ 特殊法人は、国とは別個の法人格を有しており、国の一機関というわけではない。 ×

A 132 □□ 権利義務の帰属主体は公務員ではなく、行政機関の属する行政主体（国、公共団体）である。 ×

A 133 □□ 国家行政組織法にこのような定義規定はなく、これらは、いわゆる講学上の概念である。 ×

A 134 □□ 行政庁は、行政主体の法律上の意思を決定し、外部に表示する権限を有する行政機関である。 ○

A 135 □□ 行政庁は独任制が原則ではあるが、国家行政組織法に独任制を義務づける規定はなく、独立行政委員会のような合議制の行政庁も存在する。 ○

★★
Q 136
□□
【予想】

最高裁判所によれば、諮問機関に対する諮問手続が法律上定められているのに、行政庁が諮問手続を経ることなく行政処分をした場合であっても、行政庁の決定が違法として取り消されることはない。

★
Q 137
□□
【平18】

諮問機関が示した答申・意見について、行政庁はそれを尊重すべきではあるが、法的に拘束されることはない。

Q 138
□□
【平18】

補助機関とは行政主体の手足として実力を行使する機関であり、警察官、収税官などがこれに当たる。

Q 139
□□
【予想】

国民が義務を履行しない場合に強制執行をしたり、違法な状況を排除する緊急の必要がある場合に即時強制をしたりするなど、行政目的の実現に必要な実力行使を行う機関を、執行機関という。

★★
Q 140
□□
【予想】

行政機関が自己に与えられた権限の一部を他の機関に委譲して行わせる権限の委任は、法令に根拠がなければ、することができない。

A 136 □□

最高裁は、諮問機関に対する諮問手続が法律上定められているのに、行政庁が諮問手続を経ることなく行政処分をした場合に、行政庁の処分が違法として取り消されうるとする（最判昭50.5.29）。 ×

A 137 □□

諮問機関が示した答申・意見には、法的拘束力はない。 ○

A 138 □□

本問にあげられた警察官、収税官は、執行機関の具体例である。補助機関とは、副大臣や各省の事務次官など、行政庁その他の行政機関の職務を補助するために、日常的な事務を遂行する機関のことである。 ×

A 139 □□

執行機関は、強制執行や即時強制など、行政目的を実現するために必要とされる実力行使を行う機関である。 ○

A 140 □□

行政機関の権限は法令によって定められており（法律による行政の原理）、権限の委任は、法令に根拠がなければ、することができない（地方自治法153条参照）。 ○

★★

Q141 □□【平21】

行政庁がその権限の一部を他の行政機関に委任した場合であっても、権限の所在自体は、委任した行政庁から受任機関には移らない。

★

Q142 □□【予想】

行政機関が自己に与えられた権限の一部を他の機関に委譲する権限の委任は、上級行政庁から下級行政庁に対してのみ行うことができる。

★

Q143 □□【予想】

行政機関が他の行政機関に代理権を与えて行使させる権限の代理が行われた場合、その権限は、代理権を与えられた機関に移転する。

★

Q144 □□【平18】

行政庁の権限を補助機関が専決する場合には、代決の場合とは異なり、処分権限は行政庁ではなく、補助機関に帰属することとなる。

Q145 □□【平13】

決定権限を有する大臣をトップとする各省庁は、公法人であり、公法上の権利・義務の帰属主体としての役割を担う。

A 141 □□ 権限の委任がなされた場合、委任した行政庁はその委任した権限を失い、受任機関が自己の名と責任でその権限を行使する。 ×

A 142 □□ 権限の委任は、法令に根拠がなければ、することができないが、本問のような上級行政庁から下級行政庁に対してのみ行うことができる旨の制限はない。 ×

A 143 □□ 権限の代理が行われた場合、権限の委任とは異なり、その権限は、代理権を与えられた機関に移転しない。 ×

A 144 □□ 専決も代決も、ともに、法的には行政庁に処分権限が帰属する。 ×

A 145 □□ 各省庁は国の行政機関であり、法人格を有しないので、公法人ではない。 ×

Q146 □□【平13】

行政組織の長である大臣と、その組織に服する職員との間には、公法上の服務関係が成立し、私企業におけるような雇用関係、労働関係は成立しない。

★ **Q147** □□【令1】

各省大臣は、その機関の事務を統括し、職員の服務について、これを統督するが、その機関の所掌事務について、命令または示達をするため、所管の諸機関および職員に対し、告示を発することができる。

Q148 □□【予想】

国の行政機関である省の内部部局である官房・局・部・課などの設置および所掌事務の範囲は政令で定められるが、官房および局については法律で総数の最高限度が設けられている。

Q149 □□【予想】

委員会は、技術的な専門性のほかに、政治的な中立性および公正性が特に必要とされる分野で設置される行政機関であるため、国務大臣をもってその長に充てることはできない。

★ **Q150** □□【予想】

審議会は、学識経験を有する者により調査および審議をすることが適当な分野において設置される合議制の機関であり、審議会の設置される行政機関の長は、常にその意見に法的に拘束される。

A 146 □□

大臣と職員との間に、私企業と同様の雇用関係、労働関係がまったく成立しないわけではない。 ×

A 147 □□

各省大臣は、その機関の事務を統括し、職員の服務について、これを統督するが（国家行政組織法10条）、その機関の所掌事務について、命令または示達をするため、所管の諸機関および職員に対し、訓令または通達を発することができる（国家行政組織法14条2項）。なお、告示は、各省大臣が、その機関の所掌事務について、公示を必要とする場合に発することができるものである（国家行政組織法14条1項）。 ×

A 148 □□

国家行政組織法に基づき、官房および局については、内閣府に置かれる官房および局とあわせて97以内と定められている（国家行政組織法23条）。 ○

A 149 □□

たとえば、内閣府の外局に置かれる国家公安委員会の委員長には、国務大臣が充てられている。 ×

A 150 □□

審議会のなかには、法的拘束力が認められるものと、認められないものとがあり、後者の場合には、行政機関の長はその意見に法的に拘束されない。 ×

行政法 ③ 行政作用

★
Q151 □□【予想】
水道法に基づいて厚生労働大臣が行う水道事業の「認可」は、私人の法律行為の法的効果を完成させる効果を有するもので、行政行為の分類上、「認可」とされる。

★
Q152 □□【予想】
鉄道事業法に基づいて国土交通大臣が鉄道運送事業者に対して行う旅客運賃等の変更の「認可」は、私人の法律行為の法的効果を完成させる効果を有するもので、行政行為の分類上、「認可」とされる。

★
Q153 □□【平19改】
銀行法に基づいて内閣総理大臣が行う銀行どうしの合併の「認可」は、私人の法律行為の法的効果を完成させる効果を有するもので、行政行為の分類上、「認可」とされる。

★★
Q154 □□【平19改】
農地法に基づいて農業委員会が行う農地の所有権移転の「許可」は、私人の法律行為の法的効果を完成させる効果を有するもので、行政行為の分類上、「認可」とされる。

★
Q155 □□【平19改】
建築基準法に基づいて建築主事が行う建築「確認」は、私人の法律行為の法的効果を完成させる効果を有するもので、行政行為の分類上、「認可」とされる。

行政行為の種類と、それぞれの内容を整理しておきましょう。

A 151 □□
水道事業は、国が公益事業を営む特権を事業者に付与するものであるから、行政行為の分類上、特許にあたる。 ×

A 152 □□
国土交通大臣が鉄道運送事業者に対して行う旅客運賃等の変更の認可は、私人の法律行為を補充してその法律上の効果を完成させるもので、行政行為の分類上、認可とされる。 ○

A 153 □□
銀行法に基づき内閣総理大臣が行う銀行どうしの合併の認可は、銀行どうしの合併という私人間の契約を補充してその法律上の効果を完成させるもので、行政行為の分類上、認可とされる。 ○

A 154 □□
農地法上の所有権移転の「許可」は、私人間で締結された契約を補充してその法律上の効果を完成させるもので、行政行為の分類上、認可とされる。 ○

A 155 □□
建築確認は、特定の事実・法律関係の存否について公の権威をもって判断しこれを確定する行為であり、行政行為の分類上、確認とされる。 ×

★
Q156 □□【令2】
行政庁の処分の効力の発生時期については、特別の規定のない限り、その意思表示が相手方に到達した時ではなく、それが行政庁から相手方に向けて発信された時と解するのが相当である。

★★
Q157 □□【予想】
行政行為の公定力は、仮に違法な行政行為が行われたとしても、その成立に重大かつ明白な瑕疵があることにより無効となるものでなければ、取り消されるまでは有効な行為として取り扱われるというものである。

★
Q158 □□【予想】
行政行為の不可争力は、行政行為がなされてから一定期間が経過すると、国民は、その効力を不服申立てや取消訴訟によって争うことができなくなるというものである。

★
Q159 □□【予想】
行政行為の効力は、その相手方のみに及び、第三者や行政主体には及ばない。

Q160 □□【平18】
行政行為の職権取消は、私人が既に有している権利や法的地位を変動（消滅）させる行為であるから、当該行政行為の根拠法令において個別に法律上の根拠を必要とする。

Q161 □□【平18】
行政行為の職権取消は、行政活動の適法性ないし合目的性の回復を目的とするものであるが、私人の信頼保護の要請等との比較衡量により制限されることがある。

A 156 □□ 最高裁は、行政庁の処分の効力の発生時期について、特別の規定のない限り、意思表示の一般的法理に従い、その意思表示が相手方に到達した時と解するのが相当であると判示した（最判昭29.8.24）。 ×

A 157 □□ 仮に違法な行政行為が行われたとしても、その成立に重大かつ明白な瑕疵があることにより無効となるものでなければ、取り消されるまでは有効な行為として取り扱われるという行政行為の効力を、公定力という。 ○

A 158 □□ 行政行為がなされてから一定期間が経過すると、国民は、その効力を不服申立てや取消訴訟によって争うことができなくなるという行政行為の効力を、不可争力という（行政不服審査法18条、行政事件訴訟法14条等参照）。 ○

A 159 □□ 行政行為には拘束力が認められ、その効力は、その相手方のみならず、第三者や行政主体にも及ぶ。 ×

A 160 □□ 行政行為の職権取消しは、瑕疵ある行為を瑕疵のない状態へ回復させる行為であるから、特別の法律上の根拠は必要とされない。 ×

A 161 □□ 職権取消しは、私人の信頼保護の要請等との比較衡量により制限されることがある。 ○

★★

Q162 □□ 【平18】

公務員の懲戒免職処分は、当該公務員の個別の行為に対しその責任を追及し、公務員に制裁を課すものであるから、任命行為の職権取消にあたる。

★

Q163 □□ 【平18】

行政行為の撤回は、処分庁が、当該行政行為が違法になされたことを理由にその効力を消滅させる行為であるが、効力の消滅が将来に向かってなされる点で職権取消と異なる。

★

Q164 □□ 【予想】

附款は、行政行為の主たる意思表示に付加される行政庁の従たる意思表示をいい、法律行為的行政行為を主たる意思表示として附款を付すことはできない。

Q165 □□ 【予想】

附款は、国民に不利益を与えるものであるため、法律上の根拠がある場合に限り、附款を付すことが許される。

Q166 □□ 【予想】

附款のうち、条件とは、行政行為の効果を将来発生することが不確実な事実に係らせる意思表示をいい、条件のうち、事実の発生により行政行為の効果が消滅するものを停止条件という。

Q167 □□ 【予想】

附款のうち、撤回権の留保とは、行政行為の主たる内容に付加して、その行政行為を撤回する権能を留保する意思表示をいい、撤回権の留保を付された行政行為は無条件に撤回することができる。

A 162 □□ 公務員の懲戒免職処分は、当初瑕疵なく成立し、その後の事情の変化により当該行為を失効させるものであるから、任命行為の撤回にあたり、職権取消しではない。 ×

A 163 □□ 撤回は、行政行為が当初瑕疵なく成立し、その後の事情の変化により当該行為を失効させるものであり、違法であることを理由とするものではない。 ×

A 164 □□ 附款は、法律行為的行政行為にのみ付することができる。 ×

A 165 □□ 常に法律上の根拠が必要とされるわけではなく、法律上の根拠がなくても、行政行為の内容につき裁量権が与えられていれば、その範囲内で附款を付けることができる。 ×

A 166 □□ 事実の発生により行政行為の効果が消滅するものは、解除条件である。 ×

A 167 □□ 撤回権の留保が付されても、無条件に撤回できるわけではなく、たとえば、公益上必要があると認められる場合に撤回ができる等の制限がある。 ×

★
Q168 □□ 【予想】
附款に瑕疵がある場合、当該附款が、行政行為の重要な要素でなく、行政行為とが可分であれば、当該附款のみについて争訟を提起することができる。

★★
Q169 □□ 【平23】
行政上の義務履行の確保に関しては、行政代執行法が一般法とされ、別に法律で定めるところを除いては、この法律の定めるところによる。

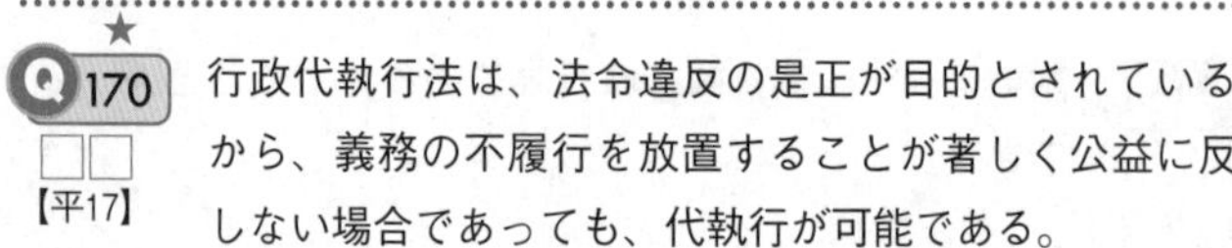
★
Q170 □□ 【平17】
行政代執行法は、法令違反の是正が目的とされているから、義務の不履行を放置することが著しく公益に反しない場合であっても、代執行が可能である。

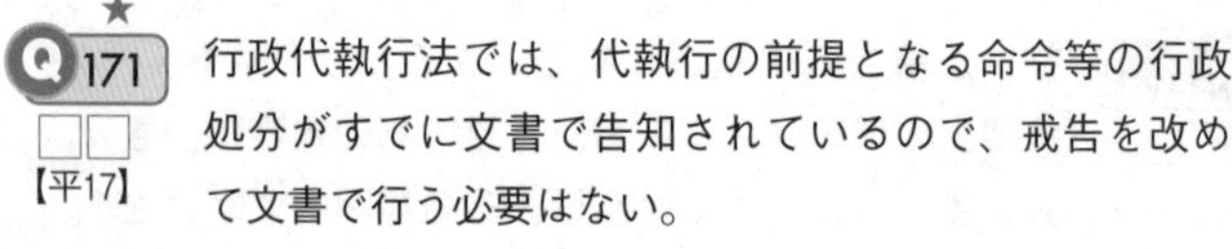
★
Q171 □□ 【平17】
行政代執行法では、代執行の前提となる命令等の行政処分がすでに文書で告知されているので、戒告を改めて文書で行う必要はない。

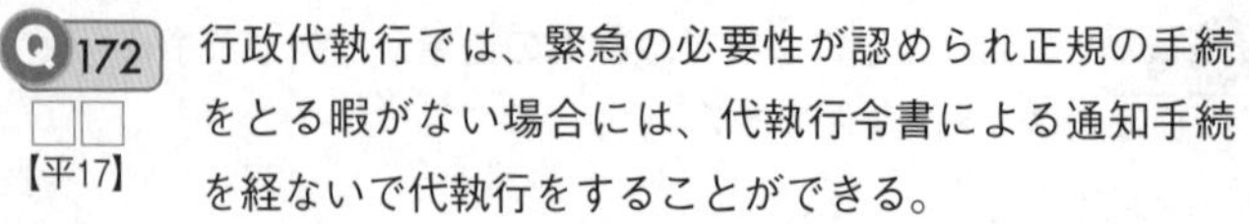
Q172 □□ 【平17】
行政代執行では、緊急の必要性が認められ正規の手続をとる暇がない場合には、代執行令書による通知手続を経ないで代執行をすることができる。

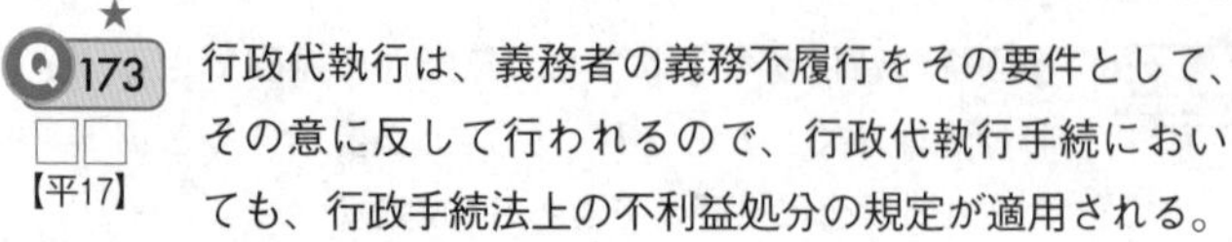
★
Q173 □□ 【平17】
行政代執行は、義務者の義務不履行をその要件として、その意に反して行われるので、行政代執行手続においても、行政手続法上の不利益処分の規定が適用される。

A 168 □□ 附款と行政行為とが可分であれば、当該附款のみについて争訟を提起することができる。しかし、附款と行政行為とが不可分である場合には、当該附款のみの争訟は提起できない。 ○

A 169 □□ 行政上の義務の履行確保に関しては、別に法律で定めるものを除いては、行政代執行法の定めるところによる（行政代執行法1条）。 ○

A 170 □□ 義務の不履行を放置することが著しく公益に反すると認められる場合に限り、代執行を行うことができる（行政代執行法2条）。 ×

A 171 □□ 行政代執行をなすには、原則として当該代執行をなすべき旨を文書で戒告しなければならない（行政代執行法3条1項）。 ×

A 172 □□ 非常の場合または危険切迫の場合には、代執行令書による通知手続を経ないで代執行ができる場合がある（行政代執行法3条3項）。 ○

A 173 □□ 行政代執行は、行政手続法上の不利益処分にはあたらない。 ×

★★
Q174 □□【平21】
義務の不履行があった場合、直接に義務者の身体や財産に実力を加えることを即時強制という。

★★
Q175 □□【平19】
市水道局による水道サービスの料金を滞納している私人に対し、市は地方自治法に基づき、行政上の強制徴収の仕組みを用いて徴収することができる。

Q176 □□【平19】
即時強制は法令により個別に根拠づけられている場合にのみ認められるが、いわゆる成田新法（成田国際空港の安全確保に関する緊急措置法）による建物の実力封鎖、警察官職務執行法による武器の行使がその例である。

Q177 □□【平19】
路上駐車禁止は、それ自体は不作為義務であるが、警察官等は、過失なくして移動を命じる相手方を知ることができない時には、移動命令を発することなく、当該駐車車両を移動することができる。

★
Q178 □□【平29】
執行罰は、刑罰ではないため、二重処罰の禁止の原則の適用はなく、同一の義務の不履行について、これを複数回にわたり科すことも認められる。

A 174 □□

本問の行政強制は直接強制である。即時強制は、あらかじめ義務を命ずる余裕のない場合に、義務を命ずることなく、直接国民の身体や財産に実力を加えることをいう。 ×

A 175 □□

本問のような場合、行政上の強制徴収の仕組みを用いて徴収することは認められておらず、民事訴訟を提起して、民事執行法に基づいて強制執行を行わなければならない。 ×

A 176 □□

警察官職務執行法による武器の行使は即時強制にあたるが、成田新法による建物の実力封鎖は、直接強制にあたる。 ×

A 177 □□

本問のような場合、即時強制の一種として、駐車車両を移動することが認められている。 ○

A 178 □□

執行罰は、刑罰ではないため、同一の義務の不履行について複数回にわたり科したとしても二重処罰の禁止に反しない。 ○

★
Q 179
□□
【令3】

国家公務員の退職共済年金受給に伴う退職一時金の利子相当額の返還について定める国家公務員共済組合法の規定において、その利子の利率を政令で定めるよう委任をしていることは、直接に国民の権利義務に変更を生じさせる利子の利率の決定という、本来法律で定めるべき事項を政令に委任するものであり、当該委任は憲法41条に反し許されない。

★
Q 180
□□
【令3】

監獄法（当時）の委任を受けて定められた同法施行規則（省令）において、原則として被勾留者と幼年者との接見を許さないと定めていることは、事物を弁別する能力のない幼年者の心情を害することがないようにという配慮の下に設けられたものであるとしても、法律によらないで被勾留者の接見の自由を著しく制限するものであって、法の委任の範囲を超えるものといえ、当該施行規則の規定は無効である。

★
Q 181
□□
【令3】

薬事法（当時）の委任を受けて、同法施行規則（省令）において一部の医薬品について郵便等販売をしてはならないと定めることについて、当該施行規則の規定が法律の委任の範囲を逸脱したものではないというためには、もっぱら法律中の根拠規定それ自体から、郵便等販売を規制する内容の省令の制定を委任する授権の趣旨が明確に読み取れることを要するものというべきであり、その判断において立法過程における議論を考慮したり、根拠規定以外の諸規定を参照して判断をすることは許されない。

最高裁は、本問の委任について、退職一時金に付加して返還すべき利子の利率の定めを白地で包括的に政令に委任するものということはできず、憲法41条および73条6号に違反するものではないと解するのが相当であると判示した（最判平27.12.14）。 ×

最高裁は、本問の監獄法施行規則の規定は、法律によらないで被勾留者の接見の自由を著しく制限するものであって、法の委任の範囲を超えるものといえ、無効と判示した（最判平3.7.9）。 ○

最高裁は、本問の薬事法施行規則の規定が法律の委任の範囲を逸脱したものではないというためには、立法過程における議論をもしんしゃくした上で、根拠規定以外の諸規定を見て、そこから、郵便等販売を規制する内容の省令の制定を委任する授権の趣旨が明確に読み取れることを要するものというべきであると判示した（最判平25.1.11）。 ×

★★
Q182 □□ 【令3】

児童扶養手当法の委任を受けて定められた同法施行令（政令）の規定において、支給対象となる婚姻外懐胎児童について「（父から認知された児童を除く。）」という括弧書きが設けられていることについては、憲法に違反するものでもなく、父の不存在を指標として児童扶養手当の支給対象となる児童の範囲を画することはそれなりに合理的なものともいえるから、それを設けたことは、政令制定者の裁量の範囲内に属するものであり、違憲、違法ではない。

Q183 □□ 【令3】

銃砲刀剣類所持等取締法が、銃砲刀剣類の所持を原則として禁止した上で、美術品として価値のある刀剣類の所持を認めるための登録の方法や鑑定基準等を定めることを銃砲刀剣類登録規則（省令）に委任している場合に、当該登録規則において登録の対象を日本刀に限定したことについては、法律によらないで美術品の所有の自由を著しく制限するものであって、法の委任の範囲を超えるものといえ、当該登録規則の規定は無効である。

Q184 □□ 【平21】

土地利用を制限する用途地域などの都市計画の決定についても、侵害留保説によれば法律の根拠が必要である。

Q185 □□ 【予想】

行政契約は、当事者間の合意に基づいて行われるため、給付行政の分野にはなじまず、給付行政の分野ではもっぱら行政行為によって行政目的の実現が図られている。

最高裁は、本問の児童扶養手当法施行令の規定について、父から認知された婚姻外懐胎児童を児童扶養手当の支給対象となる児童の範囲から除外したことは法の委任の趣旨に反し、法の委任の範囲を逸脱した違法な規定として無効と解するべきであると判示した（最判平 14.1.31）。 ×

最高裁は、本問の銃砲刀剣類登録規則において登録の対象を日本刀に限定したことについて、 銃砲刀剣類所持等取締法 14 条 1 項の趣旨に沿う合理性を有する鑑定基準を定めたものというべきであるから、これをもって法の委任の趣旨を逸脱する無効のものということはできないと判示した（最判平 2.2.1）。 ×

法律の留保に関する侵害留保説によれば、国民に対して土地利用を制限する都市計画の決定については、法律の根拠が必要である。 ○

給付行政にあたるものでも、たとえば、水道の供給契約等は、行政契約の形式をとっている。 ×

Q186
□□
【予想】

行政庁が、教育施設の充実に充てるため、行政指導として、マンションを建設しようとする事業主に対して寄付金の納付を求めることは、強制にわたるなど事業主の任意性を損うことがない限り、違法とはいえないとするのが判例である。

★
Q187
□□
【予想】

行政指導は相手方の任意の協力・服従のもとに行われるものであるから、相手方が指導に従わない明確な意思を表明するまでの間処分を留保することは、いかなる場合であっても違法となるとするのが判例である。

★★
Q188
□□
【予想】

行政指導は、相手方に対しその意に反して従うことを要請するものであり、私人の権利または利益を侵害するものであるため、必ず法律の根拠に基づいて行うことを要する。

□□
【予想】

最高裁判所によれば、事業者団体が各事業者の従うべき基準価格を団体の意思として協議決定した場合においては、その後これに関する行政指導があったとしても、当該事業者団体が行った基準価格の決定を明瞭に破棄したと認められるような特段の事情がない限り、行政指導があったことにより、当然に独占禁止法所定の競争の実質的制限が消滅したものとすることは許されない。

★

□□
【予想】

行政指導は行政庁が行う処分にあたらず、仮に違法な行政指導にその相手方が従った場合、法律上はそれに自発的に従ったものとされるため、その違法な行政指導の瑕疵が治癒される。したがって、相手方がその違法な行政指導により損害を受けても、国家賠償を請求することはできない。

A 186 □□

最高裁は、「強制にわたるなど事業主の任意性を損うことがない限り」違法でないとしている（武蔵野市マンション事件、最判平5.2.18)。 ○

A 187 □□

最高裁は、行政指導の相手方が指導に従わない明確な意思を表明するまでの間処分を留保することは違法でないと判示している（最判昭60.7.16)。 ×

A 188 □□

行政指導は、相手方の任意の協力を前提とし、権利を制限したり義務を課したりするものではないため、必ずしも法律上の根拠を必要としない。 ×

A 189 □□

最高裁は、本問のような特段の事情がない限り、独占禁止法上の競争の実質的制限が消滅したものとすることは許されないとする（最判昭57.3.9)。 ○

A 190 □□

行政指導は「処分」にはあたらないが、国家賠償法の対象となる「公権力の行使」にはあたるので、本問のような場合、国家賠償を請求することはできる。 ×

④ 行政手続法

★★
Q 191
□□
【平21】

行政手続法は、行政運営における公正の確保と透明性の向上を図り、もって国民の権利利益の保護に資することを目的とする。

★★
Q 192
□□
【平16】

行政手続法は、侵害的行政処分ならびに公権力の行使に当たる行為のみならず、許認可などの授益的処分についても規律を定めている。

★
Q 193
□□
【平16】

行政手続法は、行政処分については事前聴聞手続を、行政立法についてはパブリック・コメント制を一般的に義務的手続とすることにより、行政過程に広く手続的な規制を行うものである。

Q 194
□□
【平16】

行政手続法は、行政処分について手続的規律を設けるほか、行政機関が一方当事者である一定金額以上の契約について、入札制などの手続規定を置いている。

Q 195
□□
【予想】

行政庁が私人に対して行政行為をするには、特に法律が定める場合を除き、文書をもってしなければならない。

申請に対する処分についての規制と、不利益処分についての規制を、整理しておきましょう。

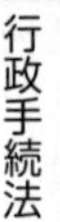

A 191 □□

ここにいう透明性とは、行政上の意思決定について、その内容および過程が国民にとって明らかであることをいう（1条かっこ書）。 ○

A 192 □□

行政手続法は、侵害的行政処分や公権力の行使にあたる行為のみならず、授益的処分についても規律を定めている。 ○

A 193 □□

行政手続法は、行政処分一般についてではなく、不利益処分について事前聴聞手続等を定めている。なお、行政立法におけるパブリック・コメント制は、意見公募手続として2005年改正で導入された。 ×

行政手続法に、入札制などの手続規定はない。 

私人に対する行政行為は、必ずしも文書をもってすることを要せず、口頭ですることも可能である。 ×

★
Q196 □□【予想】

行政庁が特定の名宛人に対して行政行為を行った場合、当該行政行為は、原則として、行政庁が処分内容を発した時にその効力を生ずる。

Q197 □□【予想】

最高裁判所によれば、公務員の退職願の撤回は、免職辞令の交付があるまでは原則として自由であるが、免職辞令の交付前においても退職願を撤回することが信義に反すると認められるような特段の事情がある場合には、その撤回は許されない。

Q198 □□【予想】

最高裁判所によれば、諮問の経由を法定されている行政処分が諮問を経てなされた場合には、諮問機関の決定自体に法が諮問機関に対する諮問を経ることを要求した趣旨に反すると認められるような瑕疵があったとしても、当該行政処分が違法となるものではない。

★★
Q199 □□【令1】

地方公共団体の機関がする行政指導のうち、その根拠が条例または規則に置かれているものについては、行政手続法の行政指導に関する定めの適用はないが、その根拠が国の法律に置かれているものについては、その適用がある。

★
Q200 □□【平19】

地方公共団体の機関がする不利益処分については、それが自治事務に該当する場合には、行政手続法の不利益処分に関する規定は適用されない。

A 196 □□
行政行為は、特別の規定がない限り、その意思表示が相手方に到達した時にその効力を生ずる。 ×

A 197 □□
退職願の撤回は、免職辞令の交付があるまでは原則として自由であるが、信義に反する場合は、撤回は許されない（最判昭 34.6.26）。 ○

A 198 □□
法が諮問を経ることを要求した趣旨に反すると認められるような瑕疵があった場合には、行政処分が諮問を経てなされたときでも違法となる（最判昭 50.5.29）。 ×

A 199 □□
地方公共団体の機関がする行政指導は、その根拠が国の法律に置かれているか条例または規則に置かれているかにかかわらず、行政手続法の適用除外となる（3条3項）。 ×

A 200 □□
自治事務が法律に基づくものであれば、行政手続法の不利益処分に関する規定が適用される（3条3項かっこ書）。 ×

★★
Q201 □□ 【平19】
地方公共団体の条例にその根拠となる規定が置かれている届出の処理については、行政手続法の届出に関する規定は適用されない。

★
Q202 □□ 【平19】
地方公共団体の機関がする「申請に対する処分」については、それが国の法定受託事務に該当する場合に限り、行政手続法の「申請に対する処分」の規定が適用される。

★★
Q203 □□ 【平16】
行政手続法は、不服申立てに対する行政庁の裁決、裁判の執行としてされる処分、公務員の身分に関してされる処分についても、その事前手続につき法的な規律を設けている。

★
Q204 □□ 【平17】
補助金の交付申請は、法令に基づかない申請であっても、行政手続法上の申請とみなされる。

★
Q205 □□ 【平17】
行政手続法上の申請のうち、行政庁が諾否の応答を義務づけられるのは、許可あるいは認可を求めるもののみに限られる。

A 201 □□ 地方公共団体の条例にその根拠となる規定が置かれている届出の処理は、行政手続法の適用除外である（3条3項）。 ○

A 202 □□ 地方公共団体の機関がする「申請に対する処分」について、それが国の法定受託事務に該当する場合でも、条例または規則に基づくものであれば、行政手続法の適用除外である（3条3項）。 ×

A 203 □□ 不服申立てに対する行政庁の裁決、裁判の執行としてされる処分、公務員の身分に関してされる処分は、行政手続法の適用除外である（3条1項）。 ×

A 204 □□ 行政手続法上の申請は、法令に基づくことが必要である（2条3号）。 ×

A 205 □□ 行政庁が諾否の応答を義務づけられるのは、許可、認可に限らず、免許その他の自己に対し何らかの利益を付与する処分を求める行為も対象となる（2条3号）。 ×

★★
Q206
□□
【令4】

行政庁は、申請がその事務所に到達してから当該申請に対する処分をするまでに通常要すべき標準的な期間を定めるよう努め、これを定めたときは、行政手続法所定の方法により公にしておかなければならない。

★★
Q207
□□
【平30】

行政手続法は、申請に対する処分については、行政庁が標準処理期間を定めるよう努めるべきものとしているのに対し、不利益処分については、標準処理期間にかかわる規定を設けていない。

★
Q208
□□
【平25】

行政庁は、申請者の求めに応じ、申請の処理が標準処理期間を徒過した理由を通知しなければならない。

★★
Q209
□□
【平20】

審査基準とは、行政庁が不利益処分をするか否かについて判断するために必要な基準である、と定義されている。

Q210
□□
【平19】

審査基準の設定は、行政手続法の委任に基づくものであり、申請者の権利にかかわるものであるから、審査基準も法規命令の一種である。

A 206 □□ 標準処理期間の設定は、法的義務ではなく努力義務である（6条）点に注意を要する。 ○

A 207 □□ 行政庁は、申請に対する処分については、標準処理期間を定めるよう努めるとともに、これを定めたときは、適当な方法により公にしておかなければならないが（6条）、不利益処分については、標準処理期間にかかわる規定は設けられていない。 ○

A 208 □□ 標準処理期間を徒過した場合、その理由を通知しなければならない旨の規定はない。 ×

A 209 □□ 行政手続法の定める審査基準とは、申請により求められた許認可等をするかどうかをその法令の定めに従って判断するために必要とされる基準である（2条8号ロ）。 ×

A 210 □□ 審査基準の設定は、国民の権利義務にかかわりのない一般的な法規範であるから、行政規則の一種である。 ×

★
Q 211
□□
【平20】

審査基準には、法律に基づき処分の要件を定める政省令は含まれない。

★★
Q 212
□□
【予想】

行政庁は、申請により求められた許認可等をするかどうかを判断するために必要とされる審査基準を定めるにあたっては、許認可等の性質に照らしてできる限り具体的なものとしなければならないが、審査基準をあらかじめ公表する必要はない。

★★
Q 213
□□
【平20】

審査基準を定めることは行政庁の努力義務であるが、設定した場合には、これを公にしておく法的義務が課される。

Q 214
□□
【平20】

審査基準を設定した場合には、設定後の審査基準を私人に対して不利益になるように変更することは許されない、と定められている。

★
Q 215
□□
【平19】

国の法律に基づいて地方公共団体の行政庁がする処分については、その法律を所管する主務大臣が審査基準を設定することとなる。

A 211 □□ 審査基準は、法令の定めに従って判断するために必要とされる基準をいい、法律に基づき処分の要件を定める政省令は含まれない。 ○

A 212 □□ 原則として、審査基準はあらかじめ公表しなければならない（5条3項）。 ×

A 213 □□ 行政手続法上、審査基準を定めることは、法的義務であり、努力義務ではない（5条1項）。 ×

A 214 □□ 行政手続法上、本問のような審査基準の不利益変更に関する規定はない。 ×

A 215 □□ 審査基準の設定は、処分をする行政庁が行う。 ×

★
Q216 □□【平17】

許認可の申請にあたっては、申請者には申請権があり、行政庁には申請に対する審査・応答義務があるので、形式要件に適合している限り、申請書類の返戻は許されない。

★★
Q217 □□【平25】

行政庁は、申請がその事務所に到達したときは、遅滞なく当該申請の審査を開始しなければならない。

Q218 □□【平17】

申請に対し許認可を与える場合、それは、申請通りの内容を行政庁として認めることを意味しているので条件を付すことは許されない。

★
Q219 □□【予想】

行政庁は、申請により求められた許認可等を拒否する処分をする場合は、当該処分の理由として根拠となる法令の規定を示せば足り、当該規定の適用の基礎となった事実関係を示す必要はない。

★
Q220 □□【平20】

申請拒否処分の理由については、理由を示さないで処分をすべき差し迫った必要がある場合には、処分後相当の期間内に示せば足りる。

A 216 □□

行政庁には申請に対する審査・応答義務があり（7条）、形式上の要件に適合する申請を受け付けないという対応はできない。 ○

A 217 □□

行政庁は、その事務所に到達した申請につき、遅滞なく審査を開始する義務を負う（7条）。 ○

A 218 □□

許認可は法律行為的行政行為であるから、附款の一種である条件を付することは可能である。 ×

A 219 □□

処分の理由として根拠規定を示すだけでは足りず、当該規定の適用の基礎となった事実関係まで示す必要がある。 ×

A 220 □□

拒否処分をする際には、原則として理由を示さなければならないが、法の定める一定の要件を満たす場合には、申請者の求めがあったときに理由を示せば足りる（8条1項）。不利益処分については本問のような例外があるが（14条1項ただし書）、拒否処分にはない。 ×

★
Q221
□□
【平20】

申請拒否処分についても、相手方の権利に重大な影響を及ぼす許認可等を拒否する場合などには、事前の聴聞が義務付けられている。

Q222
□□
【平19】

審査基準に違反して申請を拒否する処分をしても、その理由だけで処分が違法となることはないが、他の申請者と異なる取扱いをすることとなるため、比例原則違反として、違法となることがある。

Q223
□□
【平25】

行政庁は、申請をしようとする者の求めに応じ、申請書の記載および添付書類に関する事項その他の申請に必要な情報の提供に努めなければならない。

★
Q224
□□
【平28】

申請に対する処分について、公聴会の開催その他の適当な方法により利害関係人の意見を聴く機会を設けるべきことは、担当行政庁の努力義務にとどまり、必ず行わなければならない法令上の義務とはされていない。

Q225
□□
【予想】

行政庁は、申請に対する処分であって、申請者以外の者の利害を考慮すべきことが当該法令において許認可等の要件とされているものを行う場合には、必ず公聴会を開催し、当該申請者以外の者の意見を聴かなければならない。

A 221 □□ 申請の拒否処分には事前の聴聞は義務づけられていない。 ×

A 222 □□ 他の申請者と異なる取扱いをすると、比例原則違反ではなく、平等原則違反となることがある。 ×

A 223 □□ 行政庁は、申請をしようとする者または申請者の求めに応じ、申請書の記載および添付書類に関する事項その他の申請に必要な情報の提供に努めなければならない（9条2項）。 ○

A 224 □□ 行政庁は、利害関係人の意見を聴く機会を設けることについて、法的義務ではなく、努力義務が課されている（10条）。 ○

A 225 □□ 行政庁は、申請者以外の者の意見を聴く機会を設けることについては努力義務が課されているのみであり、その方法も公聴会の開催に限らず、適当な方法によればよい（10条）。 ×

★★
Q226 □□【平28】
不利益処分について、処分基準を定め、かつ、これを公にしておくことは、担当行政庁の努力義務にとどまり、必ず行わなければならない法令上の義務とはされていない。

★
Q227 □□【令3】
行政庁は、理由を示さないで不利益処分をすべき差し迫った必要がある場合であれば、処分と同時にその理由を示す必要はなく、それが困難である場合を除き、当該処分後の相当の期間内にこれを示せば足りる。

★
Q228 □□【予想】
行政庁は、不利益処分を書面でするときは、その理由も書面により示さなければならない。

Q229 □□【平26改】
行政手続法は、不利益処分について、処分と同時に理由を提示すべきこととしているが、審査請求の審理の時点で処分庁が当該処分の理由を変更することができる旨を規定している。

Q230 □□【予想】
行政庁は、不利益処分をしようとする場合において、公益上、緊急に不利益処分をする必要があるため、聴聞手続をとることができないときは、弁明の機会の付与手続をとらなければならない。

A 226 □□ 不利益処分の処分基準の設定および公開は努力義務である（12条1項）。 ○

A 227 □□ 緊急に処分すべき差し迫った必要がある場合には、例外として、処分後相当の期間内に理由を示せばよいとされている（14条1項、2項）。 ○

A 228 □□ 不利益処分を書面でするときは、処分の理由も書面により示さなければならない（14条3項）。 ○

A 229 □□ 行政手続法上、審査請求の審理の時点で処分庁が処分の理由を変更することができる旨の規定はない。 ×

A 230 □□ 公益上、緊急に不利益処分をする必要があるために聴聞手続をすることができない場合、弁明の機会の付与手続も不要である（13条2項1号）。 ×

Q231 □□ 【平25】

行政庁が、聴聞を行うに当たっては、不利益処分の名あて人となるべき者に対して、予定される不利益処分の内容及び根拠法令に加え、不利益処分の原因となる事実などを通知しなければならないが、聴聞を公正に実施することができないおそれがあると認めるときは、当該処分の原因となる事実を通知しないことができる。

★ **Q232** □□ 【予想】

不利益処分の名あて人ではないが、その不利益処分によって自己の権利を害されることとなる者から求めがあった場合、聴聞主宰者は、その者の聴聞手続への参加を許可しなければならない。

★ **Q233** □□ 【平28】

不利益処分の名あて人となるべき者は、聴聞の通知を受けた場合、聴聞が終結する時までの間、行政庁に対し、当該不利益処分の原因となる事実を証する資料の閲覧を求めることができる。

Q234 □□ 【平19】

文書閲覧請求権に基づき、当事者が行政庁に資料の閲覧を求めた場合であっても、正当な理由が認められる場合には、行政庁はその閲覧を拒むことができる。

★★ **Q235** □□ 【平19】

聴聞の主宰者の決定は、不利益処分の名あて人となるべき者（当事者）が聴聞の通知を受けた後、当事者と行政庁との合議によってなされる。

A 231 □□ 本問のような場合、通知を省略することはできない。不利益処分の名あて人となるべき者の所在が判明しない場合に、通知に代えて、掲示の方法で行うことができるだけである（15条3項）。 ×

A 232 □□ 本問のような場合、聴聞主宰者は、聴聞手続への参加を許可することができるが（17条1項）、参加を許可しなければならないわけではない。 ×

A 233 □□ 聴聞手続における当事者は、聴聞の通知があった時から聴聞が終結する時までの間、行政庁に対して当該不利益処分の原因となる事実を証する資料の閲覧を求めることができる（18条）。 ○

A 234 □□ 正当な理由が認められる場合には、行政庁は資料の閲覧を拒むことができる（18条1項後段）。 ○

A 235 □□ 聴聞は、行政庁が指名する職員その他政令で定める者が主宰する（19条1項）。 ×

★★
Q236 □□【予想】
聴聞は、行政庁が指名する職員その他政令で定める者が主宰し、当該聴聞の当事者または参加人、参加人以外の関係人は、聴聞を主宰することができない。

★★
Q237 □□【平29】
行政庁は、不利益処分の決定をするときは、調書の内容および報告書に記載された聴聞の主宰者の意見を十分に参酌してこれをしなければならない。

Q238 □□【予想】
行政庁は、聴聞の終結後に生じた事情にかんがみ必要があると認めるときは、主宰者に対し、提出された報告書を返戻して聴聞の再開を命ずることができる。

★★
Q239 □□【平21】
申請に対して拒否処分を行う場合は、行政手続法上、不利益処分に該当するので、弁明の機会の付与を行わなければならない。

Q240 □□【令4】
弁明の機会の付与は、処分を行うため意見陳述を要する場合で、聴聞によるべきものとして法が列挙している場合のいずれにも該当しないときに行われ、弁明は、行政庁が口頭ですることを認めたときを除き、弁明書の提出により行われる。

A 236 □□

聴聞は、行政庁が指名する職員その他政令で定める者が主宰し、当該聴聞の当事者または参加人、参加人以外の関係人は、これを主宰することができない（19条）。 ○

A 237 □□

行政庁は、調書の内容および報告書に記載された聴聞の主宰者の意見を十分に参酌しなければならない（26条）。 ○

A 238 □□

たとえば、真正であると思われた書類に誤りがあることが判明した場合、行政庁は、必要があると認めるときは、主宰者に対し、聴聞の再開を命ずることができる（25条）。 ○

A 239 □□

行政手続法上、申請に対する拒否処分は、不利益処分に該当せず（2条4号ロ）、弁明の機会の付与を行う必要はない。 ×

A 240 □□

弁明は、行政庁が口頭ですることを認めたときを除き、弁明を記載した書面（弁明書）を提出して行う（29条1項）。 ○

Q241 □□ 【予想】

弁明の機会の付与手続は、聴聞手続と比べてより略式の手続であるので、参加人および補佐人の観念がなく、文書閲覧権も認められていない。

Q242 □□ 【平26】

行政手続法は、処分庁が意見陳述のための手続をとることなく不利益処分をした場合、処分の名あて人は処分後に当該手続をとることを求めることができる旨を規定している。

★

Q243 □□ 【平20】

申請拒否処分が許されない場合において、それをなしうるとして申請の取下げを求める行政指導は、違法な行政指導である。

★

Q244 □□ 【平28】

何人も、法令に違反する事実がある場合において、法令違反の是正のためにされるべき処分がされていないと思料するときは、権限を有する行政庁に対し、当該処分をすることを求めることができる。

★★

Q245 □□ 【平20】

法令に基づき、自己に対して何らかの利益を付与する行政庁の応答を求める行為は、行政手続法上の届出に含まれる。

A 241 □□

行政手続法上の弁明の機会の付与手続では、参加人および補佐人の観念がなく、文書閲覧権も認められていない。 ○

A 242 □□

行政手続法上、処分庁が意見陳述のための手続をとることなく不利益処分をした場合、処分の名あて人は処分後に当該手続をとることを求めることができる旨の規定はない。 ×

A 243 □□

本問のように、申請拒否処分が許されないのに、殊更、それができる旨を示して相手方に行政指導に従うことを余儀なくさせるような行為は違法である。 ○

A 244 □□

何人も、法令に違反する事実がある場合において、その是正のためにされるべき処分または行政指導（その根拠となる規定が法律に置かれているものに限る）がされていないと思料するときは、当該処分をする権限を有する行政庁または当該行政指導をする権限を有する行政機関に対し、その旨を申し出て、当該処分または行政指導をすることを求めることができる（36条の3第1項）。 ○

A 245 □□

本問の行為は、行政手続法上の申請にあたる（2条3号）。 ×

Q246 □□ 【令4】

法令に定められた届出書の記載事項に不備があるか否かにかかわらず、届出が法令によりその提出先とされている機関の事務所に到達したときに、当該届出をすべき手続上の義務が履行されたものとされる。

★ Q247 □□ 【平20】

地方公共団体の機関が、その固有の資格においてすべきこととされている届出には、行政手続法上の届出に関する規定の適用はない。

★★ Q248 □□ 【平20】

審査基準を設定する際には、どのような内容であっても、行政庁は意見公募手続を実施しなければならない。

★ Q249 □□ 【平30】

行政指導指針は、行政庁が任意に設定するものであり、また法的な拘束力を有するものではないため、行政指導指針を定めるに当たっては、意見公募手続を実施する必要はない。

★ Q250 □□ 【平22】

地方公共団体の行政庁が法律を根拠とする許認可等の審査基準を定める場合には、意見公募手続が義務付けられている。

A 246 □□ 届出書の記載に不備がある場合には、届出義務を尽くしたことにはならない（37条）。 ×

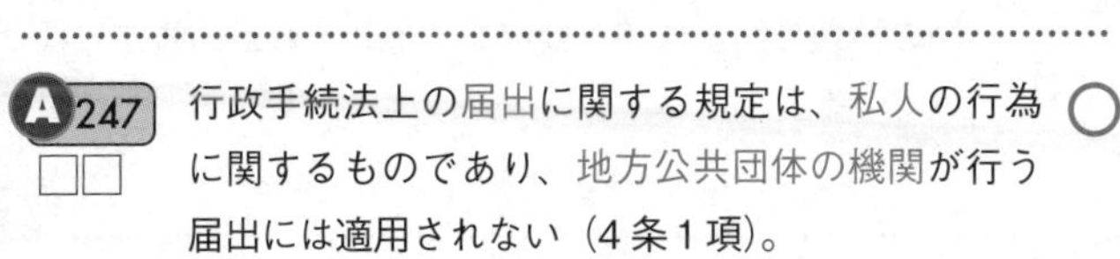
A 247 □□ 行政手続法上の届出に関する規定は、私人の行為に関するものであり、地方公共団体の機関が行う届出には適用されない（4条1項）。 ○

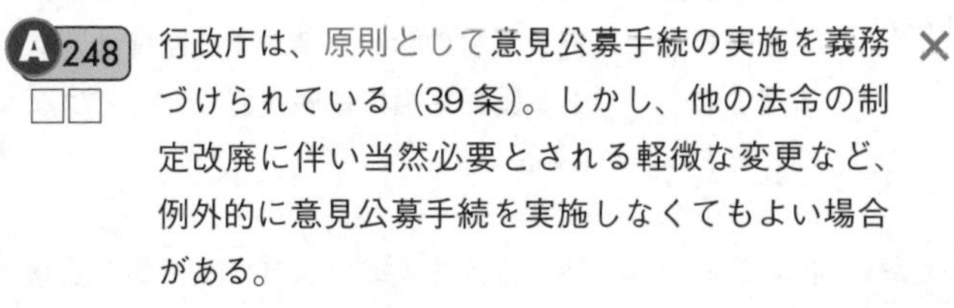
A 248 □□ 行政庁は、原則として意見公募手続の実施を義務づけられている（39条）。しかし、他の法令の制定改廃に伴い当然必要とされる軽微な変更など、例外的に意見公募手続を実施しなくてもよい場合がある。 ×

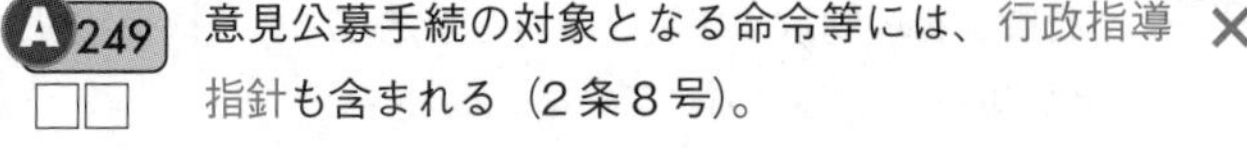
A 249 □□ 意見公募手続の対象となる命令等には、行政指導指針も含まれる（2条8号）。 ×

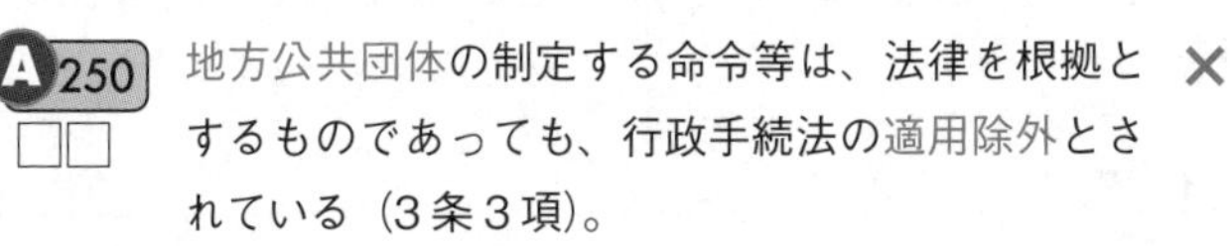
A 250 □□ 地方公共団体の制定する命令等は、法律を根拠とするものであっても、行政手続法の適用除外とされている（3条3項）。 ×

行政法 ⑤ 情報公開法

Q251
□□
【平25】

地方自治体の情報公開条例は、通例、地方自治の本旨を、国の情報公開法は知る権利を、それぞれ目的規定に掲げている。

★
Q252
□□
【予想】

議院内閣制を採用しているわが国では、行政府は一義的には立法府に対して責任を負うものであり、情報公開法の規定する行政文書の開示を請求する制度は、憲法理念の一つである国民主権に基礎を置くものではないと解するほかない。

★
Q253
□□
【予想】

情報公開法は、独立行政法人等の保有する情報の公開に関する法律（独立行政法人等情報公開法）と異なり、行政文書の開示請求制度のみを規定しており、情報提供に関する規定は置いていない。

Q254
□□
【予想】

情報公開法上、開示請求により入手した文書を商業目的で頒布または利用することは禁止されている。

★
Q255
□□
【予想】

情報公開法上の「行政機関」には、憲法上内閣に対して独立の地位を有する会計検査院は含まれないので、会計検査院に関する情報公開制度は、情報公開法とは別の法律によって規定されている。

情報公開法による開示請求の対象となる機関と事項を押さえておきましょう。

A 251 □□ 情報公開法の目的規定に知る権利は掲げられていない。 ×

A 252 □□ 1条には、「国民主権の理念にのっとり」と規定されている。主権、すなわち国政についての最高決定権が国民にあるという、国民主権の理念を実現するため、情報公開法は行政文書の開示請求制度を規定している。 ×

A 253 □□ 情報公開法は、独立行政法人等情報公開法と同様、情報提供に関する規定を置いている（22条）。 ×

A 254 □□ 情報公開法上、開示請求の目的は制限されておらず、開示請求書に目的を記載することも求められていない。したがって、入手した文書を商業目的で頒布または利用することも可能である。 ×

A 255 □□ 情報公開法上、行政機関には会計検査院が含まれると規定されている（2条1項）。 ×

Q256
□□
【予想】

情報公開法に基づく開示請求を受けた時点において、行政機関は、開示請求に係る行政文書を保有していない場合、これを新たに作成する義務を負う。

★
Q257
□□
【平15改】

情報公開法４条で規定する開示請求書の記載事項には、「開示請求をする者の氏名または名称および住所または居所ならびに法人その他の団体にあっては代表者の氏名」が含まれる。

★
Q258
□□
【平15改】

情報公開法４条で規定する開示請求書の記載事項には、「開示請求をする者の本人性を証する書類」が含まれている。

★
Q259
□□
【平15改】

情報公開法４条で規定する開示請求書の記載事項には、「行政文書の名称その他の開示請求に係る行政文書を特定するに足りる事項」が含まれる。

★
Q260
□□
【平15改】

情報公開法４条で規定する開示請求書の記載事項には、「当該行政文書の開示を請求する理由」が含まれる。

A 256 □□ 行政機関は、請求時点において保有していない行政文書を新たに作成する義務を負わない。 ×

A 257 □□ 「開示請求をする者の氏名または名称および住所または居所ならびに法人その他の団体にあっては代表者の氏名」は、開示請求書の記載事項とされる（4条1項1号）。 ○

A 258 □□ 「開示請求をする者の本人性を証する書類」は、開示請求書の記載事項に含まれていない。 ×

A 259 □□ 「行政文書の名称その他の開示請求に係る行政文書を特定するに足りる事項」は、開示請求書の記載事項に含まれる（4条1項2号）。 ○

A 260 □□ 「当該行政文書の開示を請求する理由」は、開示請求書の記載事項に含まれていない。 ×

★

Q261 □□ 【平15改】

情報公開法４条で規定する開示請求書の記載事項には、「開示請求に対して決定がなされるべき期限」が含まれる。

Q262 □□ 【予想】

情報公開法上、行政機関は、統計をとる目的で、開示請求者に対して任意に開示請求の理由や目的の記載を求めることを禁じられている。

★★

Q263 □□ 【平25改】

情報公開法では、特定の個人を識別することができなくとも、公にすることにより当該個人の権利利益を侵害するおそれがあるような情報が載っている行政文書は不開示となりうる。

★★

Q264 □□ 【平16】

行政機関の長は、個人識別情報であっても、当該個人が公務員等である場合には、職務遂行の内容のみならず、その職についても開示しなければならない。

★★

Q265 □□ 【予想】

行政機関の要請を受けて、公にしないとの条件で法人等が任意に提供した情報のうち、法人等における通例として公にしないこととされているものその他の当該条件を付することが当該情報の性質、当時の状況等に照らして合理的であると認められるものは、不開示情報として開示請求権の対象から外れる。

A 261 □□ 「開示請求に対して決定がなされるべき期限」は、開示請求書の記載事項に含まれていない。 ×

A 262 □□ 開示請求の理由や目的の記載を法律上義務づけることは許されないが、任意に記載させることまで禁じられているわけではない。 ×

A 263 □□ 公にすることにより個人の権利利益を害するおそれがある個人情報が記録されている場合には、開示が禁止される（5条1号柱書）。 ○

A 264 □□ 当該個人が公務員等である場合には、職務遂行の内容のみならず、その職についても開示しなければならない（5条1号ハ）。 ○

A 265 □□ 本問にあるような情報は、不開示情報として開示請求権の対象から外される（5条2号ロ）。 ○

★
Q266
□□
【平16改】

行政機関の長は、開示請求に係る行政文書の一部に不開示情報が記録されている場合において、不開示情報が記録されている部分を容易に区分して除くことができるときは、原則として、当該部分を除いた部分につき開示しなければならない。

★
Q267
□□
【予想】

行政機関の長は、開示請求に係る行政文書の一部に不開示情報が記録されている場合において、不開示情報が記録されている部分を容易に区別して除くことができるときは、たとえその部分を除いた部分に有意の情報が記載されていなくても、その部分を除いた部分につき開示しなければならない。

★
Q268
□□
【平16改】

行政機関の長は、開示請求に係る行政文書に不開示情報（情報公開法５条１号の２に掲げる情報を除く）が記録されている場合であっても、公益上特に必要があると認めるときには、当該行政文書を開示しなければならない。

★★
Q269
□□
【平16】

開示請求に対し、当該開示請求に係る行政文書が存在しているか否かを答えるだけで、不開示情報を開示することとなるときは、行政機関の長は、当該行政文書の存否を明らかにしないで、当該開示請求を拒否することができる。

Q270
□□
【平14改】

情報公開・個人情報保護審査会設置法が定める情報公開・個人情報保護審査会は、総務省に置かれる。

A 266 □□ 不開示情報が記録されている部分を容易に区分して除くことができるときは、原則として、その部分を除いた部分について開示義務がある（6条1項本文）。 ○

A 267 □□ 本問のような場合でも、「その部分を除いた部分に有意の情報が記載されていない」ときは、例外として、部分開示することを要しない（6条1項ただし書）。 ×

A 268 □□ 本問の場合、行政機関の長は、「開示しなければならない」のではなく、「開示することができる」のである（7条）。 ×

A 269 □□ 本問のような場合、行政文書の存否自体を明確にせず、拒否処分をすることができる（8条）。 ○

A 270 □□ 情報公開・個人情報保護審査会は、総務省に置かれる（情報公開・個人情報保護審査会設置法2条）。 ○

★
Q271
□□
【平14改】

情報公開・個人情報保護審査会設置法が定める情報公開・個人情報保護審査会は単なる諮問機関ではなく、自ら開示・不開示の決定をなす権限を有する機関である。

Q272
□□
【平14改】

情報公開・個人情報保護審査会設置法が定める情報公開・個人情報保護審査会の委員は、優れた識見を有する者のうちから、両議院の同意を得て、内閣総理大臣が任命する。

Q273
□□
【平14改】

情報公開・個人情報保護審査会設置法が定める情報公開・個人情報保護審査会は、全国に８つの支部（地方支分部局）を有している。

★★
Q274
□□
【平14改】

情報公開・個人情報保護審査会設置法が定める情報公開・個人情報保護審査会には、いわゆるインカメラ審理の権限は認められていない。

Q275
□□
【予想】

情報公開・個人情報保護審査会は、諮問に対する答申をしたときは、答申書の写しを審査請求人および参加人に送付するが、答申の内容は非公開とされる。

A 271 □□ 情報公開・個人情報保護審査会は諮問機関であり、その答申を受けて、行政機関の長（諮問庁）が、審査請求に対する決定を行う。 ×

A 272 □□ 情報公開・個人情報保護審査会の委員は、両議院の同意を得て、内閣総理大臣が任命する（情報公開・個人情報保護審査会設置法４条１項）。 ○

A 273 □□ 情報公開・個人情報保護審査会は、総務省に一つ置かれているにすぎない。 ×

A 274 □□ 情報公開・個人情報保護審査会には、インカメラ審理を行う権限が認められている（情報公開・個人情報保護審査会設置法９条）。 ×

A 275 □□ 情報公開・個人情報保護審査会は、諮問に対する答申をしたときは、答申書の写しを審査請求人および参加人に送付するとともに、答申の内容を公表する（情報公開・個人情報保護審査会設置法16条）。 ×

Q276 □□ 【平18改】

Aの情報公開法に基づく行政文書の情報公開請求に対し、行政庁Bは一部不開示決定を行った。これに対してAが提起した非公開決定の取消訴訟において当該行政文書が書証として提出された場合には、非公開決定の取消しを求める訴えの利益は消滅する。

★ **Q277** □□ 【平18改】

Aの情報公開法に基づく行政文書の情報公開請求に対し、行政庁Bは一部不開示決定を行った。行政文書等の開示請求権はAの一身に専属する権利とはいえないから、Aの死亡後も、当該行政文書の非公開決定の取消しを求める訴えの利益は消滅しない。

Q278 □□ 【平18改】

Aの情報公開法に基づく行政文書の情報公開請求に対し、行政庁Bは一部不開示決定を行った。Bは、非公開決定理由書において付記された理由以外の理由を、Aが提起した取消訴訟の段階で主張することも認められる。

Q279 □□ 【平18改】

Aの情報公開法に基づく行政文書の情報公開請求に対し、行政庁Bは一部不開示決定を行った。Aは、審査請求をするか取消訴訟を提起するかを自由に選択することができるが、いったん審査請求をした場合には、審査請求の結論が出る前に取消訴訟を提起することは許されない。

★ **Q280** □□ 【予想】

地方公共団体が保有する情報は、情報公開法の対象とならず、それぞれの地方公共団体の定める情報公開条例の対象となる。

A 276 □□

非公開決定の取消訴訟において当該行政文書が書証として提出された場合であっても、訴えの利益は消滅しない（愛知県知事交際費事件、最判平14.2.28）。 ×

A 277 □□

行政文書等の開示請求権はAの一身に専属する権利であり、相続の対象とはならないので、訴えの利益は消滅する。 ×

A 278 □□

非公開決定理由書において付記された理由以外の理由を、取消訴訟の段階で主張することも認められる。 ○

A 279 □□

Aは、審査請求をするか取消訴訟を提起するかを自由に選択することができ、また、同時に両方を行うこともできるので、審査請求の結論が出る前に取消訴訟を提起することも可能である。 ×

A 280 □□

情報公開制度の整備は、国に先駆けて地方公共団体において行われ、すべての都道府県と政令指定都市で情報公開条例が定められている。 ○

行政法 ⑥ 行政不服審査法

Q281
□□
【予想】

行政不服申立てにおいては、行政事件訴訟と同様、行政処分の不当性についての審理および判断は行われない。

Q282
□□
【予想】

行政不服審査法は、国民の権利利益の救済を目的とする法律であり、行政の適正な運営の確保を目的とするものではない。

★
Q283
□□
【平20】

行政上の不服申立ての道を開くことは、憲法上の要請ではないので、この制度を廃止しても、憲法違反とはならない。

★★
Q284
□□
【平20】

憲法は、行政機関が裁判を行うことを禁止しているから、裁判手続に類似した行政上の不服申立てを整備することによって地方裁判所における審級を省略することは許されない。

Q285
□□
【平24】

憲法による適正手続の保障の趣旨は、不服申立ての審理手続にも及ぶので、その手続においても、口頭弁論主義が原則とされている。

審査請求を中心に理解し、誤った教示がなされた場合の救済方法も押さえておきましょう。

A 281 □□ 行政不服申立ての裁判に対するメリットの一つとして、行政処分の不当性についても審理・判断が行われることがあげられる。 ×

A 282 □□ 行政不服審査法は、国民の権利利益の救済を図るとともに、行政の適正な運営を確保することを目的とする（1条1項）。 ×

A 283 □□ 憲法は裁判を受ける権利は保障しているが、行政内部で実施される行政不服審査は裁判とは異なり、憲法で保障された制度ではないので、これを廃止しても、憲法上の問題は生じない。 ○

A 284 □□ 憲法は、行政機関が裁判を行うことを一切禁止しているわけではなく、終審として裁判を行うことを禁止している（憲法76条2項）。 ×

A 285 □□ 行政不服申立ての手続は、書面主義が原則であり、ただ、一定の場合に申立人に口頭で意見を述べる機会を与えなければならないとしており（31条1項）、口頭弁論主義をとってはいない。 ×

★
Q286 □□ 【平20改】

行政不服審査法は、不服申立制度全般について統一的、整合的に規律することを目的とするので、別に個別の法令で特別な不服申立制度を規定することはできない。

★
Q287 □□ 【平20改】

行政不服審査法における「不作為」には、申請が法令に定められた形式上の要件に適合しないとの理由で、実質的審査を経ずに拒否処分がなされた場合も含まれる。

★★
Q288 □□ 【平20改】

行政不服審査法は、地方公共団体の機関が条例に基づいてする処分を適用除外としているため、そのような処分については別途条例で不服申立制度を設けなければならない。

Q289 □□ 【平24】

行政不服申立てにおいては、行政処分の取消しを求めることだけではなく、公法上の法律関係の確認を求めることも許される。

Q290 □□ 【平25】

行政事件訴訟法は、行政庁が処分をすべき旨を命ずることを求める訴訟として「義務付けの訴え」を設けているが、行政不服審査法は、このような義務付けを求める不服申立てを明示的には定めていない。

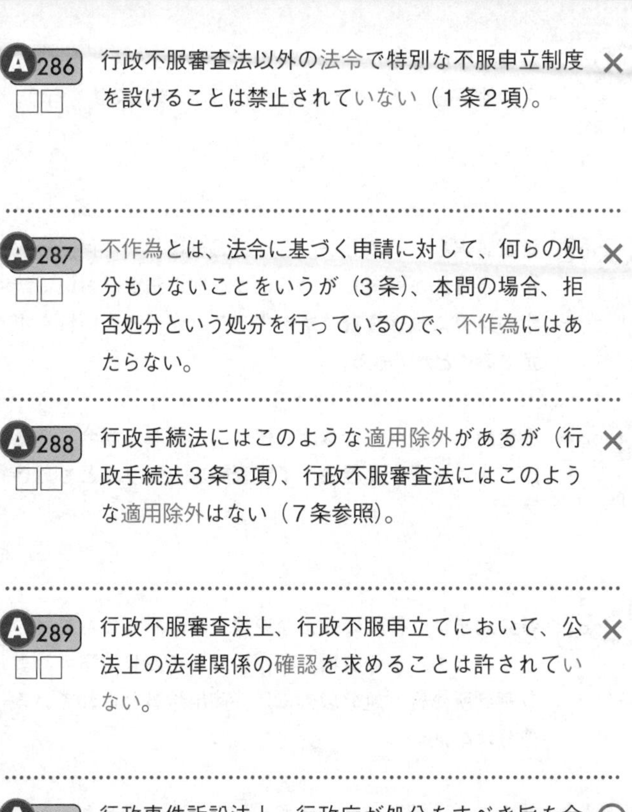

A 286 □□ 行政不服審査法以外の法令で特別な不服申立制度を設けることは禁止されていない（1条2項）。 ×

A 287 □□ 不作為とは、法令に基づく申請に対して、何らの処分もしないことをいうが（3条）、本問の場合、拒否処分という処分を行っているので、不作為にはあたらない。 ×

A 288 □□ 行政手続法にはこのような適用除外があるが（行政手続法3条3項）、行政不服審査法にはこのような適用除外はない（7条参照）。 ×

A 289 □□ 行政不服審査法上、行政不服申立てにおいて、公法上の法律関係の確認を求めることは許されていない。 ×

A 290 □□ 行政事件訴訟法上、行政庁が処分をすべき旨を命ずることを求める訴訟として「義務付けの訴え」が設けられている。他方、行政不服審査法上、行政庁への義務付けを求める不服申立てについて定める明文の規定は存在しない。 ○

★★
Q291
□□
【平24】

審査請求が法定の期間経過後にされたものであるとき、その他不適法であるときは、審査庁は、棄却裁決を行う。

Q292
□□
【平20改】

審査請求をすることができない処分については、行政不服審査法が列挙しているほか、他の法律において特定の処分につき審査請求をすることができない旨を規定することができる。

Q293
□□
【令5】

審査請求をすべき行政庁が処分庁と異なる場合、審査請求人は処分庁を経由して審査請求を行うこともできる。

★
Q294
□□
【平27】

審査請求は、行政の適正な運営を確保することを目的とするため、一般概括主義がとられており、国会および裁判所が行う処分以外には、適用除外とされている処分はない。

★
Q295
□□
【平29】

法人でない社団であっても、代表者の定めがあるものは、当該社団の名で審査請求をすることができる。

A 291 □□ 審査請求が法定の期間経過後にされたものである場合その他不適法である場合には、審査庁は、却下裁決を行う（45条）。 ×

A 292 □□ 審査請求制度を設けるか否かは立法政策の問題だからである。 ○

A 293 □□ 審査請求をすべき行政庁が処分庁と異なる場合、審査請求人は、審査請求書を処分庁に提出して、処分庁を経由する形で行うこともできる（21条）。 ○

A 294 □□ 行政不服審査法は、審査請求の対象となる「行政庁の処分」につき、審査請求をすることができない処分を具体的に列挙している（7条）。 ×

A 295 □□ 法人でない社団または財団であっても、代表者または管理者の定めがあれば、当事者能力が認められ、不服申立てを行うことができる（10条、61条、66条）。 ○

Q296 □□ 【予想】

最高裁は、不服申立ての申立適格は行政庁の処分により法律上の利益を侵害された者に認められ、この法律上の利益には公益保護を通じて国民一般が共通して受ける反射的利益が含まれるとする。

Q297 □□ 【平30】

審査請求人が死亡したときは、相続人その他法令により審査請求の目的である処分に係る権利を承継した者は、審査請求人の地位を承継する。

★ **Q298** □□ 【予想】

審査請求は、代理人によってすることができるが、代理人となるには法定の資格が必要とされる。

★ **Q299** □□ 【予想】

審理員は、審査庁から指名されたときは、審査請求書等を処分庁等に送付して、その反論書の提出を求めるものとされている。

★ **Q300** □□ 【令5】

審査請求を受けた審査庁は、審査請求書に形式上の不備がある場合でも審理員を指名し、審理手続を開始しなければならず、直ちに審査請求を却下することはできない。

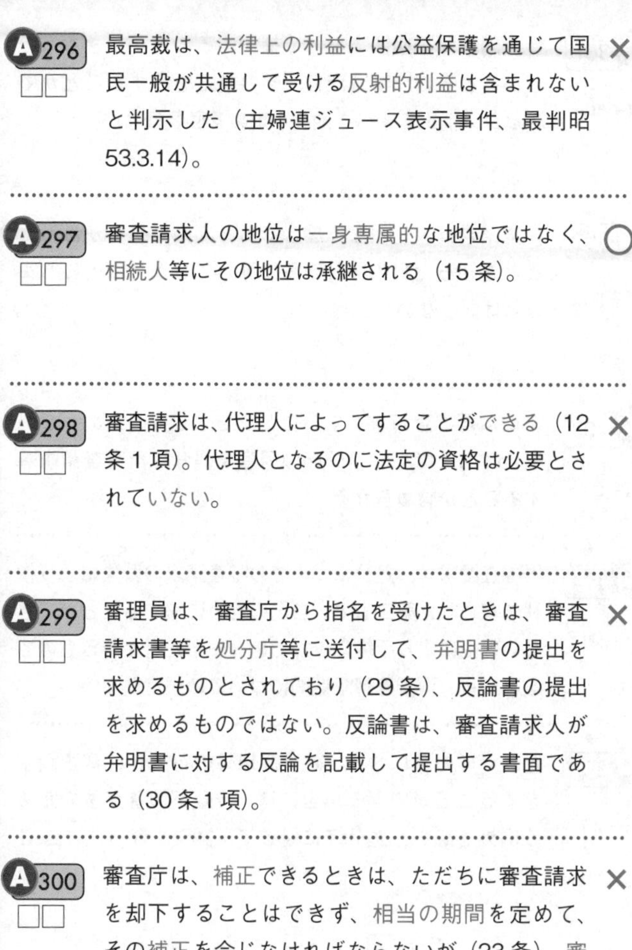

A 296 □□

最高裁は、法律上の利益には公益保護を通じて国民一般が共通して受ける反射的利益は含まれないと判示した（主婦連ジュース表示事件、最判昭53.3.14）。 ×

A 297 □□

審査請求人の地位は一身専属的な地位ではなく、相続人等にその地位は承継される（15条）。 ○

A 298 □□

審査請求は、代理人によってすることができる（12条1項）。代理人となるのに法定の資格は必要とされていない。 ×

A 299 □□

審理員は、審査庁から指名を受けたときは、審査請求書等を処分庁等に送付して、弁明書の提出を求めるものとされており（29条）、反論書の提出を求めるものではない。反論書は、審査請求人が弁明書に対する反論を記載して提出する書面である（30条1項）。 ×

A 300 □□

審査庁は、補正できるときは、ただちに審査請求を却下することはできず、相当の期間を定めて、その補正を命じなければならないが（23条）、審理員を指名し、審理手続を開始しなければならないわけではない。 ×

Q301 □□【予想】

審査請求が不適法であって補正することができるものであるときは、審査庁は、その補正を命ずることができるが、補正をすべき期間を定める必要はない。

★

Q302 □□【予想】

審査請求は、いかなる場合であっても、処分があったことを知った日の翌日から起算して3か月以内にしなければならない。

★★

Q303 □□【令2】

法律に再審査請求をすることができる旨の定めがない場合であっても、処分庁の同意を得れば再審査請求をすることが認められる。

★

Q304 □□【平19】

再審査請求は、処分についての審査請求の裁決により権利を害された第三者で、自己の責めに帰することができない理由により手続に参加できなかった者が行うものであるから、再審査請求期間についての規定はない。

★

Q305 □□【令4】

行政庁の処分につき、処分庁以外の行政庁に審査請求をすることができる場合には、行政不服審査法の定める例外を除き、処分庁に対して再調査の請求をすることができる。

A 301 □□ 本問のような場合、審査庁は、相当の期間を定めて補正を命じなければならない（23条）。 ×

A 302 □□ 正当な理由がある場合には、例外が認められている（18条1項ただし書）。 ×

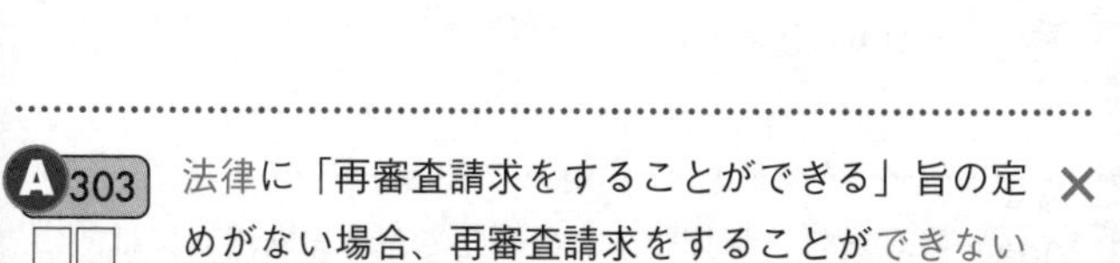

A 303 □□ 法律に「再審査請求をすることができる」旨の定めがない場合、再審査請求をすることができない（6条1項）。 ×

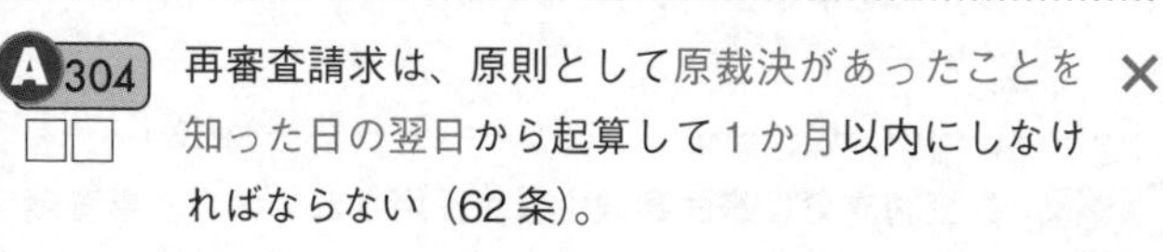

A 304 □□ 再審査請求は、原則として原裁決があったことを知った日の翌日から起算して1か月以内にしなければならない（62条）。 ×

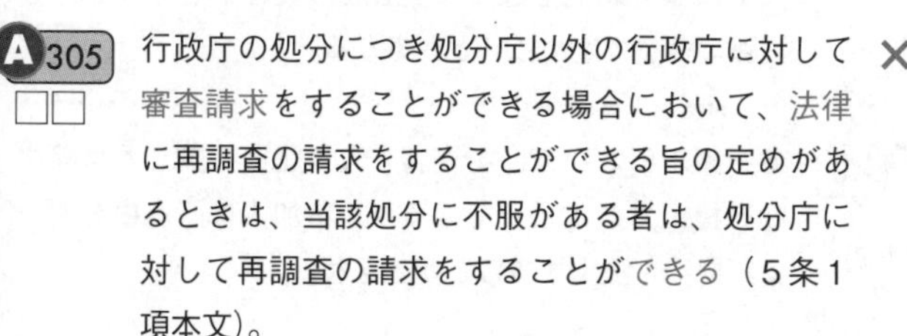

A 305 □□ 行政庁の処分につき処分庁以外の行政庁に対して審査請求をすることができる場合において、法律に再調査の請求をすることができる旨の定めがあるときは、当該処分に不服がある者は、処分庁に対して再調査の請求をすることができる（5条1項本文）。 ×

★

Q306 □□ 【令5】

審査請求は書面により行わなければならないが、行政不服審査法以外の法律や条例に口頭ですることができる旨の規定のある場合には、審査請求人は審査請求を口頭で行うことができる。

Q307 □□ 【予想】

審査請求人は、裁決があるまでは、いつでも審査請求を取り下げることができるが、その取下げは書面でしなければならない。

★★

Q308 □□ 【令1】

審理員は、審査請求人の申立てがあった場合には、口頭意見陳述の機会を与えなければならないが、参加人がこれを申し立てることはできない。

★★

Q309 □□ 【予想】

審査請求では書面審理主義が採用されており、審査請求人の申立てがあった場合であっても、当該審査請求人に口頭で意見を述べる機会を与えるかどうかは、審理員の裁量で定めることができる。

★

Q310 □□ 【予想】

審査請求において、審査請求人は証拠書類または証拠物を提出することができるが、参加人は証拠書類または証拠物を提出することができない。

A 306 □□ 口頭による審査請求が認められるのは、行政不服審査法以外の法律や条例に定めがある場合である（19条）。 ○

A 307 □□ 審査請求人は、裁決があるまではいつでも、書面により審査請求を取り下げることができる（27条）。 ○

A 308 □□ 審査請求人または参加人の申立てがあった場合、審理員は、原則として、口頭での意見陳述を認めなければならない（31条1項）。 ×

A 309 □□ 審査請求人の申立てがあった場合、審理員は当該審査請求人に口頭で意見を述べる機会を与えなければならない（31条1項）。 ×

A 310 □□ 審査請求において、参加人は、証拠書類または証拠物を提出することができる（32条1項）。 ×

Q311 □□【平28】

審理員は、処分についての審査請求において、必要があると認める場合には、処分庁に対して、処分の執行停止をすべき旨を命ずることができる。

★★
Q312 □□【平18】

執行停止の決定がなされた場合において、それに内閣総理大臣が異議を述べたときは、審査庁は、執行停止を取消さなければならないこととされている。

★
Q313 □□【平18】

処分庁の上級庁である審査庁は、審査請求人の申立てによることなく職権により執行停止をすることは許されない。

★
Q314 □□【平18】

審査請求手続は、決定により終了するのが原則であるが、審査請求を認容する決定についても理由を付さなければならない。

Q315 □□【平21】

裁決においては、処分を変更することが許される場合でも、これを審査請求人の不利益に変更することはできない。

★
Q316 □□【予想】

行政不服審査法上の教示制度は、他の法律に基づく公権力の行使にあたる行為に関する不服申立てに適用されることはない。

A 311 □□
処分の執行停止を行うことができるのは、審査庁である（25条）。 ×

A 312 □□
行政事件訴訟法とは異なり、行政不服審査法には、内閣総理大臣の異議の制度は規定されていない。 ×

A 313 □□
処分庁の上級庁である審査庁は、必要があると認める場合には、審査請求人の申立てによりまたは職権で執行停止をすることができる（25条2項）。 ×

A 314 □□
審査請求手続は、決定ではなく、裁決により終了する（44条）。なお、審査請求を認容する裁決にも理由を付さなければならない。 ×

A 315 □□
審査庁は、審査請求に対する裁決において、審査請求人の不利益に処分を変更することはできない（48条）。 ○

A 316 □□
教示制度は、行政不服審査法に基づくものであるが、他の法律に基づく公権力の行使にあたる行為に関する不服申立てにも適用される（1条2項）。 ×

【平26】

処分庁は、処分の相手方以外の利害関係者から当該処分が審査請求のできる処分であるか否かについて教示を求められたときは、当該事項を教示しなければならない。

★★
Q318
【予想】

行政不服審査法上、教示は、教示すべき事項を記載した書面により行わなければならず、口頭により教示をすることはできない。

Q319
【予想】

審査請求をすることができない処分に関し、行政庁が誤って審査請求をすることができる旨を教示した場合において、審査請求があったときは、処分に係る取消訴訟の出訴期間は、その審査請求をした者については、原則として、これに対する裁決があったことを知った日から6か月、または当該裁決の日から1年とされる。

★★
Q320
【予想】

審査請求をすることができる処分につき、処分庁が誤って審査請求をすべき行政庁でない行政庁を審査請求をすべき行政庁として教示した場合において、その教示された行政庁に書面で審査請求がされたときは、当該行政庁は、すみやかに、審査請求書を処分庁または審査庁となるべき行政庁に送付し、かつ、その旨を審査請求人に通知しなければならない。

A 317 □□

行政庁は、利害関係人から、当該処分が不服申立てをすることができる処分であるかどうかならびに当該処分が不服申立てをすることができるものである場合における不服申立てをすべき行政庁および不服申立てをすることができる期間につき教示を求められたときは、当該事項を教示しなければならない（82条2項）。 ○

A 318 □□

教示は、書面でしなければならない場合もあるが（82条1項本文、3項）、口頭で行うことができる場合もある（82条1項ただし書）。 ×

A 319 □□

行政庁が誤って審査請求をすることができる旨を教示した場合において、審査請求があったときは、その審査請求をした者は、原則として、これに対する裁決があったことを知った日から6か月間、または当該裁決の日から1年間、処分に係る取消訴訟を提起することができる（行政事件訴訟法14条3項）。 ○

A 320 □□

処分庁が誤って審査請求をすべき行政庁でない行政庁を審査請求をすべき行政庁として教示した場合において、その教示された行政庁に書面で審査請求がされたときは、当該行政庁は、すみやかに、審査請求書を処分庁または審査庁となるべき行政庁に送付し、かつ、その旨を審査請求人に通知しなければならない（22条1項）。結果として、審査請求書が審査庁となるべき行政庁に送付されたときは、はじめから審査庁となるべき行政庁に審査請求がされたものとみなされる（22条5項）。 ○

⑦ 行政事件訴訟法

★
Q321
□□
【平19】

Xらの近隣に地方公共団体がごみ焼却場の建設工事を行っている場合、建設工事は処分であるから、Xらは、その取消訴訟と併合して、差止め訴訟を提起し、当該地方公共団体に対して建設工事の中止を求めることができる。

★
Q322
□□
【平18】

個別法が裁決主義を採用している場合においては、元の処分に対する取消訴訟は提起できず、裁決取消訴訟のみが提起でき、元の処分の違法についても、そこで主張すべきこととなる。

★★
Q323
□□
【平18】

行政事件訴訟法は原処分主義を採用しているため、審査請求に対する棄却裁決を受けた場合には、元の処分に対して取消訴訟を提起して争うべきこととなり、裁決に対して取消訴訟を提起することは許されない。

★★
Q324
□□
【令3】

処分取消訴訟は、当該処分につき法令の規定により審査請求をすることができる場合においては、特段の定めがない限り、当該処分についての審査請求に対する裁決を経た後でなければこれを提起することができない。

★★
Q325
□□
【平18】

審査請求ができる処分については、それについての裁決を経ることなく取消訴訟を提起することはできないとするのが行政事件訴訟法上の原則であるが、審査請求から３か月を経過しても裁決がなされないときは、裁決を経ることなく取消訴訟を提起できる。

取消訴訟の提起から判決に至る手続の流れを整理しておきましょう。

A 321 □□

建設工事は処分にあたらないので、取消訴訟および差止め訴訟を提起することはできない。 ×

A 322 □□

裁決主義を採用している場合においては、裁決取消訴訟のみが提起でき、元の処分の違法についても、そこで主張すべきこととなる。 ○

A 323 □□

原処分主義では、原処分の取消訴訟と裁決の取消訴訟のいずれも提起できる。ただし、原処分の違法は原処分の取消訴訟のみによって争われる。 ×

A 324 □□

二つの争訟手段が認められる場合、国民は、どちらか一方を選択することも、両方の争訟手続を同時に提起することも自由であるのが原則であり、これを自由選択主義という（8条1項本文）。 ×

A 325 □□

審査請求と処分の取消訴訟の関係は、自由選択主義が原則である。 ×

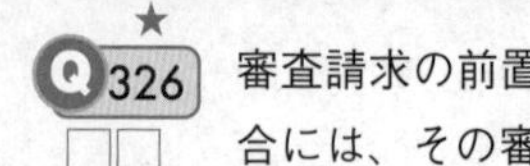

【平18】

審査請求の前置が処分取消訴訟の要件とされている場合には、その審査請求は適法なものでなければならないが、審査庁が誤って不適法として却下したときは、却下裁決に対する取消訴訟を提起すべきこととなる。

Q327

【平18】

審査請求の前置が処分取消訴訟の要件とされている場合には、その出訴期間も審査請求の裁決の時点を基準として判断されることとなるが、それ以外の場合に審査請求をしても、処分取消訴訟の出訴期間は処分の時点を基準として判断されることとなる。

【平29】

「裁決の取消しの訴え」について、原告適格が認められるのは、裁決の相手方である審査請求人に限られ、それ以外の者には、原告適格は認められない。

【平28】

処分の取消訴訟は、処分の効果が期間の経過その他の理由によりなくなった後においても、なお、処分の取消しによって回復すべき法律上の利益を有する者であれば提起することができる。

【平20】

生活保護法に基づく保護変更決定の取消しを求める利益は、原告の死亡によって失われず、原告の相続人が当該訴訟を承継できる。

A 326 □□

審査庁が誤って不適法として却下したときは、却下裁決に対する取消訴訟だけでなく、原処分に対する取消訴訟も提起することができる。 ×

A 327 □□

出訴期間が審査請求の裁決の時点を基準として判断されることとなるのは、審査請求前置主義が採用されているか否かにかかわらない。 ×

A 328 □□

法律上の利害関係を有する者であれば、裁決の相手方には限られない（9条1項）。 ×

A 329 □□

処分または裁決の取消訴訟を提起することができる「処分または裁決の取消しを求めるにつき法律上の利益を有する者」には、処分または裁決の効果が期間の経過その他の理由によりなくなった後においてもなお処分または裁決の取消しによって回復すべき法律上の利益を有する者が含まれる（9条1項かっこ書）。 ○

A 330 □□

生活保護法に基づく保護変更決定の取消しを求める利益は、原告の死亡によって失われる。 ×

Q331 □□ 【令2】

森林法に基づく保安林指定解除処分の取消しが求められた場合において、水資源確保等のための代替施設の設置によって洪水や渇水の危険が解消され、その防止上からは当該保安林の存続の必要性がなくなったと認められるとしても、当該処分の取消しを求める訴えの利益は失われない。

Q332 □□ 【平20】

再入国の許可申請に対する不許可処分について取消訴訟を提起した外国人は、本邦を出国した場合、当該処分の取消しを求める利益を失う。

Q333 □□ 【平26】

公文書の非公開決定の取消しを求める利益は、当該公文書が裁判所に書証として提出された場合でも失われない。

★★
Q334 □□ 【予想】

取消訴訟は、処分または裁決があったことを知った日から6か月を経過したときは、一切提起することができず、また、処分または裁決のあった日から1年を経過したときは、正当な理由があるときを除き、提起することができない。

★
Q335 □□ 【平21】

国の行政庁がした処分に関する取消訴訟の被告は、国である。

A 331 □□

保安林指定解除処分の取消しを求める訴えの利益は、洪水の危険等を解消するために代替施設が設置された場合には失われる。 ×

A 332 □□

再入国の許可申請に対する不許可処分について取消訴訟を提起した外国人が本邦を出国した場合、当該処分の取消しを求める利益は失われる。 ○

A 333 □□

公文書の非公開決定の取消訴訟において当該公文書が裁判所に書証として提出された場合でも、当該公文書の非公開決定の取消しを求める利益は失われない。 ○

A 334 □□

取消訴訟は、処分または裁決のあったことを知った日から６か月を経過したとき、または処分または裁決のあった日から１年を経過したときであっても、正当な理由があれば提起することができる(14条1項)。 ×

A 335 □□

国または公共団体に所属する行政庁がした処分に関する取消訴訟は、処分をした行政庁の所属する国または公共団体を被告として提起しなければならない（11条1項1号)。 ○

Q336 □□ 【予想】

取消訴訟は、原則として、処分をした行政庁の所在地を管轄する裁判所に提起しなければならないが、国を被告とする場合には、原告の普通裁判籍の所在地を管轄する高等裁判所の所在地を管轄する地方裁判所に提起しなければならない。

★ Q337 □□ 【平27】

本案訴訟を審理する裁判所は、原告が申し立てた場合のほか、必要があると認めた場合には、職権で処分の執行停止をすることができる。

Q338 □□ 【予想】

裁判所は、処分の取消しの訴えが提起され、その処分により生ずる重大な損害を避けるため緊急の必要があるときは、申立てにより、処分の効力を停止することができるが、当該損害が生ずるか否かを判断するにあたって、その損害の性質および程度を勘案する必要はない。

★★ Q339 □□ 【予想】

執行停止決定は、すでになされた行政処分の将来に向かっての執行を停止する効力を有するのみならず、行政処分そのものの効果を例外なく遡及的に失わせる効力も有するが、取消訴訟とは異なり第三者に対しては効力を有しないものとされている。

Q340 □□ 【予想】

免許申請拒否処分については、当該処分の執行停止の決定をしたとしても、免許が与えられた場合と同様の状態をつくり出すことにはならず、また、行政庁に当該免許申請に係る審査義務が生ずるわけではないことから、損害を避けるための有効な手段とはならず、執行停止の申立ての利益は認められない。

A 336 □□

取消訴訟は、処分をした行政庁の所在地を管轄する裁判所のみならず、被告の普通裁判籍の所在地を管轄する裁判所にも提起することができる（12条1項）。また、国を被告とする場合には、さらに原告の普通裁判籍の所在地を管轄する高等裁判所の所在地を管轄する地方裁判所にも提起することができる（12条4項）。 ×

A 337 □□

裁判所は、申立てにより執行停止をすることができるのみであり（25条2項）、職権で執行停止をすることはできない。 ×

A 338 □□

裁判所は、重大な損害が生ずるか否かを判断する場合に、損害の回復の困難の程度のみならず、その損害の性質や程度を勘案するとされている（25条3項）。 ×

A 339 □□

執行停止決定は、すでになされた行政処分の将来に向かっての執行を停止する効力を有するのみであり、遡及効は認められない。なお、執行停止決定は、第三者に対しても効力を有する（32条2項）。 ×

A 340 □□

本問のような免許申請拒否処分では、損害を避けるための有効な手段とはならず、執行停止の申立ての利益は認められない。 ○

★
Q341
□□
【平23】

内閣総理大臣の異議が執行停止決定に対して述べられたときは、その理由の当否について裁判所に審査権限はなく、裁判所は、必ず決定を取り消さなければならない。

★
Q342
□□
【予想】

内閣総理大臣は、やむを得ない場合に限り、執行停止に関して異議を述べることができるが、当該異議を述べたときは、事後に国会の承諾を得なければならず、承諾を得られなかった場合には、当該異議はなかったものとされる。

★★
Q343
□□
【平20】

事情判決は、処分の違法を認める判決であるから、請求認容の判決である。

★★
Q344
□□
【平27】

事情判決は、処分取消しの請求を棄却する判決であるが、その判決理由において、処分が違法であることが宣言される。

★
Q345
□□
【平20】

事情判決においては、処分の違法を宣言するとともに、それを理由として、被告に損害賠償を命ずることができる。

A 341 □□ 内閣総理大臣が、理由を付して、裁判所に対して異議を述べた場合、裁判所は、執行停止をすることができず、すでに執行停止をした場合には、これを取り消さなければならない（27条4項）。 ○

A 342 □□ 内閣総理大臣は、事後に国会に報告すればよく、承諾は必要とされていない（27条6項）。 ×

A 343 □□ 事情判決は、請求棄却の判決である。事情判決は、処分または裁決が違法であるが、これを取り消すことが公共の福祉に適合しないと認められるときになされる。 ×

A 344 □□ 裁判所は、処分が違法であることを、判決の主文において宣言しなければならない（31条1項）。 ×

A 345 □□ 事情判決のなかで、被告に損害賠償を命ずることはできない。ただし、事情判決が確定した後に、それを根拠に、国家賠償法に基づき損害賠償を請求することは可能である。 ×

Q346 ★ □□【平20】

事情判決は、行政事件訴訟に特有な制度であり、行政不服審査法には、類似の事情裁決といった制度はない。

Q347 □□【平20】

事情判決の規定は、公職選挙法上、同法による選挙の効力に関する訴訟にも準用されている。

Q348 ★ □□【平21】

当事者間の法律関係を確認しまたは形成する処分に関する訴訟で法令の規定によりその法律関係の当事者の一方を被告とするものは、当事者訴訟である。

Q349 ★★ □□【平19改】

公職選挙法に基づいて、選挙人または候補者が中央選挙管理会を被告として提起する衆議院議員選挙の効力に関する訴えは、行政事件訴訟法４条の当事者訴訟にあたる。

Q350 ★ □□【平19改】

食品衛生法に基づいて、都道府県知事に対して行った飲食店営業許可の申請に対して、相当の期間内に何らの処分も行われない場合に、その不作為の違法確認を求める訴えは、行政事件訴訟法４条の当事者訴訟にあたる。

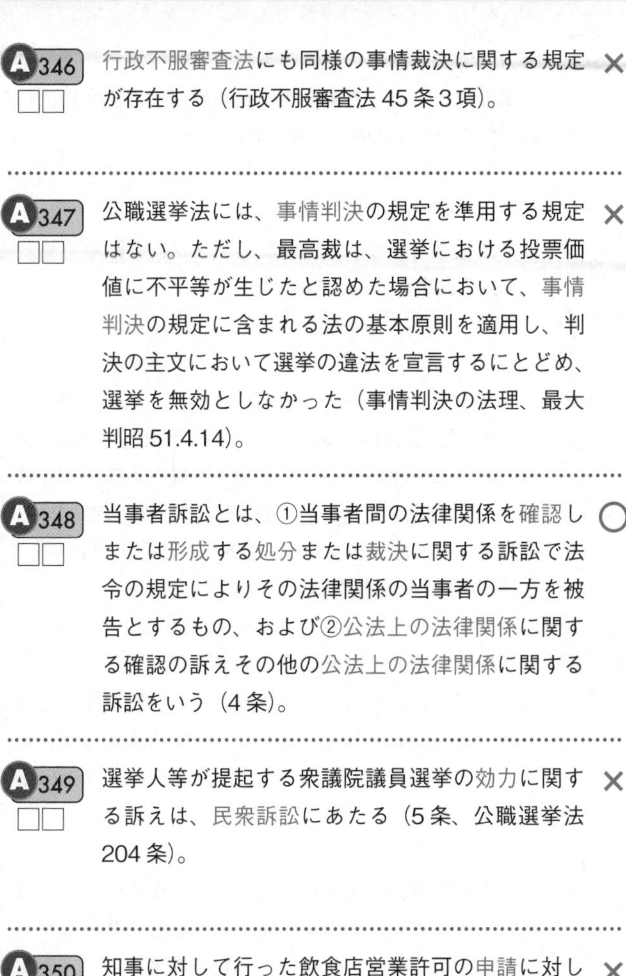

A 346 □□ 行政不服審査法にも同様の事情裁決に関する規定が存在する（行政不服審査法45条3項）。 ×

A 347 □□ 公職選挙法には、事情判決の規定を準用する規定はない。ただし、最高裁は、選挙における投票価値に不平等が生じたと認めた場合において、事情判決の規定に含まれる法の基本原則を適用し、判決の主文において選挙の違法を宣言するにとどめ、選挙を無効としなかった（事情判決の法理、最大判昭51.4.14）。 ×

A 348 □□ 当事者訴訟とは、①当事者間の法律関係を確認しまたは形成する処分または裁決に関する訴訟で法令の規定によりその法律関係の当事者の一方を被告とするもの、および②公法上の法律関係に関する確認の訴えその他の公法上の法律関係に関する訴訟をいう（4条）。 ○

A 349 □□ 選挙人等が提起する衆議院議員選挙の効力に関する訴えは、民衆訴訟にあたる（5条、公職選挙法204条）。 ×

A 350 □□ 知事に対して行った飲食店営業許可の申請に対して、相当の期間内に何らの処分も行われない場合に、その不作為の違法確認を求める訴えは、抗告訴訟にあたる（3条5項）。 ×

★★
Q351
□□
【平19改】

地方自治法に基づいて、市町村の境界に係る都道府県知事の裁定に対して関係市町村が提起する訴えは、行政事件訴訟法４条の当事者訴訟にあたる。

★
Q352
□□
【平19改】

日本国籍を有することの確認の訴えは、行政事件訴訟法４条の当事者訴訟にあたる。

★
Q353
□□
【予想】

いわゆる形式的当事者訴訟とは、当事者訴訟のうち、当事者間の法律関係を確認しまたは形成する処分または裁決に関する訴訟で法令の規定によりその法律関係の当事者の一方を被告とするものをいい、その例として、土地収用法の損失補償に関する訴訟があげられる。

Q354
□□
【平19】

Ｘが行った営業許可申請に対してなされた不許可処分について、同処分に対する取消訴訟の出訴期間が過ぎた後においてなお救済を求めようとする場合には、Ｘは、公法上の当事者訴訟として、当該処分の無効の確認訴訟を提起することができる。

★
Q355
□□
【平28】

処分の無効確認の訴えは、当該処分に続く処分により損害を受けるおそれのある者その他当該処分の無効の確認を求めるにつき法律上の利益を有する者で、当該処分の無効を前提とする現在の法律関係に関する訴えによって目的を達することができないものに限り、提起することができる。

A 351 □□

市町村の境界に係る知事の裁定に対して関係市町村が提起する訴えは、当事者訴訟にはあたらない。なお、この訴えは、機関訴訟（6条）にあたると解されている（通説）。 ×

A 352 □□

日本国籍を有することの確認の訴えは、当事者訴訟にあたる（4条後段）。 ○

A 353 □□

形式的当事者訴訟の定義は行政事件訴訟法の規定するとおりであり（4条）、また、その典型例が土地収用法の損失補償に関する訴訟である。 ○

A 354 □□

本問の場合、Xは無効確認訴訟を提起することができるが、無効確認訴訟は、公法上の当事者訴訟ではなく、抗告訴訟である。 ×

A 355 □□

無効等確認の訴えは、当該処分または裁決に続く処分により損害を受けるおそれのある者その他当該処分または裁決の無効等の確認を求めるにつき法律上の利益を有する者で、当該処分もしくは裁決の存否またはその効力の有無を前提とする現在の法律関係に関する訴えによって目的を達することができないものに限り、提起することができる（36条）。 ○

Q356
□□
【予想】

行政処分の存否またはその効力の有無の確認を求める者であれば、当該処分の無効等を前提とした争点訴訟または公法上の当事者訴訟で争うことが可能でも、無効等確認の訴えを提起することが認められる。

★★
Q357
□□
【平19】

無効確認訴訟については、出訴期間の制限の規定はないが、取消訴訟の出訴期間の規定が準用される。

★
Q358
□□
【平24】

執行停止について、取消訴訟においては執行不停止原則がとられているが、無効確認訴訟においては、執行停止原則がとられている。

Q359
□□
【平19】

取消訴訟について不服申立ての前置が要件とされている処分については、無効確認訴訟についても、それが要件となる。

Q360
□□
【平19】

処分が無効であることは、無効確認訴訟によってのみ主張でき、民事訴訟などにおいて、これを主張することはできない。

A 356 □□

無効等確認の訴えは、処分などの無効を前提とする通常の訴訟（争点訴訟または公法上の当事者訴訟）では目的を達成できない場合にのみ、補充的に認められる訴訟である（36条）。 ×

A 357 □□

無効等確認の訴えには、取消訴訟の出訴期間の規定は準用されず、出訴期間の制限はない（38条1項）。 ×

A 358 □□

無効確認訴訟においても、執行不停止が原則である（38条3項）。 ×

A 359 □□

無効等確認の訴えは、不服申立ての前置が要件とされていない。 ×

A 360 □□

処分が無効であることを前提として、行政事件訴訟法45条の民事訴訟である争点訴訟を提起することができる。 ×

★★
Q361
□□
【平19】

Xの家の隣地にある建築物が建築基準法に違反した危険なものであるにもかかわらず、建築基準法上の規制権限の発動がなされない場合、Xは、当該規制権限の不行使につき、不作為違法確認訴訟を提起することができる。

★
Q362
□□
【平26】

不作為の違法確認の訴えは、公法上の当事者訴訟の一類型であるから、法令以外の行政内部の要綱等に基づく申請により、行政機関が申請者に対して何らかの利益を付与するか否かを決定することとしているものについても、その対象となりうる。

★★
Q363
□□
【平28】

不作為の違法確認訴訟は、処分について申請をした者以外の者であっても、当該不作為の違法の確認を求めるにつき法律上の利益を有する者であれば提起することができる。

★
Q364
□□
【平21】

国の行政庁が行うべき処分に関する不作為の違法確認訴訟の被告は、当該行政庁である。

★★
Q365
□□
【平20】

不作為の違法確認訴訟自体には出訴期間の定めはないが、その訴訟係属中に、行政庁が何らかの処分を行った場合、当該訴訟は訴えの利益がなくなり却下される。

A 361 □□

本問のXは、処分または裁決についての申請をした者にはあたらないので、不作為の違法確認訴訟の原告適格を有しない。 ×

A 362 □□

不作為の違法確認訴訟は、公法上の当事者訴訟ではなく、抗告訴訟であり、法令に基づく申請に対する不作為のみを対象とする（3条5項）。 ×

A 363 □□

不作為の違法確認の訴えは、処分または裁決についての申請をした者に限り、提起することができる（37条）。なお、処分または裁決についての申請をした者以外の者で、不作為の違法の確認を求めるにつき法律上の利益を有する者は、訴訟の結果により権利を害される第三者として、訴訟に参加することができる場合がある（22条）。 ×

A 364 □□

国の行政庁が行うべき処分に関する不作為の違法確認訴訟の被告については、取消訴訟に関する規定が準用され、被告は当該行政庁の所属する国である（38条1項、11条）。 ×

A 365 □□

不作為の違法確認の訴え自体には出訴期間の定めはないが、その訴訟係属中に、行政庁が何らかの処分を行った場合、当該訴訟は訴えの利益がなくなり却下される。 ○

★
Q366
□□
【令4】

不作為の違法確認の訴えは、処分または裁決についての申請をした者に限り提起することができるが、この申請が法令に基づくものであることは求められていない。

★★
Q367
□□
【予想】

行政庁が法令に基づく申請に対し、相当の期間内に何らかの行政処分をすべきにもかかわらず、これをしない場合には、当該申請をした者は、不作為の違法確認の訴えを提起し、ただちに申請に応じた特定の行為をせよとの判決を求めることが認められる。

★
Q368
□□
【平20】

不作為の違法確認訴訟を提起するときは、対象となる処分の義務付け訴訟も併合して提起しなければならない。

★
Q369
□□
【平19】

Xが市立保育園に長女Aの入園を申込んだところ拒否された場合において、Xが入園承諾の義務付け訴訟を提起する場合には、同時に拒否処分の取消訴訟または無効確認訴訟も併合して提起しなければならない。

Q370
□□
【平28】

行政処分が違法であることを理由として国家賠償請求をするに当たっては、あらかじめ当該行政処分について取消訴訟を提起し、取消判決を得ていなければならないものではない。

A 366 □□ 不作為の違法確認の訴えは、法令に基づく申請に対しての行政庁の不作為についての違法を確認する訴訟である（3条5項）。 ×

A 367 □□ 不作為の違法確認の訴えは、違法の確認を求めるのみであり、ただちに申請に応じた特定の行為をせよとの判決を求めることは認められていない。 ×

A 368 □□ 不作為の違法確認訴訟を提起するときは、義務付け訴訟を併合して提起する必要はない。 ×

A 369 □□ 本問のXが義務付け訴訟を提起するには、同時に拒否処分の取消訴訟または無効確認訴訟も併合して提起しなければならない。 ○

A 370 □□ 国家賠償請求をするにあたって、あらかじめ、取消訴訟を提起して取消判決を得ている必要はない。 ○

★★
Q371
□□
【平28】

民衆訴訟とは、国または公共団体の機関相互間における権限の存否またはその行使に関する訴訟であり、原告は、自己の法律上の利益にかかわらない資格で提起することができる。

★
Q372
□□
【予想】

普通地方公共団体の住民は、当該地方公共団体の財産管理の適正を図る目的で、訴訟において公共団体の機関の法規に適合しない行為の是正を求めて争おうとしても、自己の法律上の利益とかかわらない資格で争うこととなるため、訴えを提起することはできない。

★
Q373
□□
【予想】

機関訴訟は、紛争に関し法律上の利益を有する国または地方公共団体の機関であれば、自由に提起することができる。

★
Q374
□□
【予想】

国または公共団体の機関相互間における権限の存否またはその行使に関する紛争は、行政組織内部の権限争議であるから、このような紛争についての訴訟は認められない。

Q375
□□
【平18】

行政事件訴訟法に教示の規定が設けられたことを契機として、行政不服審査法においても教示の規定が創設されることとなった。

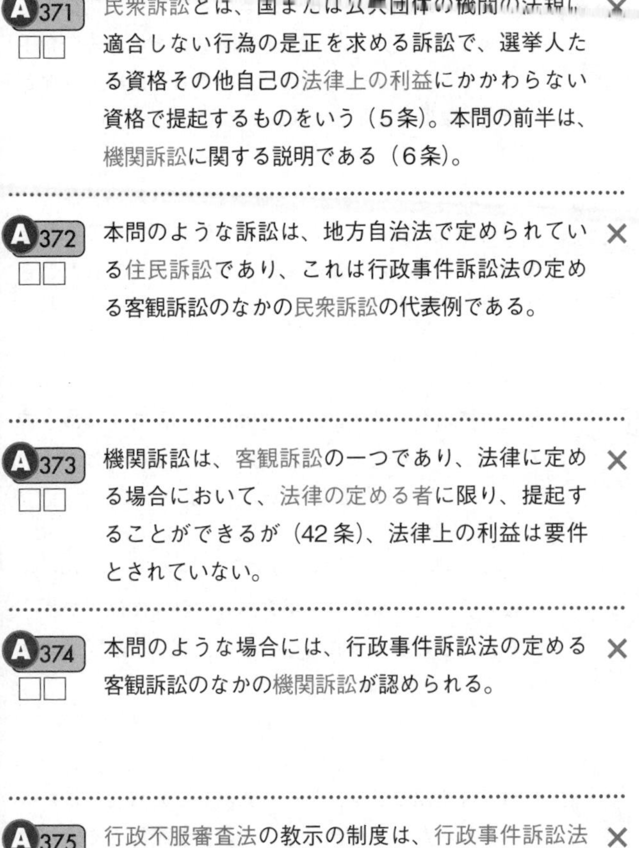

A 371 □□

民衆訴訟とは、国または公共団体の機関の法規に適合しない行為の是正を求める訴訟で、選挙人たる資格その他自己の法律上の利益にかかわらない資格で提起するものをいう（5条）。本問の前半は、機関訴訟に関する説明である（6条）。 ×

A 372 □□

本問のような訴訟は、地方自治法で定められている住民訴訟であり、これは行政事件訴訟法の定める客観訴訟のなかの民衆訴訟の代表例である。 ×

A 373 □□

機関訴訟は、客観訴訟の一つであり、法律に定める場合において、法律の定める者に限り、提起することができるが（42条）、法律上の利益は要件とされていない。 ×

A 374 □□

本問のような場合には、行政事件訴訟法の定める客観訴訟のなかの機関訴訟が認められる。 ×

A 375 □□

行政不服審査法の教示の制度は、行政事件訴訟法で採用される前から存在している。 ×

★★
Q376
□□
【予想】

行政庁は、取消訴訟を提起することができる処分または裁決を書面でする場合、その処分または裁決の相手方に対し、取消訴訟の被告とすべき者や出訴期間などの所定の事項を書面で教示しなければならない。

★★
Q377
□□
【平18】

取消訴訟を提起することができる処分が口頭でされた場合に、相手方から書面による教示を求められたときは、書面で教示しなければならない。

★
Q378
□□
【平18】

原処分ではなく裁決に対してのみ取消訴訟を認める旨の定めがある場合に、当該原処分を行う際には、その定めがある旨を教示しなければならない。

Q379
□□
【平18】

当該処分または裁決の相手方以外の利害関係人であっても、教示を求められた場合には、当該行政庁は教示をなすべき義務がある。

★★
Q380
□□
【平18改】

行政事件訴訟法には、誤った教示をした場合、または教示をしなかった場合についての救済措置の規定がおかれている。

A 376 □□ 教示制度は、国民の権利利益の保護の観点から設けられた制度であり、取消訴訟を提起することができる処分または裁決の相手方に、取消訴訟の被告とすべき者や出訴期間などを知らせるものである。 ○

A 377 □□ 本問のように、書面で教示しなければならないとの義務規定はない。 ×

A 378 □□ 原処分ではなく裁決に対してのみ取消訴訟を認める旨の定めがある場合（裁決主義）に、当該原処分を行う際には、その定めがある旨を教示しなければならない（46条2項）。 ○

A 379 □□ 行政事件訴訟法には、このような定めがない。なお、行政不服審査法には、このような定めがある（行政不服審査法82条）。 ×

A 380 □□ 行政事件訴訟法には、このような定めがない。なお、行政不服審査法には、このような定めがある（行政不服審査法22条、55条、83条）。 ×

行政法 ⑧ その他の行政救済

★
Q 381
□□
【平20】

国家賠償法は、憲法17条の規定を受けて制定されたものであるから、特別法において、公務員の不法行為による国または公共団体の損害賠償責任を免除し、または制限する規定を置くことは憲法違反であり、許されない。

Q 382
□□
【平30】

行政処分の違法を理由として国家賠償を請求するためには、その取消しまたは無効確認の確定判決をあらかじめ得ておく必要はない。

★★
Q 383
□□
【平20】

国家賠償法は、国または公共団体の損害賠償責任について、補充的に「民法の規定による」としているが、民法典以外の失火責任法（失火ノ責任ニ関スル法律）や自動車損害賠償保障法なども、ここにいう「民法の規定」に含まれる。

★
Q 384
□□
【平18改】

消防職員の重大な過失によらない消火ミスにより、一度鎮火したはずの火災が再燃し、家屋が全焼した場合、失火責任法が適用されるため、被害者は国又は公共団体に対して国家賠償法1条に基づく損害賠償を求めることができない。

★★
Q 385
□□
【平29】

国会議員の立法行為（立法不作為を含む。）は、国家賠償法1条の定める「公権力の行使」に該当するものではなく、立法の内容が憲法の規定に違反する場合であっても、国会議員の当該立法の立法行為は、国家賠償法1条1項の適用上違法の評価を受けることはない。

どのような場合に国家賠償法による損害賠償を請求することができるか、押さえておきましょう。

A 381 □□

憲法は、法律の留保を認めており、本問のような規定を置くか否かは、立法政策の問題である。したがって、特別法において、公務員の不法行為による国または公共団体の損害賠償責任を免除し、または制限する規定を置いても、憲法に違反しない。 ×

A 382 □□

法律上、このような定めはなく、最初から、国家賠償請求訴訟を提起することができる。 ○

A 383 □□

失火責任法や自動車損害賠償保障法なども、ここにいう「民法の規定」に含まれる。 ○

A 384 □□

失火責任法も、国家賠償法４条の「民法」に含まれ、公権力の行使にあたる公務員に重過失がなければ、国または公共団体は同法に基づく損害賠償責任を負わない（最判昭 53.7.17)。 ○

A 385 □□

国会議員の立法行為も「公権力の行使」に該当する。 ×

★★
Q386 □□【予想】

最高裁判所によれば、憲法違反の内容を有する法律の制定または改廃によって国民に損害が加えられたとしても、国会議員による当該立法行為は当然に違法となるわけではなく、立法内容が憲法の一義的な文言に違反しているにもかかわらず、あえて当該立法を行ったような例外的な場合に限って国家賠償法上違法となる。

★★
Q387 □□【平29】

裁判官のなす裁判も国家賠償法１条の定める「公権力の行使」に該当するが、裁判官が行う裁判においては自由心証主義が認められるから、裁判官の行う裁判が国家賠償法１条１項の適用上違法と判断されることはない。

★
Q388 □□【予想】

再審により、それまでの有罪判決が取り消されて無罪判決が確定した場合、有罪判決を下した裁判官の判断が客観的には違法であったことが再審判決によって確定したのであるから、当該裁判官の裁判行為は、国家賠償法上当然に違法となる。

Q389 □□【平26】

公務員の定期健康診断におけるレントゲン写真による検診及びその結果の報告は、医師が専らその専門的技術及び知識経験を用いて行う行為であって、医師の一般的診断行為と異なるところはないから、国の機関の嘱託に基づいて保健所勤務の医師により行われた診断であっても、特段の事由のない限り、それ自体としては公権力の行使たる性質を有するものではない。

Q390 □□【平20】

国による国民健康保険法上の被保険者資格の基準に関する通知の発出は、行政組織内部の行為なので、「公権力の行使」には該当しない。

A 386 □□

最高裁は、国会議員による立法行為は当然に違法となるわけではなく、立法内容が憲法の一義的文言に違反しているにもかかわらず、あえて当該立法を行ったような例外的な場合に限って国家賠償法上違法となるとしている（最判昭60.11.21）。 ○

A 387 □□

裁判官が行う裁判も、「公権力の行使」に該当し、国家賠償法上の違法な行為に該当することがあり得る。 ×

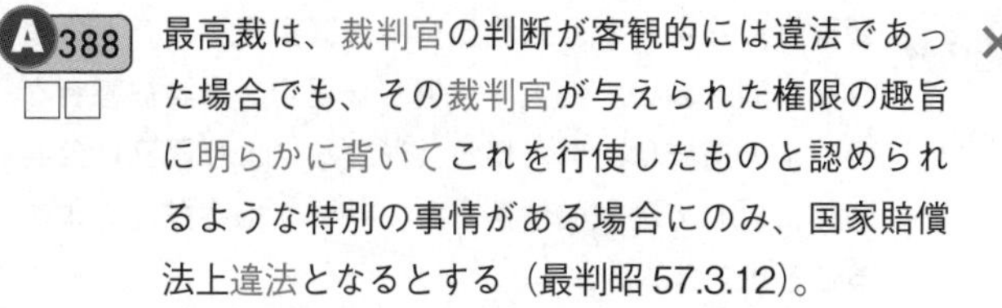

A 388 □□

最高裁は、裁判官の判断が客観的には違法であった場合でも、その裁判官が与えられた権限の趣旨に明らかに背いてこれを行使したものと認められるような特別の事情がある場合にのみ、国家賠償法上違法となるとする（最判昭57.3.12）。 ×

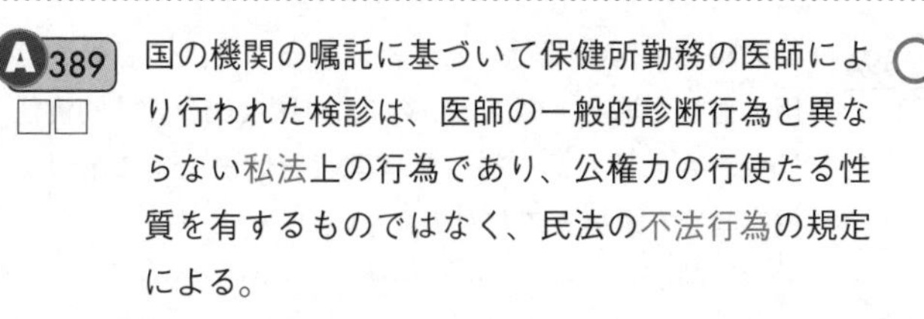

A 389 □□

国の機関の嘱託に基づいて保健所勤務の医師により行われた検診は、医師の一般的診断行為と異ならない私法上の行為であり、公権力の行使たる性質を有するものではなく、民法の不法行為の規定による。 ○

A 390 □□

国による国民健康保険法上の被保険者資格の基準に関する通知の発出は、「公権力の行使」に該当する。 ×

Q391 □□【平20】
勾留されている患者に対して拘置所職員たる医師が行う医療行為は、部分社会内部の行為なので、「公権力の行使」には該当しない。

★
Q392 □□【平30】
公立学校における教師の教育活動も国家賠償法１条１項にいう「公権力の行使」に該当するから、学校事故において、例えば体育の授業において危険を伴う技術を指導する場合については、担当教師の指導において、事故の発生を防止するために十分な措置を講じるべき注意義務が尽くされたかどうかが問題となる。

Q393 □□【平18】
警察官でない者が、公務執行中の警察官であるかのような外観を装い、他人を殺傷した場合、当該被害者ないしその遺族は、いわゆる外形理論により国又は公共団体に対して国家賠償法１条に基づき損害賠償を求めることができる。

★
Q394 □□【平18】
国会議員が国会で行った発言によって他人の名誉や信用を害した場合、憲法51条により国会議員の法的責任は免責されるため、被害者は国家賠償法１条に基づく損害賠償を求めることができない。

★
Q395 □□【平18】
パトカーが逃走車両を追跡中、逃走車両が第三者の車両に追突し、当該第三者が死傷した場合、被害者たる第三者の救済は、国家賠償法１条による損害賠償ではなく、もっぱら憲法29条に基づく損失補償による。

A391 □□

拘置所職員たる医師が行う医療行為は、保健所勤務医師による医療行為とは異なり、「公権力の行使」に該当する。 ×

A392 □□

本問のような公立学校の授業中の事故の問題は、教師の教育活動に関することで、「公権力の行使」にあたるので、国家賠償法１条が適用され、担当教師が事故の発生を阻止するために十分な措置を講じるべき注意義務を尽くしていたかが問題となる（最判昭62.2.6）。 ○

A393 □□

外形理論は、「その職務を行うについて」の要件について採用された判例理論であり、公務員でない者の行為を国家賠償法１条の対象とするものではない。同条の対象は公務員に限られる。 ×

A394 □□

本問のような場合でも、特別の事情のある場合には、国が国家賠償法１条の損害賠償責任を負う可能性がある。 ×

A395 □□

本問の場合、パトカーの追跡行為が、相当性を欠き、違法になりうる可能性があり、その場合、違法な行為として国家賠償法１条による損害賠償責任を負う可能性がある。 ×

Q396
□□
【予想】

都道府県の知事が宅地建物取引業法に定める宅地建物取引業免許の要件を満たしていない者に対して免許を付与したところ、当該業者の不正行為によって当該業者と取引を行った者が損害をこうむった場合、知事による免許の付与は、法定の免許基準に適合しないものであるから、当該業者と取引を行った者に対する関係においても、ただちに国家賠償法上違法となる。

★
Q397
□□
【平25】

刑事事件において無罪の判決が確定した以上、当該公訴の提起・追行は国家賠償法１条の適用上も直ちに違法と評価されるが、国家賠償請求が認容されるためには、担当検察官に過失があったか否かが別途問題となる。

★★
Q398
□□
【平20】

国家賠償法は、憲法17条の規定を受けて制定されたものであるので、日本国民と外国人とを区別せずに損害賠償を認めている。

Q399
□□
【平20改】

行政事件訴訟法は、行政庁が取消訴訟の対象となる処分をする場合には、当該処分の相手方に対し、取消訴訟と併せて国家賠償法１条に基づいて国家賠償訴訟を提起することができる旨教示する義務を負うことを規定している。

★★
Q400
□□
【平19】

国家賠償法２条に定める営造物は、道路・河川などの不動産を指し、公共団体が管理する動産の瑕疵については、それを管理する公務員の同法１条に基づく責任が問題となるほかは、同法２条の適用を受けることはない。

A 396 □□

本問の場合、知事の免許付与行為は、法定の免許基準に適合しないものではある。しかし、宅地建物取引業法上の免許制度は個々の取引関係者の救済を直接的な目的とするものとはにわかに解しがたく、当該業者と取引を行った者に対する関係において当然に、国家賠償法上、違法となるわけではない（最判平1.11.24）。 ×

A 397 □□

本問のような場合、原則として、当該公訴の提起・追行自体が国家賠償法上違法とはならないが、例外として、検察官の判断の過程に不合理な点があった場合には、違法と評価される可能性はある。 ×

A 398 □□

国家賠償法６条は、相互主義をとっているので、外国人が被害者であるときには、当該外国との間に相互の保証があるときに限り適用される。 ×

A 399 □□

行政事件訴訟法には、本問のような、国家賠償訴訟を提起することができる旨教示する義務を定める規定は存在しない。 ×

A 400 □□

国家賠償法２条に定める営造物は、不動産に限らず、動産も含まれる。したがって、公共団体が管理する動産の瑕疵については、国家賠償法２条が適用される。 ×

Q401
□□【平19】

営造物の管理責任は、公物として正規に管理されている行政財産についてのみ及び、事実上私人によって道路として利用されているに過ぎない公有地の管理責任については、国家賠償法２条の適用を受けることはない。

★★
Q402
□□【平19】

営造物の管理責任は、営造物の物理的瑕疵を問うものであり、営造物を管理する公務員の管理義務違反は国家賠償法１条の責任であって、同法２条の責任が問われることはない。

★
Q403
□□【平21】

公の営造物の設置又は管理の瑕疵とは、公の営造物が通常有すべき安全性を欠いていることをいうが、賠償責任が成立するのは、当該安全性の欠如について過失があった場合に限られる。

★
Q404
□□【予想】

「公の営造物の設置または管理の瑕疵」についての最高裁判所の判例において、大東水害訴訟では、未改修河川の安全性は、改修、整備の過程に対応する過渡的な安全性では足りず、河川管理が、財政的、技術的および社会的諸制約を受けることは許されないとして、国に河川管理上の瑕疵があったと認定した。

★

Q405
□□【予想】

「公の営造物の設置または管理の瑕疵」についての最高裁判所の判例において、多摩川水害訴訟では、改修、整備がされた河川は、その改修、整備の段階で想定された洪水から、当時の防災技術の水準に照らして通常予測し、かつ回避しうる水害を、未然に防止するに足りる安全性を備えるべきものであるとした。

A 401 □□ 国家賠償法2条に定める営造物の管理責任は、事実上私人によって道路として利用されているにすぎない公有地の管理責任にも適用される。 ×

A 402 □□ 国家賠償法2条1項は、「設置又は管理」と規定しており、公務員の管理義務違反にも適用される。 ×

A 403 □□ 国等が損害賠償責任を負うには、過失の存在を必要としないと判示されている（最判昭45.8.20）。 ×

A 404 □□ 大東水害訴訟では、未改修河川の安全性は、整備の過程に対応する過渡的な安全性で足りるとし、国の河川管理上の瑕疵を否定している（最判昭59.1.26）。 ×

A 405 □□ 多摩川水害訴訟では、改修、整備がされた後の河川は、改修、整備の段階で想定された洪水から、当時の技術水準に照らして通常予測し、かつ回避しうる水害を、未然に防止するに足りる安全性を備えるべきものであるとしている（最判平2.12.13）。 ○

★
Q406
□□
【予想】

「公の営造物の設置または管理の瑕疵」について、最高裁判所によれば、民営化前の日本国有鉄道（国鉄）の駅のホームから視覚障害者が転落した事故について、国鉄は事故当時における最高水準の事故防止措置を施す必要があるとし、点字ブロックを設置しなかったことは管理の瑕疵にあたる。

★
Q407
□□
【平22】

道路上に放置された故障車に追突して損害を被った者がいたとしても、道路自体に瑕疵があったわけではないから、道路管理者が賠償責任を負うことはない。

★★
Q408
□□
【平19】

営造物の瑕疵は、営造物そのものに物理的瑕疵がある場合を元来指すが、第三者の行為により営造物が瑕疵ある状態になった場合にも、その状態を速やかに改善して瑕疵のない状態に回復させる責任が営造物管理者にはある。

★
Q409
□□
【平19】

営造物の管理責任は、その営造物を設置し、管理する責任を有する公共団体が負い、営造物の設置・管理の費用を負担するに過ぎない公共団体が負うことはない。

★★
Q410
□□
【予想】

損失補償は、国または公共団体の適法な公権力の行使により加えられた財産上の特別の犠牲に対して補償を行う制度である。

A 406 □□ 事故当時における「最高水準の事故防止措置を施す必要がある」とはしておらず、諸般の事情を総合的に判断すべきであるとして、結論として、本問の場合、点字ブロックを設置しなかったことは管理の瑕疵にあたらないとした（最判昭61.3.25）。 ×

A 407 □□ 道路上に故障車が長時間放置されていたにもかかわらず、道路管理者がこれを知らず、道路の安全保持のために必要な措置をまったく講じていなかった場合、道路の管理に瑕疵があったとされた（最判昭50.7.25）。したがって、道路管理者が賠償責任を負うことがないとはいいきれない。 ×

A 408 □□ 第三者の行為により営造物が瑕疵ある状態になった場合、営造物管理者には、瑕疵のない状態に回復させる責任がある。 ○

A 409 □□ 営造物の管理責任は、営造物の設置・管理責任を有する公共団体のみでなく、営造物の設置・管理の費用を負担するにすぎない公共団体も負う。 ×

A 410 □□ 国または公共団体の適法な公権力の行使により加えられた財産上の特別の犠牲に対しては、正当な補償が必要となる（憲法29条3項）。 ○

★★
Q411
□□
【予想】

国または公共団体の適法な公権力の行使により財産上の特別の犠牲を強いられたとしても、憲法29条3項を直接の根拠として損失補償を求めることはできない。

★
Q412
□□
【予想】

財産権を制限する法律に損失補償に関する規定が設けられていない場合、当該法律は、憲法29条3項に違反し、無効である。

Q413
□□
【予想】

損失補償は、私有財産を公共のために用いる場合に行われるものと定められており、私有財産を取得する場合に行う必要はない。

★★
Q414
□□
【予想】

損失補償は、私有財産を公共のために用いる場合には、その損失を受忍しなければならないか否かにかかわらず、必ず行わなければならない。

★★
Q415
□□
【予想】

損失補償における正当な補償とは、その当時の経済状態において成立することを考えられる価格と完全に一致しなければならない。

A 411 □□ 最高裁は、損失補償に関する規定がないからといって、別途、直接29条3項を根拠にして、補償請求をする余地がまったくないわけではないと判示した（最大判昭43.11.27）。 ×

A 412 □□ 財産権を制限する法律は、損失補償に関する規定が設けられていなくても、直接29条3項を根拠として補償請求をする余地があるため（最大判昭43.11.27参照）、違憲無効となるとは限らない。 ×

A 413 □□ 損失補償は、私有財産を公共のために用いる場合に行われるものであるが、土地収用のように、私有財産を取得する場合にも必要な場合がある。 ×

A 414 □□ 最高裁は、奈良県ため池条例事件において、公共の福祉を保持する上に社会生活上やむを得ない制約は、財産権を有する者が当然受忍しなければならない責務というべきものであり、29条3項の損失補償は必要ないと判示した（最大判昭38.6.26）。 ×

A 415 □□ 最高裁は、正当な補償とは、その当時の経済状態において成立することを考えられる価格に基づき、合理的に算出された相当な額をいうのであって、必ずしも常にかかる価格と完全に一致することを要するものでないと判示した（最大判昭28.12.23）。 ×

★ **Q416** □□【予想】

最高裁判所によれば、損失補償における正当な補償の解釈について、土地収用法に基づいて土地を収用する場合は完全な補償をすべきである。

★ **Q417** □□【平30】

収用対象の土地で商店が営まれている場合、商店の建築物の移転に要する費用は補償の対象となるが、その移転に伴う営業上の損失は補償の対象とはならない。

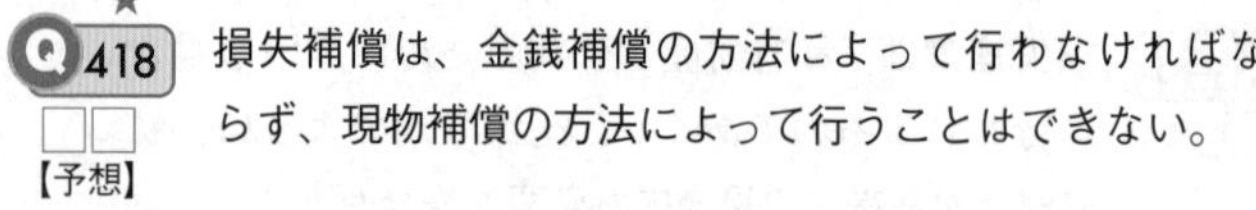

★ **Q418** □□【予想】

損失補償は、金銭補償の方法によって行わなければならず、現物補償の方法によって行うことはできない。

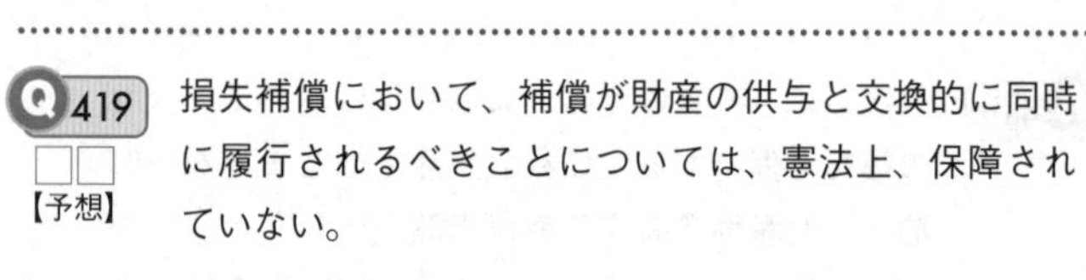

Q419 □□【予想】

損失補償において、補償が財産の供与と交換的に同時に履行されるべきことについては、憲法上、保障されていない。

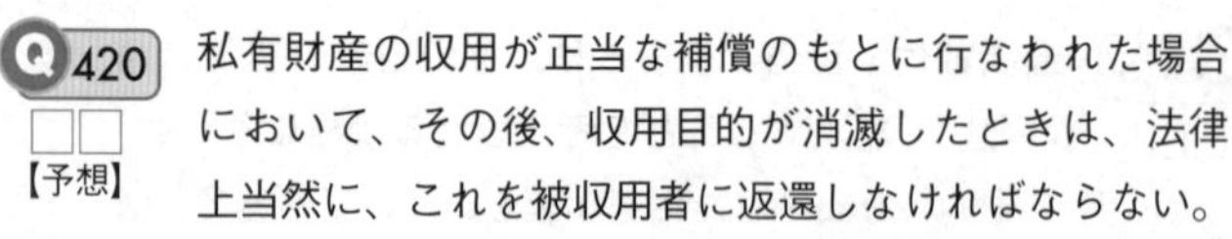

Q420 □□【予想】

私有財産の収用が正当な補償のもとに行なわれた場合において、その後、収用目的が消滅したときは、法律上当然に、これを被収用者に返還しなければならない。

A 416 □□

最高裁は、土地収用法に基づいて土地を収用する場合は、完全な補償をすべきであると判示した（最判昭48.10.18）。 ○

A 417 □□

土地収用に伴う損失補償は、移転に伴う営業上の損失などの付随的損失もその対象とする。 ×

A 418 □□

金銭補償に限らず、原状復旧等の現物補償を行うことも認められている。 ×

A 419 □□

最高裁は、憲法は補償の時期については少しも言明していないため、補償が財産の供与と交換的に同時に履行されるべきことについては、憲法の保障するところではないと判示した（最大判昭24.7.13）。 ○

A 420 □□

最高裁は、私有財産の収用が正当な補償のもとに行なわれた場合においてその後にいたり収用目的が消滅したとしても、法律上当然に、これを被収用者に返還しなければならないものではないと判示した（最大判昭46.1.20）。 ×

⑨ 地方自治法

★★
Q421 □□ 【予想】

憲法上、地方公共団体の組織および運営に関する事項は「地方自治の本旨」に基づいて法律で定めることとされているが、「地方自治の本旨」とは住民自治のみを指し、団体自治はこれに含まれない。

Q422 □□ 【平24】

地方自治法は、その目的として、「地方公共団体の健全な発達を保障すること」をあげている。

★
Q423 □□ 【予想】

憲法上、地方公共団体として都道府県および市町村の両方が設置されるべきことが明文で規定されているため、地方公共団体のうち都道府県を残し、市町村を廃止することは当然に憲法に違反する。

Q424 □□ 【令5】

市となるべき普通地方公共団体の要件として、地方自治法それ自体は具体的な数を示した人口要件を規定していないが、当該都道府県の条例で人口要件を定めることはできる。

★★
Q425 □□ 【予想】

地方公共団体の長の直接公選制を廃止して、地方議会が長を選任することとしたとしても違憲ではないから、都の特別区の長の直接公選制を廃止し、区議会が都知事の同意を得て長を選任するとしたことは違憲ではないとするのが判例である。

地方自治法は、確実な得点源とできるよう、全体を網羅的に押さえておきましょう。

A 421 □□ 地方自治の本旨は、住民自治と団体自治の両方を意味する。 ×

A 422 □□ 地方自治法は、地方公共団体の健全な発達を保障することを目的とする（1条）。 ○

A 423 □□ 憲法上、都道府県および市町村の両方が設置されるべき旨の規定はなく、市町村と都道府県という二段構造が当然に憲法上の要請であるかについては争いがある。市町村を廃止し、都道府県のみにすることは当然に憲法に違反するとはいえない。 ×

A 424 □□ 地方自治法は、市になるときに必要とされる成立要件として、人口5万以上という具体的な数を示した人口要件を規定している（8条1項1号）。 ×

A 425 □□ 憲法は、地方公共団体の長の直接公選制を規定しているので、地方議会が長を選任することは違憲となる。ただし、特別区の区長に関する判例は、特別区の特殊性を強調し、特別区は憲法で保障する地方公共団体にはあたらないとしている（最大判昭38.3.27）。 ×

Q426 □□ 【平20】

都道府県は、指定都市の市長から要請があった場合には、都道府県の事務の一部又は全部を指定都市に移譲しなければならない。

★★
Q427 □□ 【平20】

指定都市が市長の権限に属する事務を分掌させるために条例で設ける区を、特別区という。

★
Q428 □□ 【平20】

市が中核市の指定の申出をしようとするときには、当該市は、あらかじめ議会の議決を経て、都道府県の同意を得なければならない。

★
Q429 □□ 【予想】

政令で指定する人口20万人以上の市は、中核市として、指定都市が処理することができる事務のうち政令で定めるものを処理することができる。

★
Q430 □□ 【平18】

自治事務の執行の経費は、都道府県が負担するのが原則であるが、法定受託事務の執行の経費は、国が負担するのが原則である。

A 426 □□

本問のような規定は存在しない。このような場合すみやかに、知事と市長が協議しなければならないと規定されているにすぎない（252条の17の2第4項）。 ×

A 427 □□

本問の区は、特別区ではなく、行政区である。 ×

A 428 □□

中核市の指定の申出をしようとする市は、あらかじめ当該市の議会の議決を経て、都道府県の同意を得なければならない（252条の24第2項）。 ○

A 429 □□

中核市となることができるのは、人口20万人以上の市である（252条の22第1項）。 ○

A 430 □□

自治事務も法定受託事務も、どちらも地方公共団体の事務であるから、その経費は、原則として地方公共団体が全額負担する（地方財政法9条本文）。 ×

★★
Q431 □□ 【平30】

都道府県は、自治事務については条例を制定することができるが、法定受託事務については条例を制定することができない。

★
Q432 □□ 【平21】

監査委員の監査の対象となる事務には、法定受託事務も含まれている。

★
Q433 □□ 【平18】

都道府県による法定受託事務の執行については、国の大臣は、一般的な指揮監督の権限を有するが、自治事務については、法定された関与のみが認められる。

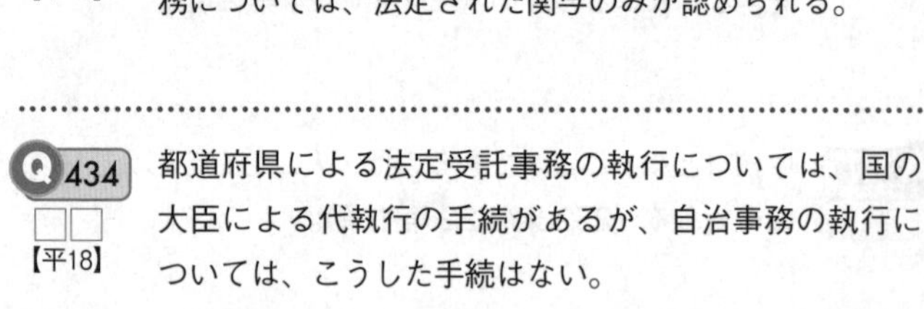

Q434 □□ 【平18】

都道府県による法定受託事務の執行については、国の大臣による代執行の手続があるが、自治事務の執行については、こうした手続はない。

★
Q435 □□ 【平19】

自治体の処理する事務のうち、自治事務に関しては法律で内容的な定めを設けることはできず、このような定めは法定受託事務に限定される。

A 431 □□

自治事務も法定受託事務も、どちらも地方公共団体の事務であるから、国の法令に違反しなければ、条例を制定することができる（14条1項）。 ×

A 432 □□

監査委員は、原則として、自治事務、法定受託事務の区別なく、必要があれば監査を行うことができる（199条2項）。 ○

A 433 □□

自治事務、法定受託事務の区別なく、国の大臣には、法定された関与のみが認められる（245条の2）。 ×

A 434 □□

法定受託事務の執行については、国の大臣による代執行の手続があるが（245条の8）、自治事務の執行については、こうした手続はない。 ○

A 435 □□

自治事務、法定受託事務を区別せず、法律で内容的な定めを設けることができる。 ×

★
Q436
□□
【平19】

自治事務に関する条例は法律の個別授権を受けることなく定めることができるが、私人の権利義務に直接かかわる規定は、必ず法律の個別授権を受けなければならない。

★★
Q437
□□
【予想】

憲法94条にいう「条例」には、議会の制定する条例だけでなく、長の制定する規則や各種委員会の制定する規則も含まれると解されている。

★
Q438
□□
【予想】

「法律による行政の原理」により、地方公共団体は、法律に「条例の定めるところによる」などの規定がない限り条例を制定することはできない。

★
Q439
□□
【予想】

私法秩序の形成などに関する事項は国の事務に属するから、条例で民法と異なる地方公社などの法人の設立を認めることはできない。

★★
Q440
□□
【予想】

地方自治法上、条例の定める基準は全国一律でなければならないとされているため、たとえば排出基準（汚染物質の排出許容値）について、条例が法律の定める基準よりも厳しい基準を定めることは認められない。

A 436

□□

私人の権利義務に直接かかわる規定でも、法律の個別授権を受ける必要はない（14条2項）。 ×

A 437

□□

憲法94条にいう条例には議会の制定するものだけでなく、長の制定する規則や各種委員会の制定する規則も含まれる。 ○

A 438

□□

「法律による行政の原理」は、国民の代表機関である議会で制定された法律に従って行政をコントロールするという原則であり、この見地からは、住民の代表機関である議会により制定された条例に従って行政がコントロールされることもその趣旨に反しない。よって、この見地から、法律の個別具体的な授権がなくても条例を制定できる。 ×

A 439

□□

条例は、地方公共団体の事務の範囲に限り制定できる（14条1項）。本問の私法秩序の形成などに関する事項は国の事務に属するから、条例で民法と異なる地方公社などの法人の設立を認めることはできない。 ○

A 440

□□

条例の定める基準は、「法令に違反しない」限りという限界はあるが、全国一律である必要はなく、本問のいわゆる上乗せ条例も制定可能である。 ×

★★
Q441
□□
【予想】

財産法の規制は全国で統一的な制度によるべきであり、憲法29条2項も財産権に関する事項は法律で定めると規定しているから、条例で財産権の行使に関する規制をすることはできない。

★
Q442
□□
【平19】

地方自治法14条に基づく地方議会の条例制定権限は、当該事務が自治事務である場合のみならず、法定受託事務である場合にも及ぶ。

★
Q443
□□
【令3】

条例の制定は、普通地方公共団体の議会の権限であるから、条例案を議会に提出できるのは議会の議員のみであり、長による提出は認められていない。

Q444
□□
【平19】

法律の規定を具体化するのは、地方公共団体の機関が定める規則等であり、具体化の規定が条例に置かれることはない。

★★
Q445
□□
【平19】

法律により規制の対象とされている事項について、法律の明示の授権がなくとも、規制の適用を除外する特例措置を条例により設けることは可能である。

A 441 □□ 最高裁は、奈良県ため池条例事件で、条例も法律と同様に民主的過程を経た立法であり、法律に準ずるものとして、財産権を規制することができると判示した（最大判昭38.6.26）。 ×

A 442 □□ 14条に基づく地方議会の条例制定権限は、自治事務、法定受託事務を区別していない。 ○

A 443 □□ 普通地方公共団体の長は、普通地方公共団体の議会の議決を経べき事件につきその議案を提出することができ（149条1号）、これには「条例を設け又は改廃すること」が含まれる（96条1項1号）。 ×

A 444 □□ 法律の規定を具体化するにあたり、条例によることも可能である。 ×

A 445 □□ 法律で一律に規制の対象とされている事項を、条例で適用外とすることは、法律に反する条例となるので制定できない。 ×

★
Q446
□□
【令3】

普通地方公共団体の長は、その権限に属する事務に関し、規則を制定することができ、条例による委任のある場合には、規則で刑罰を規定することもできる。

★★
Q447
□□
【予想】

普通地方公共団体の長の被選挙権の要件として、都道府県知事についても市町村長についても年齢満30年以上の日本国民であり、かつ、当該普通地方公共団体の住民であることが定められている。

★★
Q448
□□
【平19】

地方自治法上、条例の制定改廃請求権は、普通地方公共団体の議会の議員および長の選挙権を有する住民に限られず、選挙権を有さない外国人に対しても認められている。

★★
Q449
□□
【平19】

条例の制定改廃の請求を行う場合については、住民は一人でも請求をなすことができる。

★★
Q450
□□
【平19】

条例の制定改廃の請求は、普通地方公共団体の長に対して行われ、長から議会に対して付議される。

A 446 □□ 普通地方公共団体の長は、法令に特別の定めがあるものを除くほか、普通地方公共団体の規則中に、規則に違反した者に対し、5万円以下の過料を科する旨の規定を設けることができるが（15条2項）、規則で刑罰を規定することはできない。 ×

A 447 □□ 地方公共団体の長の被選挙権には、住所要件はない。また前段の年齢も、知事は30歳以上だが、市町村長は25歳以上である（19条2項、3項）。 ×

A 448 □□ 地方自治法上、条例の制定改廃請求権者は、「選挙権を有する者」とされているので（74条1項）、日本国籍を有しない外国人には認められない。 ×

A 449 □□ 選挙権を有する者の総数の50分の1以上の者の連署によることが必要である（74条1項）。 ×

A 450 □□ 普通地方公共団体の長に対して行われ、長から議会に対して付議される（74条3項）。 ○

★★
Q451 □□【令3】
普通地方公共団体の議会の議員および長の選挙権を有する者は、法定数の連署をもって、当該普通地方公共団体の長に対し、条例の制定または改廃の請求をすることができるが、地方税の賦課徴収等に関する事項はその対象から除外されている。

★
Q452 □□【平19】
条例の制定改廃請求が行われた後、その内容について住民投票が行われ、賛成が多数であれば当該条例の制定改廃が行われる。

★
Q453 □□【平18】
条例の制定改廃を求める直接請求が成立した場合、首長は住民投票を行って過半数の同意が得られれば、議会の同意を経ることなく条例を公布することができる。

★★
Q454 □□【平18】
一般行政事務の監査請求は、他の直接請求とは異なり、選挙権者の50分の1以上の賛成という要件が不要なので、一人でも監査請求をすることができる。

★★
Q455 □□【平18】
首長等の解職を求める直接請求は、あくまでも解職請求権の行使を議会に求めるものであり、直接請求が成立した場合においても、首長を解職するか否かの最終判断は議会が行う。

A 451 □□

地方税の賦課徴収、分担金、使用料、手数料の徴収に関する条例については、地方自治法上、明文で条例制定改廃請求の対象から除外されている（74条1項かっこ書）。 ○

A 452 □□

条例の制定改廃請求が行われた場合、住民投票が行われるのではなく、議会に付議され（74条3項）、議会の決定に委ねられる。地方公共団体でも、あくまで、議会制民主主義が原則なのである。 ×

A 453 □□

住民の同意を得てもそれだけでは条例の制定改廃はなされず、議会に付議され、議会の議決を経なければならない。 ×

A 454 □□

一般行政事務の監査請求をするには、選挙権者の50分の1以上の賛成という要件を満たすことが必要である（75条1項）。 ×

A 455 □□

住民による首長等の解職を求める直接請求が成立した場合、選挙人の投票が行われ、当該投票において過半数の同意があったときは、当該首長等は失職する（76条3項、81条2項、83条）。 ×

★
Q456 □□ 【平18】

知事・市町村長のみならず、選挙管理委員、監査委員などの役員も、直接請求としての解職請求の対象となる。

★★
Q457 □□ 【令５改】

事務監査請求は、当該普通地方公共団体の住民であれば、日本国民であるか否か、また当該普通地方公共団体の議会の議員及び長の選挙権を有するか否かにかかわらず、これを請求することができる。

★★
Q458 □□ 【令４】

普通地方公共団体における違法な財務会計行為について住民訴訟を提起しようとする者は、当該財務会計行為について、その者以外の住民が既に提起した住民監査請求の監査結果が出ている場合は、自ら別個に住民監査請求を行う必要はない。

★★
Q459 □□ 【平19】

住民訴訟の対象は、当該地方公共団体の長等の違法な財務会計上の行為または怠る事実であるが、不当な行為または怠る事実は対象とできない。

★
Q460 □□ 【平19】

住民訴訟においては、当該地方公共団体の執行機関または職員に対して行為の全部または一部の差止めの請求をすることは認められていない。

A 456 □□ 選挙管理委員、監査委員などの役員は、直接請求としての解職請求の対象となる（86条）。 ○

A 457 □□ 事務監査請求をすることができるのは、普通地方公共団体の議会の議員および長の選挙権を有する者（選挙権を有する者）に限られる（75条）。 ×

A 458 □□ 住民訴訟については、住民監査請求前置主義が採用されており（242条の2第1項）、住民訴訟を提起することができるのは、住民監査請求を行った住民のみである。 ×

A 459 □□ 住民訴訟の対象は、違法な行為または怠る事実に限られ、不当な行為または怠る事実は、含まれない。 ○

A 460 □□ 住民訴訟により、地方公共団体の執行機関または職員に対して行為の全部または一部の差止めの請求をすることが認められている（242条の2第1項1号）。 ×

★

Q461 □□ 【平19】

住民監査請求にも住民訴訟にも期間の制限があり、これを徒過すると提起することはできなくなる。

★★

Q462 □□ 【平20】

町村は、議会を設置せず、選挙権を有する者の総会をもってこれに代える旨の条例を制定することができる。

★

Q463 □□ 【平19】

予算を定めることは議会の議決事件とされているが、議会は、予算について増額して議決することはできない。

★

Q464 □□ 【平19】

私法上の契約の締結は、非権力的行為であるので、普通地方公共団体の契約締結は議会の議決事件には属さない。

★★

Q465 □□ 【平17】

地方自治法に規定する議会の議決事項は限定列挙と解されているため、地方自治体が条例によって、自治事務につき議会の議決事項に追加することは認められていない。

A 461 □□ 住民監査請求にも、住民訴訟にも、期間の制限がある（242条2項、242条の2第2項）。 ○

A 462 □□ 地方自治法では、町村に関してのみ、議会を設置せず、選挙権を有する者の総会の設置を認めている（94条）。 ○

A 463 □□ 議会は、予算について増額して議決することもできる（97条2項本文）。 ×

A 464 □□ 私法上の契約の締結は、非権力的行為であるが、普通地方公共団体の契約締結は議会の議決事件である（96条1項5号）。 ×

A 465 □□ 地方自治体が条例によって、自治事務につき議会の議決事項に追加することは認められる。 ×

【平19】

議会の議決がその権限を超え、または法令もしくは会議規則に違反すると認めるとき、長は、高等裁判所に当該議決の取消しを求めて出訴しなければならない。

Q467

【令3】

地方自治法には、普通地方公共団体の議会が長の決定によらずに、自ら解散することを可能とする規定はないが、それを認める特例法が存在する。

★ Q468

【令1】

議会は、定例会および臨時会からなり、臨時会は、必要がある場合において、付議すべき事件を長があらかじめ告示し、その事件に限り招集される。

★ Q469

【平19】

議会の議長および議員は、自己の一身上に関する事件または自己の従事する業務に直接関係のある事件については、原則として、その議事に参与することができない。

★★ Q470

【平20】

町村は、住民による直接の選挙で首長を選出せず、議会で首長を選出する旨の条例を制定することができる。

A 466 □□ 本問のような場合、長は、理由を示して再議に付し、この再議がなお権限を超える場合には、総務大臣または都道府県知事に対して審査を申し立てるという手続を経ることになる（176条4項、5項）。 ×

A 467 □□ 特例法により、議会が自らの議決に基づき自主解散することが認められている（地方公共団体の議会の解散に関する特例法2条）。 ○

A 468 □□ 議会は、定例会および臨時会とされ、臨時会は、必要がある場合において、その事件に限り招集され、臨時会に付議すべき事件は、長があらかじめこれを告示しなければならない（102条）。 ○

A 469 □□ 本問であげられている事件は、議長、議員の除斥事由の一つとして規定されている（117条本文）。 ○

A 470 □□ 地方公共団体の首長の直接選挙は、憲法上の要請であり（憲法93条2項）、地方自治法で、例外規定を置くことは許されない。 ×

★

Q471 □□ 【予想】

普通地方公共団体の長は、選挙管理委員会の許可を得れば、当該普通地方公共団体の議会の議員を兼ねることもできる。

★★

Q472 □□ 【予想】

普通地方公共団体の長は、必要があると認めるときは、議会に出席して自ら議案の説明をすることができ、また、出席および説明の義務を負う。

★★

Q473 □□ 【平30】

普通地方公共団体の長は、普通地方公共団体の議会による条例の制定に関する議決について、再議に付することができる。

★★

Q474 □□ 【予想】

普通地方公共団体の長は、議会の議決について異議がある場合には、これを再議に付することができるが、予算の議決については再議に付することはできない。

★★

Q475 □□ 【予想】

普通地方公共団体の長は、議会における条例の制定に関する議決に異議があるときは、これを再議に付することができるが、再議の結果、議会の議決が総議員の３分の２以上の同意により、再議に付された議決と同じ議決であるときは、その議決は確定する。

A 471 □□ 職務の公正さの維持の見地から、本問のような兼職は禁止されている（141条2項）。 ×

A 472 □□ 首長は、議長から説明のため出席を求められた場合にのみ議会に出席することができ（121条）、議会に出席する権利を有しない。 ×

A 473 □□ 条例の制定または改廃に関する議決に異議があるときは、長はその送付を受けた日から10日以内に理由を示してこれを再議に付することができる（176条1項）。なお、条例の制定もしくは改廃または予算に関する議決以外の議決に対する再議については、その議決の日から10日以内とされている。 ○

A 474 □□ 予算の議決についても再議に付することができる（176条1項）。 ×

A 475 □□ 「総議員の3分の2以上」ではなく、「出席議員の3分の2以上」である（176条3項）。 ×

行政法 地方自治法

★
Q476 □□【予想】

普通地方公共団体の長は、議会の議決が、当該普通地方公共団体の義務に属する経費を削除するものであるときは、理由を示してこれを再議に付することができる。

★★
Q477 □□【予想】

普通地方公共団体の議会において、長の不信任議決を行うためには、過半数の議員が出席したうえで、その３分の２以上の多数の者の賛成が必要である。

★★
Q478 □□【平24】

普通地方公共団体の議会において長の不信任の議決がなされた場合には、長は議会を解散することができる。

Q479 □□【予想】

普通地方公共団体の長は、議会の不信任の議決を受けて解散権を行使することができるが、信任決議案の否決の場合の解散という制度はない。

★
Q480 □□【予想】

都道府県知事の権限に属する事務を分掌させるための局または部の数については、法律上何ら制限はなく、各都道府県の実情に応じて、知事が規則によってこれを定める。

A 476 □□

本問の場合、長は理由を示してこれを再議に付さなければならない（177条1項）。つまり必要的であり、「付すことができる」という任意的なものではない。 ×

A 477 □□

本問の場合、3分の2以上の議員が出席したうえで、その4分の3以上の多数の者の賛成が必要である（178条3項）。 ×

A 478 □□

議長からその旨の通知を受けた日から10日以内に議会を解散することができる（178条1項後段）。 ○

A 479 □□

国における内閣は、本問のような場合に解散権を行使することができるが、普通地方公共団体の長には、信任決議案の否決の場合の解散という制度はない。 ○

A 480 □□

長の直近下位の内部組織の設置およびその分掌する事務に関する場合は、規則ではなく条例で定めなければならない（158条1項ただし書）。 ×

★ Q481 □□ 【平20】

町村は、選挙管理委員会を設置せず、首長またはその補助機関に選挙管理の事務を行わせる旨の条例を制定することができる。

★ Q482 □□ 【平20】

町村は、教育委員会を設置せず、教育長にその事務を行わせる旨の条例を制定することができる。

★ Q483 □□ 【平20】

町村は、監査委員を置かず、監査に関する事務を外部に委託する旨の条例を制定することができる。

★ Q484 □□ 【平20】

地方公共団体の議会があらかじめ承認を与えたときでも、当該地方公共団体は、その財産を適正な対価なくして譲渡することはできない。

★ Q485 □□ 【平20】

地方公共団体は、指名競争入札に参加させようとする者を指名する際に、その者が地元の経済の活性化に寄与するか否かを考慮に入れてはならない。

A 481 □□ 地方自治法では、普通地方公共団体の執行機関として選挙管理委員会の設置が義務づけられており（180条の5第1項2号）、町村であってもその例外を定める規定はない。 ×

A 482 □□ 地方自治法では、普通地方公共団体の執行機関として教育委員会の設置が義務づけられている（180条の5第1項1号）。町村であってもその例外を定める規定はない。 ×

A 483 □□ 地方自治法では、普通地方公共団体の執行機関として監査委員の設置が義務づけられている（180条の5第1項4号）。町村であってもその例外を定める規定はない。 ×

A 484 □□ 地方自治法は、議会の承認があれば、地方公共団体は、その財産を適正な対価なくして譲渡することができるとしている（96条1項6号）。 ×

A 485 □□ 最高裁は、地方公共団体が、指名競争入札に参加させようとする者を指名する際に、その者が地元の経済の活性化に寄与するか否かを考慮し、地元企業を優先指名することは合理性を有すると判示した（最判平18.10.26）。 ×

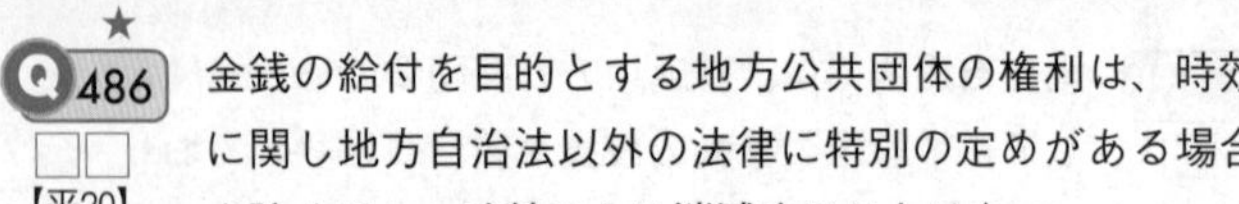

★ Q486 □□ 【平20】

金銭の給付を目的とする地方公共団体の権利は、時効に関し地方自治法以外の法律に特別の定めがある場合を除くほか、時効により消滅することはない。

Q487 □□ 【平20】

行政財産の目的外使用の許可については、当該財産の目的に鑑みて支障がない場合であっても、管理者はその許可を拒否することができる。

★ Q488 □□ 【平20】

地方公共団体による公共工事の請負契約については、入札手続などの地方自治法の規定が適用されるから、民法の請負契約の規定は適用されない。

★ Q489 □□ 【平20】

地方公務員の免職は行政処分であるが、地方公務員法上、その任命は、雇用契約の締結であって、行政処分によるものではないとされている。

★ Q490 □□ 【平20】

公営住宅の賃貸借契約については、公営住宅法及びそれに基づく条例が適用され、民法や借地借家法の規定は適用されない。

A 486 □□

地方自治法は、時効に関し地方自治法以外の法律に特別の定めがある場合を除くほか、これを行使することができる時から5年間行使しないときは、時効によって消滅すると規定する（236条1項前段）。 ×

A 487 □□

管理者には一定の裁量権が認められており、その範囲内であれば、当該財産の目的に鑑みて支障がない場合であっても、その許可を拒否することができる。 ○

A 488 □□

地方公共団体による公共工事の請負契約については、民法の請負契約の規定が適用される。 ×

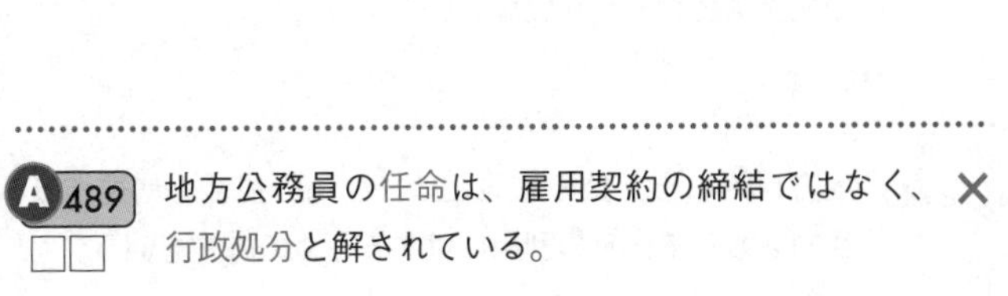

A 489 □□

地方公務員の任命は、雇用契約の締結ではなく、行政処分と解されている。 ×

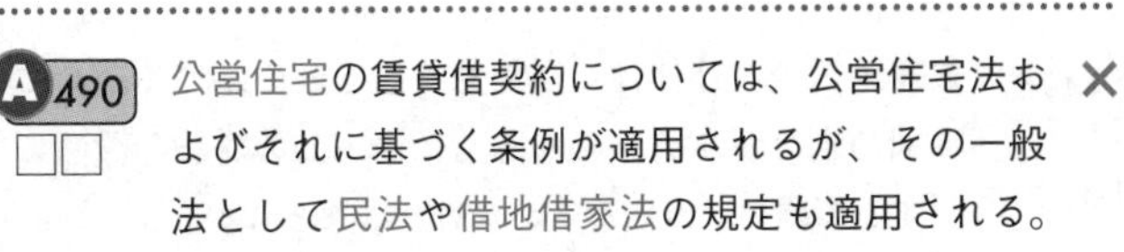

A 490 □□

公営住宅の賃貸借契約については、公営住宅法およびそれに基づく条例が適用されるが、その一般法として民法や借地借家法の規定も適用される。 ×

★
Q491
□□
【平20】

地方公共団体による補助金交付の法律関係については、地方自治法の規定により、贈与契約の締結ではなく、長による交付決定によることとされている。

Q492
□□
【平20】

水道事業者である地方公共団体と利用者との給水に関わる法律関係は、水道法上、水道の使用許可処分ではなく、給水契約の締結によることとされている。

★★
Q493
□□
【平20】

公共用財産については、それが長年の間事実上公の目的に供用されることなく放置され、黙示的に公用が廃止されたものとみなしうる場合であっても、取得時効の成立は認められない。

★
Q494
□□
【予想】

地方自治法上、公の施設とは、住民の福祉を増進する目的をもって、その利用に供するための施設をいう。

★
Q495
□□
【令3】

普通地方公共団体は、法律またはこれに基づく政令に特別の定めがあるものを除くほか、公の施設の設置に関する事項を、条例で定めなければならない。

A 491 □□

地方公共団体による補助金交付は、長による交付決定で行われることもあるが、要綱により、贈与契約の締結で行われることもある。 ×

A 492 □□

地方公共団体と利用者との給水関係は、給水契約の締結により行われる。 ○

A 493 □□

公共用財産は、原則として取得時効の対象とならないが、それが長年の間事実上公の目的に供用されることなく放置され、黙示的に公用が廃止されたものとみなしうる場合には、取得時効が認められる（最判昭51.12.24）。 ×

A 494 □□

地方自治法上の公の施設の定義のとおりである（244条1項）。たとえば、市民体育館や図書館、保養所などがこれにあたる。 ○

A 495 □□

普通地方公共団体は、法律またはこれに基づく政令に特別の定めがあるものを除くほか、公の施設の設置およびその管理に関する事項は、条例でこれを定めなければならない（244条の2第1項）。 ○

★
Q496 □□ 【平29】
公の施設は、住民の利用に供するために設けられるものであり、普通地方公共団体は、その区域外において、公の施設を設けることはできない。

★
Q497 □□ 【平20】
市町村議会議員選挙を無効とする旨の都道府県選挙管理委員会の裁決に不服があるときは、当該議会は、この裁決について出訴することができる。

★
Q498 □□ 【平20】
都道府県が担当する事務に関する国の是正の要求について国地方係争処理委員会が行った審査の結果に不服があるときは、当該都道府県の知事は、この是正の要求について出訴することができる。

★
Q499 □□ 【平20】
市町村議会における条例制定の議決についての都道府県知事による裁定の結果に不服があるときは、当該市町村の議会又は長は、この裁定について出訴することができる。

★
Q500 □□ 【平20】
市町村の境界に関する争論について都道府県知事が行った裁定に不服があるときは、関係市町村は、境界の確定について出訴することができる。

A 496 □□

普通地方公共団体は、その区域外においても、関係普通地方公共団体との協議により、公の施設を設けることができる（244条の3第1項）。 ×

A 497 □□

地方自治法は、本問のような場合に、当該議会がこの裁決について出訴することができるとは規定していない。 ×

A 498 □□

本問のような場合、知事は、この是正の要求について高等裁判所へ出訴することができる（251条の5第1項1号）。 ○

A 499 □□

知事による裁定の結果に不服があるときは、当該市町村の議会または長は、この裁定について裁定のあった日から60日以内に出訴することができる（176条7項）。 ○

A 500 □□

都道府県知事が行った裁定に不服があるときは、関係市町村は、裁定書の交付を受けた日から30日以内に出訴することができる（9条2項、8項）。 ○

POINTマスター

行政法

1 行政主体の種類

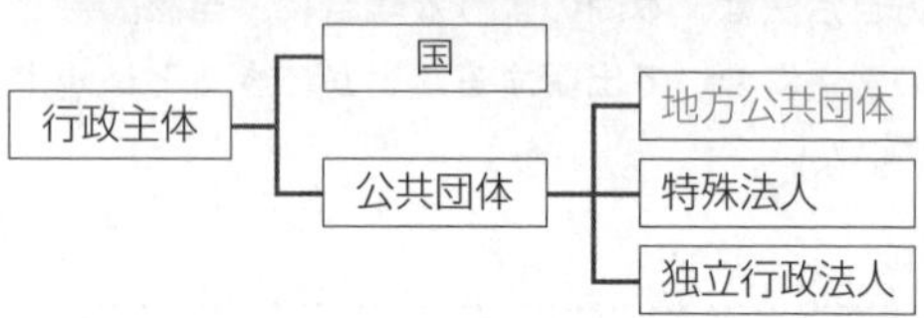

2 行政行為の分類

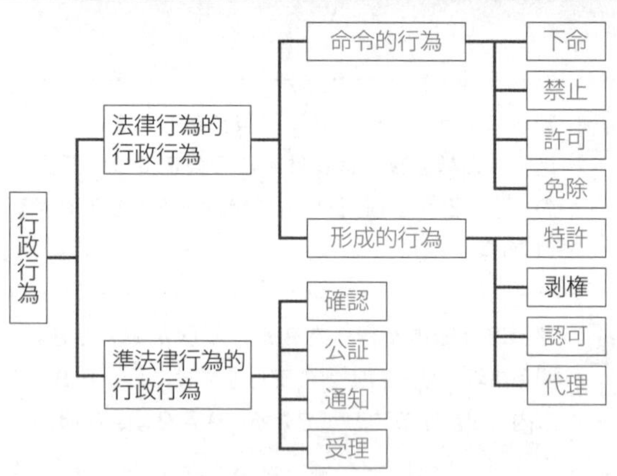

3 行政行為の効力、行政行為の附款

行政行為の効力	① 拘束力 ② 公定力 ③ 不可争力 ④ 自力執行力 ⑤ 不可変更力
行政行為の附款	① 条件 ② 期限 ③ 負担 ④ 取消し・撤回の留保 ⑤ 法律効果の一部の除外

4 行政上の強制執行

行政上の強制執行は、行政行為の執行力の現れであり、次の種類がある。

① 代執行	行政上の代替的作為義務（他人が代わってすることができ、かつ、一定の行為が必要な義務）を義務者が履行しない場合に、行政庁自ら義務者のなすべきことを行い、または第三者に行わせて、その費用を義務者から徴収する作用
② 執行罰（間接強制）	非代替的な作為義務や不作為義務が履行されない場合に、行政庁が一定の期限を示し、期限内に義務の履行がなされないときは、過料を科す旨を予告することにより、義務者に圧迫を加えて、間接的に義務の履行を強制する作用
③ 直接強制	義務者が義務を履行しない場合に、直接に行政庁が義務者の身体または財産に強制力を加えて義務の内容を実現する作用
④ 行政上の強制徴収	国民が税金などを納めない場合に、強制的に徴収する作用

5 情報公開法上の開示決定等に関する期限

開示請求を受けた行政機関の長は、次に示す一定の期間内に、開示に関する決定をしなければならない。

原則	開示請求の日から30日以内（補正の日数を含まない）	
例外	事務処理上の困難等の正当な理由があるとき	上記の期間を30日以内に限り延長可能（最長60日）
	開示請求された行政文書の量が著しく大量であるとき	開示請求された行政文書のうち、相当の部分 → 60日以内 残りの行政文書 → 相当の期間内

6 行政救済の法体系

救済機関	法律・制度	救済の手法
行政機関	行政不服審査法	行政行為の効力をくつがえす
裁判所	行政事件訴訟法	
	国家賠償法	行政行為の効力自体は争わず、金銭により解決する
	損失補償制度	

7 行政不服申立ての主観的請求期間（原則）

審査請求	処分があったことを知った日の翌日から起算して3か月以内 ・再調査の請求をした場合、当該再調査の請求についての決定があったことを知った日の翌日から起算して1か月以内
再調査の請求	処分があったことを知った日の翌日から起算して3か月以内
再審査請求	原裁決があったことを知った日の翌日から起算して1か月以内

8 行政事件訴訟の種類

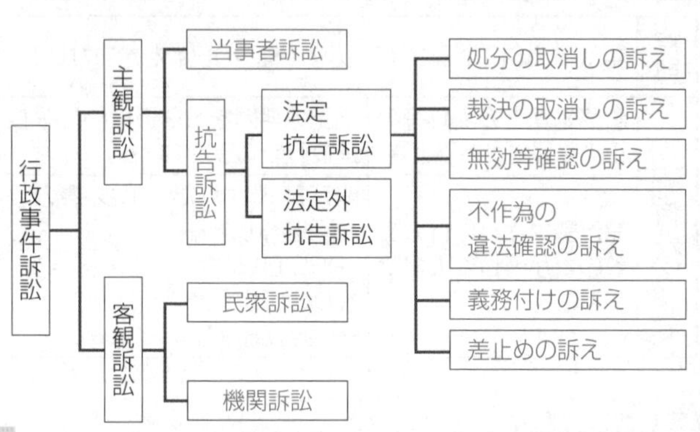

9 行政事件訴訟法上の取消訴訟の訴訟要件

①	行政庁の処分、裁決または決定が存在すること
②	原告適格があること
③	訴えの利益があること
④	出訴期間内に訴訟提起がなされたこと
⑤	被告適格があること
⑥	審査請求前置の場合に不服申立てに対する裁決を経たこと

10 地方公共団体の種類

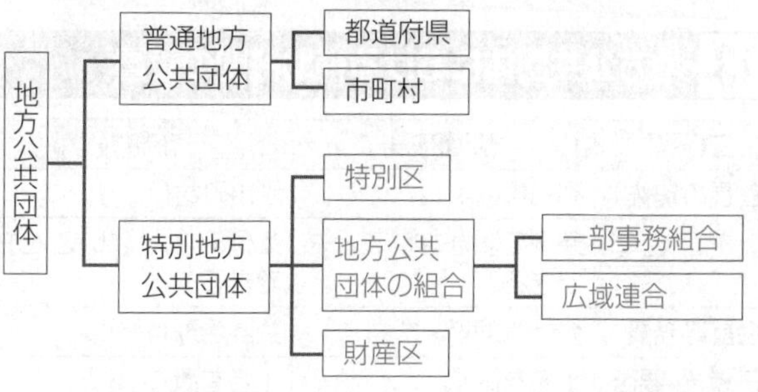

11 地方公共団体における選挙権および被選挙権

		年齢	住所	国籍
議員・長の選挙権		18歳以上	3か月以上	日本国民
被選挙権	都道府県知事	30歳以上	なし	
	市町村長 特別区長	25歳以上	なし	
	議会の議員	25歳以上	3か月以上	

12 地方公共団体の住民が行う直接請求の分類

要　件	種　類	請求先
有権者の 1/50 以上の連署	条例の制定・改廃請求	地方公共団体の長
	事務の監査請求	監査委員
有権者の 1/3 以上の連署※	議会の解散請求	選挙管理委員会
	議員の解職請求	
	長の解職請求	
	役員の解職請求	地方公共団体の長

※ 有権者総数が 40 万人を超え 80 万人以下の場合には 40 万を超える数に 6分の 1 を乗じて得た数と 40 万に 3分の 1 を乗じて得た数とを合算して得た数、80 万人を超える場合には 80 万を超える数に 8 分の 1 を乗じて得た数と 40 万に 6 分の 1 を乗じて得た数と 40 万に 3 分の 1 を乗じて得た数とを合算して得た数に緩和

13 地方公共団体における補助機関の設置

		都道府県	市町村
首長の補佐		副知事	副市町村長
	要否	条例で置かないこともできる	条例で置かないこともできる
会計事務責任者		会計管理者	会計管理者
	要否	1名を置く	1名を置く

14 地方公共団体の補助機関の任期、任命および解職

	副知事・副市町村長	会計管理者
任　期	4年	なし
任命手続	長が、議会の同意を得て選任する	長の補助機関である職員のうちから、長が命ずる
解　職	長は、任期中においても解職できる	不可（一般職員であるため）

15 地方公共団体における行政委員会および行政委員の種類

行政委員会および行政委員は、地方公共団体の執行機関であり、次の種類がある。行政委員会は複数の委員により構成される合議制の機関であるのに対し、行政委員は独任制の機関である。

すべての普通地方公共団体に置かなくてはならないもの	① 教育委員会 ② 選挙管理委員会 ③ 人事委員会または公平委員会 ④ 監査委員
都道府県にのみ置くもの	① 公安委員会 ② 都道府県労働委員会 ③ 収用委員会 ④ 海区漁業調整委員会 ⑤ 内水面漁場管理委員会
市町村にのみ置くもの	① 農業委員会 ② 固定資産評価審査委員会

16 普通地方公共団体の予算の内容

地方自治法上、普通地方公共団体の予算は、次に示す事項に関する定めからなるものとされている。

①	歳入歳出予算
②	継続費
③	繰越明許費
④	債務負担行為
⑤	地方債
⑥	一時借入金
⑦	歳出予算の各項の経費の金額の流用

① 民法総論

★
Q501
□□
【予想】

契約自由の原則は、取引の場面において私的自治の原則が具体化されたものであり、特別法によっても修正することはできない。

★★
Q502
□□
【予想】

権利の行使および義務の履行は、信義に従い誠実に行わなければならない。

★
Q503
□□
【予想】

所有権の侵害による損失が軽微で、しかも侵害の除去が著しく困難かつ莫大な費用を要する場合に、土地所有者が不当な利益を得る目的で、その除去を求めることは、権利の濫用にあたるとして許されないことがある。

★
Q504
□□
【予想】

権利の行使によって他人に損害を与えた場合、たとえそれが濫用の結果であっても、権利の行使である以上、違法性が阻却され、不法行為となることはない。

★★
Q505
□□
【平30】

男子の定年年齢を60歳、女子の定年年齢を55歳とする旨の会社の就業規則は、経営上の観点から男女別定年制を設けなければならない合理的理由が認められない場合、公序良俗に反して無効である。

民法は私法の代表的な法律です。民法上の基本原則を押さえておきましょう。

A 501 □□ 契約自由の原則（521条）は、弱者保護などを目的として、借地借家法などの特別法により修正されている。 ×

A 502 □□ 信義誠実の原則（信義則）は、権利の行使および義務の履行は、信義に従い誠実に行わなければならないとする原則である（1条2項）。 ○

A 503 □□ 判例は、本問のような場合に侵害の除去を求めることは、権利の濫用（1条3項）にあたり、許されないとしている（宇奈月温泉事件、大判昭10.10.5）。 ○

A 504 □□ たとえ権利の行使といえども、社会観念上被害者において許容すべきものと一般に認められる程度を超えたときは、不法行為となる（信玄公旗掛松事件、大判大8.3.3）。 ×

A 505 □□ 最高裁は、男女別定年制につき、企業経営上の観点から定年年齢において女子を差別しなければならない合理的理由が認められない場合、性別のみによる不合理な差別を定めたものとして90条の規定により無効であると判示した（最判昭56.3.24）。 ○

Q506 □□ 【令3】

A所有の甲土地上に権原なくB所有の登記済みの乙建物が存在し、Bが乙建物をCに譲渡した後も建物登記をB名義のままとしていた場合において、その登記がBの意思に基づいてされていたときは、BはAに対して乙建物の収去および甲土地の明渡しの義務を免れない。

★
Q507 □□ 【令3】

抵当権設定登記後に設定者が抵当不動産を他人に賃貸した場合において、その賃借権の設定に抵当権の実行としての競売手続を妨害する目的が認められ、賃借人の占有により抵当不動産の交換価値の実現が妨げられて優先弁済請求権の行使が困難となるような状態があるときは、抵当権者は、賃借人に対して、抵当権に基づく妨害排除請求をすることができる。

Q508 □□ 【令3】

動産売買につき売買代金を担保するために所有権留保がされた場合において、当該動産が第三者の土地上に存在してその土地所有権を侵害しているときは、留保所有権者は、被担保債権の弁済期到来の前後を問わず、所有者として当該動産を撤去する義務を免れない。

★★
Q509 □□ 【平19改】

Aが「もち米」を50kg買う契約をB米店との間で行ったが、Bによる引渡しの準備がまだ終わっていない。この場合、「もち米」50kgの所有権は、目的物が特定される前でも、特約がなければ、AB間の売買契約をした時に移転する。

★
Q510 □□ 【予想】

債権の目的が数個の給付の中から選択によって定まるときは、その選択権は、債務者に属する。

A 506 □□ 最高裁は、本問のような場合には、たとえ建物を他に譲渡したとしても、引き続き登記名義を保有する限り、土地所有者に対し、建物収去・土地明渡しの義務を免れることはできないと判示した（最判平 6.2.8）。 ○

A 507 □□ 最高裁は、占有権原の設定に抵当権の実行としての競売手続を妨害する目的が認められ、その占有により抵当不動産の交換価値の実現が妨げられて抵当権者の優先弁済請求権の行使が困難となるような状態があるときは、抵当権者は、当該占有者に対し、抵当権に基づく妨害排除請求をすることができると判示した（最判平 17.3.10）。 ○

A 508 □□ 最高裁は、本問のような場合、所有権を留保した者（留保所有権者）は、期限の利益喪失による残債務全額の弁済期が経過した後は、当該動産の撤去義務や不法行為責任を免れることはないと判示した（最判平 21.3.10）。 ×

A 509 □□ 不特定物売買では、目的物が特定した時にその所有権は債務者から債権者に移転する。 ×

A 510 □□ 本問の債権のように、債権の目的が数個の給付の中から選択によって定まるものを選択債権といい、その選択権は債務者に属する（406条）。 ○

民法 ② 権利の主体・客体

Q511 □□ 【予想】

自己の行為の結果を弁識する精神能力のない者を意思無能力者といい、意思無能力者の行った法律行為は無効とされる。

★

Q512 □□ 【平16改】

Aが未成年の時に、その法定代理人Bの同意を得ずにCにAの所有する不動産を売却した場合に、AおよびBは、Aが成年に達したときには、AC間の売買契約を取り消すことはできない。

★★

Q513 □□ 【予想】

成年被後見人がスーパーマーケットで日用品を購入した行為は、取り消すことができる。

★★

Q514 □□ 【令2】

保佐人は、民法が定める被保佐人の一定の行為について同意権を有するほか、家庭裁判所が保佐人に代理権を付与する旨の審判をしたときには特定の法律行為の代理権も有する。

Q515 □□ 【平30】

未成年後見人は自然人でなければならず、家庭裁判所は法人を未成年後見人に選任することはできない。

意思能力と行為能力の違いと、4種類の制限行為能力者の異同について、押さえておきましょう。

A 511 □□ 法律行為の当事者が意思表示をした時に意思能力を有しなかったときは、その法律行為は、無効とされる（3条の2）。 ○

A 512 □□ Bは、Aが成年者に達した時点で法定代理人ではなくなるため取消権は消滅する。しかし、Aは、成年に達してから5年間は取り消すことができる（126条前段）。 ×

A 513 □□ 成年被後見人の法律行為は、取り消すことができるが、日用品の購入その他日常生活に関する行為については、この限りでない（9条）。 ×

A 514 □□ 保佐人は、被保佐人の保護者であり、民法所定の行為につき同意権を有するほか（13条1項）、家庭裁判所の審判により特定の法律行為について代理権を付与されることがある（876条の4）。 ○

A 515 □□ 自然人ばかりでなく、法人も未成年後見人となる資格がある。 ×

Q516 □□ 【平17】

補助人が選任されている場合においても、家庭裁判所は、必要があると認めるときは、さらに補助人を選任することができる。

★

Q517 □□ 【平23】

未成年者であるBが親権者の同意を得ずにAから金銭を借り入れたが、後に当該金銭消費貸借契約が取り消された場合、BはAに対し、受領した金銭につき現存利益のみを返還すれば足りる。

★★

Q518 □□ 【平21改】

Aは被保佐人であるBとの間で、Bの所有する不動産を購入する契約を締結したが、後日Bが制限行為能力者であることを知った。Aは、1か月以上の期間を定めて、Bに対し保佐人の追認を得るべき旨を催告したが、所定の期間を過ぎても追認を得た旨の通知がない。この場合、その行為は追認されたものとみなされる。

★

Q519 □□ 【令2】

制限行為能力者が、相手方に制限行為能力者であることを黙秘して法律行為を行った場合であっても、それが他の言動と相まって相手方を誤信させ、または誤信を強めたものと認められるときは、詐術にあたる。

Q520 □□ 【平18】

日本に住所を有しない外国人は、日本における居所をその者の住所とみなすことはできない。

A 516 □□ 家庭裁判所は、必要があると認めるときは、複数の補助人を選任することができる（876条の7第2項）。 ○

A 517 □□ 制限行為能力者は、現に利益を受けている限度において、返還の義務を負う（121条の2第3項後段）。 ○

A 518 □□ Bが期間内に確答を発しない場合、その行為を取り消したものとみなされる（20条4項）。なお、Bが行為能力者となった後に、1か月以上の期間を定めて、追認するかどうかを確答すべき旨の催告をしたが、その期間内に確答がなかった場合には追認したものとみなされる（20条1項）。 ×

A 519 □□ 制限行為能力者であることを黙秘していた場合であっても、それがその他の言動などと相まって相手方を誤信させ、または誤信を強めたときは、詐術にあたる（最判昭44.2.13）。 ○

A 520 □□ 日本に住所を有しない者は、日本人であると外国人であるとを問わず、原則として日本における居所（きょしょ）がその者の住所とみなされる（23条2項）。 ×

民法 ③ 法律行為

★
Q521
□□
【平13改】

契約の申込みは、相手方が承諾をしたならば、申し込んだ内容通りの法律効果を発生させる意思をもって行われるものであるから、意思表示といえる。

Q522
□□
【予想】

時効の更新事由となる権利の承認は、権利が存在するという事実を表明するものであるから、意思表示とはいえない。

★
Q523
□□
【平14】

心裡留保は、表意者が内心的効果意思と表示とが一致しないことを知っている場合であるが、錯誤と虚偽表示はその不一致を知らない場合である。

★★
Q524
□□
【予想】

表意者が真意ではないことを知ってした意思表示を心裡留保といい、その意思表示は原則として有効である。

★★
Q525
□□
【平22改】

Aが、差押えを免れるためにBと謀ってA所有の動産をBに譲渡したことにしていたところ、Bが事情を知らないCに売却した場合、Cに過失があるときには、Aは、Cに対してA・B間の譲渡契約の無効を主張できる。

意思の不存在および瑕疵ある意思表示について押さえておきましょう。また、無権代理および表見代理についても押さえておきましょう。

A 521 □□
申し込んだ内容どおりの法律効果を発生させる意思をもって行われるものであるから、意思表示である。 ○

A 522 □□
権利の承認（152条）は、一定の事実の通知である「観念の通知」とよばれるもので、意思表示ではない。 ○

A 523 □□
虚偽表示は、表意者が内心的効果意思と表示の不一致を知っている場合である。 ×

A 524 □□
心裡留保は、原則として有効であるが、相手方が表意者の真意ではないことを知り、または知ることができたときは無効とされる（93条1項）。 ○

A 525 □□
ＡＢ間の虚偽表示に基づく契約は、当事者間では無効であるが（94条1項）、その無効は善意の第三者に対抗できない（94条2項）。虚偽表示につき善意であれば、過失があってもかまわない。 ×

★★
Q526
□□
【平20改】

AがBと通謀して、A所有の甲土地の仮装売買を行った場合、Bの一般債権者CがAB間の仮装売買について善意のときは、Aは、Cに対して、Cの甲土地に対する差押えの前であっても、AB間の売買の無効を対抗することができない。

★★
Q527
□□
【予想】

表意者が法律行為の基礎とした事情についてのその認識が真実に反する錯誤に基づく意思表示の取消しは、その事情が法律行為の基礎とされていることが表示されていたときに限り、することができる。

★★
Q528
□□
【予想】

第三者の強迫による意思表示は、意思表示の相手方が強迫の事実について善意無過失である場合は、取り消すことができない。

Q529
□□
【予想】

復代理人は、本人および第三者に対して、その権限の範囲内において、代理人と同一の権利を有し、義務を負う。

★
Q530
□□
【予想】

代理権は、代理人の死亡によっては消滅せず、代理人の相続人がこれを相続する。

A 526 □□

ＡＢ間の虚偽表示に基づく契約は無効であるが、その無効を善意の第三者に対抗できない（94条2項）。そして、虚偽表示の対象となった不動産を差し押さえた一般債権者は、この第三者にあたるが、差押えをしていない一般債権者は第三者にあたらない。 ×

A 527 □□

表意者が法律行為の基礎とした事情についてのその認識が真実に反する錯誤（いわゆる動機の錯誤）に基づく意思表示の取消しは、その事情が法律行為の基礎とされていることが表示されていたときに限り、することができる（95条2項）。 ○

A 528 □□

第三者の詐欺（96条2項）と異なり、第三者の強迫は、相手方が善意無過失であっても、取り消すことができる。 ×

A 529 □□

代理人が復代理人を選任した場合、復代理人は、本人および第三者に対して、その権限の範囲内において、代理人と同一の権利を有し、義務を負う（106条2項）。 ○

A 530 □□

代理人の死亡は、代理権の消滅事由である（111条1項2号）。 ×

★★
Q531 □□ 【令1】

無権代理行為につき、相手方はこれを取り消すことができるが、この取消しは本人が追認しない間に行わなければならない。

Q532 □□ 【令1】

無権代理行為につき、相手方が本人に対し、相当の期間を定めてその期間内に追認するかどうかを確答すべき旨の催告を行った場合において、本人が確答をしないときは、追認を拒絶したものとみなされる。

★
Q533 □□ 【予想】

無権代理行為の追認は、当事者間に別段の意思表示がなければ、契約の時にさかのぼってその効力を生ずる。

★
Q534 □□ 【平20改】

本人が無権代理行為を追認も追認拒絶もしないまま死亡し無権代理人が本人を相続した場合、共同相続人の有無にかかわらず、無権代理行為は当然に有効となる。

★
Q535 □□ 【平20改】

無権代理の相手方は本人の追認の後であっても、無権代理による契約を取り消すことができる。

A 531 □□ 代理権を有しない者がした契約は、本人が追認をしない間は、相手方が取り消すことができる（115条本文）。なお、相手方が悪意であれば、取消権は認められない（115条ただし書）。 ○

A 532 □□ 無権代理行為の相手方から追認するか否かの催告を受けた場合において、本人が相当の期間内に確答しなかったときは、追認を拒絶したものとみなされる（114条）。 ○

A 533 □□ 追認は、別段の意思表示がないときは、契約の時にさかのぼってその効力を生ずる（116条本文）。 ○

A 534 □□ 無権代理人が、本人を単独相続した場合は、信義則上、追認を拒絶できず、当然に有効となるが、他の相続人と共同相続した場合には、他の共同相続人も含めて全員が追認しない限り、当然に有効とはならない。 ×

A 535 □□ 無権代理の相手方は、本人が追認をしない間は、無権代理による契約を取り消すことができるが（115条本文）、本人が追認すると相手方の取消権は消滅する。 ×

Q536 ★★ □□ 【予想】

Aは、Bから代理権を与えられていないことを知りながら、Bの代理人と称して、B所有の土地をCに売却した。この場合、Cは、Aに代理権のないことを過失によって知らなかったとしても、無権代理を行ったAに対して無権代理人としての責任を追及できる。

Q537 ★★ □□ 【予想】

本人が実際に代理権を与えていない者に委任状のみを交付したとしても、委任状を交付された者が行った行為について表見代理が成立することはない。

Q538 ★★ □□ 【予想】

代理人が権限外の行為をした場合、本人は、無権代理人が相手方との間でした行為について、その責任を負うことはない。

Q539 ★ □□ 【予想】

本人は、代理権の消滅後にその代理権の範囲内において代理人であった者が相手方との間でした行為について、当該相手方が代理権の消滅の事実を過失により知らなかったときは、当該相手方に対してその責任を負わない。

Q540 □□ 【予想】

取り消された行為は、初めから無効であったものと推定される。

A 536 □□ 無権代理の相手方が無権代理人に責任を追及するには、原則として、善意かつ無過失であることが必要であるが、無権代理人が自己に代理権がないことを知っていたときは、この限りでない（117条2項2号）。 ○

A 537 □□ 実際に代理権を与えていなくても、委任状の交付など代理権を与えたとの表示をすると、代理権授与の表示による表見代理（109条1項）が成立する場合がある。 ×

A 538 □□ 代理人が権限外の行為をした場合において、第三者が代理人の権限があると信ずべき正当な理由があるときは、本人は、無権代理人が相手方との間でした行為について、その責任を負う（110条）。 ×

A 539 □□ 他人に代理権を与えた者は、代理権の消滅後にその代理権の範囲内においてその他人が第三者との間でした行為について、代理権の消滅の事実を知らなかった第三者に対してその責任を負うが、第三者が過失によってその事実を知らなかったときは、この限りでない（112条1項）。 ○

A 540 □□ 取り消された行為は、初めから無効であったものとみなされる（121条）。 ×

Q541 □□ 【予想】

取り消すことができる行為は、取消権者が追認したときは、以後、取り消すことができない。

★ **Q542** □□ 【予想】

単独行為に条件をつけるのは、相手方の地位を一方的に不安定にするため許されない。したがって、債務免除についても条件をつけることはできない。

Q543 □□ 【予想】

条件成就によって不利益を受けるべき当事者が、故意または過失によりその条件の成就を妨げた場合には、その条件は成就したものとみなされる。

Q544 □□ 【予想】

停止条件付き法律行為は、その行為の時点で条件の不成就が確定しているときは無条件となる。

★★ **Q545** □□ 【予想】

AはBに、100万円を融資し、弁済期は1年後と定めた。この場合、半年後に、Bが破産手続開始の決定を受けたときであっても、契約に期限の利益の喪失条項を定めていなければ、民法上、Aは、期限が到来するまで、弁済を請求することはできない。

A 541 □□
取り消すことができる行為は、民法所定の取消権者が追認したときは、以後、取り消すことができない（122条）。 ○

A 542 □□
単独行為に条件をつけるのは、相手方の地位を一方的に不安定にするため許されないのが原則であるが、債務免除の場合、相手方を不利益にするおそれはないので、条件をつけることができる。 ×

A 543 □□
故意による場合のみ条件が成就したものとみなされ（130条1項）、過失の場合には条件は成就したものとみなされない。 ×

A 544 □□
停止条件付き法律行為がその行為の時点で条件の不成就が確定しているときは無効となり、解除条件付き法律行為がその行為の時点で条件の不成就が確定しているときは無条件となる（131条2項）。 ×

A 545 □□
民法上、債務者が破産手続開始の決定を受けた場合には当然に期限の利益を失う（137条1号）。 ×

民法 ④ 時効

★

Q546 □□ 【令1】

保証人や連帯保証人は、主たる債務の消滅時効を援用することはできるが、物上保証人や抵当不動産の第三取得者は、被担保債権の消滅時効を援用することはできない。

Q547 □□ 【予想】

債権者が債務者に対し裁判上の請求を行った場合に、確定判決または確定判決と同一の効力を有するものによって権利が確定することなく当該裁判上の請求が終了したときは、その終了の時から６か月を経過するまでの間は、時効は、完成しない。

★

Q548 □□ 【予想】

時効の完成猶予があった後、時効の更新がなされる場合、時効は新たに進行を開始するのではなく、時効の更新時における残りの時効期間を経過することによって完成する。

Q549 □□ 【予想】

ＡがＢに対して有する売買代金債権の消滅時効について、Ｂが１年間海外に出張しており国内にいなかった期間は、時効は完成しない。

★★

Q550 □□ 【予想】

他人の物を占有している者が悪意である場合、時効によりその所有権を取得することはできない。

消滅時効および取得時効がどのようなものか、また、どのような要件を満たせば成立するか、押さえておきましょう。

A 546 □□ 消滅時効を援用することができる当事者には、保証人、物上保証人、第三取得者その他権利の消滅について正当な利益を有する者が含まれる（145条かっこ書）。 ×

A 547 □□ 裁判上の請求があった場合に、確定判決または確定判決と同一の効力を有するものによって権利が確定することなく当該裁判上の請求が終了したときは、その終了の時から6か月を経過するまでの間は、時効は完成しない（147条1項）。 ○

A 548 □□ 時効の更新は、一定の事由（更新事由）が発生した場合に、それまでに経過した時効期間を断ち切り、新たな時効期間の進行が開始する制度である（147条、148条）。 ×

A 549 □□ 民法は時効の完成猶予を定めているが（147条以下）、海外出張中の国内不在はその対象となっていない。 ×

A 550 □□ 20年間、所有の意思をもって、平穏に、かつ、公然と他人の物を占有した者は、悪意であっても、時効によりその所有権を取得する（162条1項）。 ×

★
Q551
□□
【予想】

動産については、即時取得により所有権を取得することができるが、時効により所有権を取得することはできない。

★
Q552
□□
【予想】

取得時効に関して、所有の意思をもって平穏かつ公然に他人の土地を占有しているAが、２年間ここに居住した後、それをBに賃貸し、引き続き、賃借人Bが18年間、賃借し続けた場合であっても、Aが当該土地の所有権を時効取得することはない。

★★
Q553
□□
【令5】

不法行為による損害賠償請求権以外の債権（人の生命又は身体の侵害による損害賠償請求権を除く）は、その権利について行使することができることを知らない場合でも、その権利を行使できる時から10年間行使しないときには、時効によって消滅する。

★
Q554
□□
【予想】

確定判決により確定し、かつ確定当時にすでに弁済期の到来している権利の消滅時効期間は、10年より短い時効期間の定めがあるものであっても、10年とされる。

Q555
□□
【予想】

土地を所有する者が、一定期間その土地を占有していなかった場合には、その土地の所有権は時効により消滅する。

A 551 □□ 動産の所有権も時効取得の対象となる（162条）。 ×

A 552 □□ 占有権は、代理人によっても取得することができるので（181条）、AはBを介して18年間土地の占有を継続したことになり、その間占有を失ったことにはならず、当該土地の所有権を時効取得することができる（162条1項）。 ×

A 553 □□ 債権は、債権者が権利を行使することができることを知った時から5年間行使しない場合のほか、権利を行使することができる時から10年間行使しない場合にも、時効によって消滅する（166条1項）。 ○

A 554 □□ 確定判決により確定した権利の消滅時効期間は、10年より短い時効期間の定めがあるものでも一律に10年となる（169条）。 ○

A 555 □□ 所有権は、消滅時効の対象とはならない（166条参照）。ただし、所有者の土地を第三者が時効取得することにより（162条）反射的に所有権を失うことはあるが、それは時効により消滅したわけではないため、注意すること。 ×

民法 ⑤ 物権変動

★★
Q556
□□
【予想】

土地の譲渡人が所有権移転登記をなす前に死亡した場合、当該土地の譲受人は、当該譲渡人を単独で相続した相続人に対し、登記なくして当該土地の所有権の取得を対抗することができる。

★★
Q557
□□
【予想】

A所有の土地が、AからB、BからCへと譲渡された場合、登記がA名義のままでも、CはAにその土地の所有権を主張することができる。

★★
Q558
□□
【予想】

A所有の甲地がBに譲渡され、その後にAがAB間の譲渡の事実を知っているCに甲地を譲渡してCに所有権移転登記がされた場合、Bは登記なくして甲地の所有権をCに対抗することができる。

★★
Q559
□□
【令1】

Dは自己所有の乙機械をEに賃貸し、Eはその引渡しを受けて使用収益を開始したが、Dは賃貸借期間の途中でFに対して乙機械を譲渡した。FがEに対して所有権に基づいて乙機械の引渡しを求めた場合には、Eは乙機械の動産賃借権をもってFに対抗することができないため、D・F間において乙機械に関する指図による占有移転が行われていなかったとしても、EはFの請求に応じなければならない。

★★
Q560
□□
【予想】

AからBに不動産の売却が行われ、Bはこれをさらに Cに転売したところ、AがBの詐欺を理由に売買契約を取り消した場合に、Cは善意無過失であれば登記を備えなくても保護される。

不動産物権変動の対抗要件について、登記なくして対抗することができる第三者と、登記が必要な物権変動を押さえておきましょう。

A 556 □□ 「第三者」とは、一般に、当事者およびその包括承継人以外の者をいうが、相続人は当事者の包括承継人であるため、民法177条の「第三者」に当たらない。 ○

A 557 □□ 本問において、AとCは所有権の帰属を争う対抗関係になく、Aは177条の第三者にあたらないので、CはAに登記なくして所有権を主張できる。 ○

A 558 □□ 不動産の二重譲渡の場合、177条の第三者には、譲渡の事実を知っているだけの単純悪意者も含まれるので、Bは、原則として登記なくしてCに対抗することができない。 ×

A 559 □□ 動産の賃借人は「第三者」に該当するため（大判大4.2.2）、当該動産に関する物権の譲渡を対抗するためには、当該動産の引渡しが必要である（178条）。本問のFは、乙機械に関する指図による占有移転を受けていないため、乙機械の譲渡をEに対抗することができない。 ×

A 560 □□ 詐欺による意思表示の取消しは善意無過失の第三者に対抗できない（96条3項）。この第三者は善意無過失であればよく、登記を備える必要はないとされている。 ○

★★
Q561
□□
【予想】

ＡからＢに不動産の売却が行われた後に、ＡがＢの詐欺を理由に売買契約を取り消したにもかかわらず、その後、Ｂがこの不動産をＣに転売してしまった場合に、Ｃは善意無過失であっても登記を備えなければ保護されない。

★★
Q562
□□
【平17】

Ａの所有する甲土地につきＡがＢに対して売却したが、同売買契約が解除され、その後に、甲土地がＢからＣに売却された場合に、Ａは、Ｃに対して、Ｃの善意悪意を問わず、登記をしなくては所有権の復帰を対抗することはできない。

★★
Q563
□□
【予想】

被相続人が遺言をせずに死亡した場合において、共同相続人の一人が、共同相続した不動産をほかの共同相続人に無断で単独名義で登記しても、その登記はほかの共同相続人の持分について無効である。

★★
Q564
□□
【予想】

Ａが死亡し、その死亡時には、配偶者ＢおよびＢとの間の子Ｃがいる場合に、Ａがその所有する甲土地をＢに単独で相続させる旨の遺言をしていたが、Ｃが、甲土地につき共同相続登記をした上で、Ｃ名義の甲土地の２分の１の持分を第三者Ｄに譲渡し、その旨の所有権移転登記を経た。この場合、Ｂは、Ｄに対し、甲土地全部の所有権取得を対抗することができる。

★★
Q565
□□
【予想】

遺産分割により法定相続分を超えて不動産を取得した相続人は、登記なくして第三者に法定相続分を超えて不動産を取得したことを対抗できる。

A 561 □□ 詐欺による意思表示の取消しを対抗できない第三者とは、取消し以前に新たに利害関係に入った者に限られ、本問のような取消し後に現れた第三者は含まれない。詐欺により取消しを主張する者と、取消し後の第三者は、対抗関係に立つので、先に登記を備えたほうが所有権を取得する（177条）。 ○

A 562 □□ 売買契約が解除された場合、解除によって土地を取り戻すAと、解除後に土地を取得したCとは、177条の対抗関係に立つので、善意悪意を問わず、先に登記を備えた者が優先する。 ○

A 563 □□ 法定相続の場合に、共同相続人の一人が、共同相続した不動産につきほかの共同相続人に無断で単独名義で登記をしても、ほかの共同相続人の持分については無権利の登記であり、無効である。 ○

A 564 □□ Bは、甲土地の所有権取得に関し、法定相続分を超える部分については、登記を備えなければ、Dに対抗することができない（899条の2第1項）。 ×

A 565 □□ 相続による権利の承継は、遺産の分割によるものかどうかにかかわらず、法定相続分を超える部分については、登記、登録その他の対抗要件を備えなければ、第三者に対抗することができない（899条の2第1項）。 ×

★★
Q566
□□
【平17】
Aの所有する甲土地につきAがBに対して売却し、Bは、その後10年以上にわたり占有を継続して現在に至っているが、Bが占有を開始してから5年が経過したときにAが甲土地をCに売却した場合に、Bは、Cに対して登記をしなくては時効による所有権の取得を対抗することはできない。

Q567
□□
【令1】
Gは自己所有の丙機械をHに寄託し、Hがその引渡しを受けて保管していたところ、GはIに対して丙機械を譲渡した。この場合に、HがGに代って一時丙機械を保管するに過ぎないときには、Hは、G・I間の譲渡を否認するにつき正当な利害関係を有していないので、Iの所有権に基づく引渡しの請求に応じなければならない。

★★
Q568
□□
【予想】
動産の物権変動の対抗要件は、民法上、引渡しである。

★★
Q569
□□
【平17改】
Aがその所有する建物をCに賃貸していたところ、Cがその建物を自己の所有する建物としてBに売却した場合、Bは即時取得によりその所有権を取得する。

★
Q570
□□
【平17改】
Aの所有する自転車をCが借りた後に駅前駐輪場に停めていたところ、Bがその自転車を自己の自転車と誤信して、その自転車の使用を継続した場合、Bは即時取得によりその所有権を取得する。

A 566 □□

Cは Bの取得時効が完成する前に甲土地を取得しており、時効完成時点でCは時効による権利変動の当事者である。したがって、Cは177条の第三者にあたらず、Bは登記なくしてCに時効による甲土地の所有権取得を対抗することができる。 ×

A 567 □□

最高裁は、寄託により動産を一時保管しているに過ぎない者は、正当の利害関係を有するものということはできず、178条にいう第三者に該当しないと判示した（最判昭29.8.31）。 ○

A 568 □□

引渡しについては、現実の引渡し、簡易の引渡し、占有改定および指図による占有移転の4種の方法が認められている。 ○

A 569 □□

即時取得の対象となるのは、動産だけである（192条）。不動産は、即時取得の対象にならない。 ×

A 570 □□

即時取得が成立するには、動産の取得が取引行為によらなければならず（192条）、本問のように自転車を自己の物と誤信して使用しても、即時取得は成立しない。 ×

★★
Q571 □□ 【令2】

即時取得が成立するためには占有の取得が必要であるが、この占有の取得には、外観上従来の占有事実の状態に変更を来たさない、占有改定による占有の取得は含まれない。

Q572 □□ 【予想】

判例によって、立木の物権変動の対抗要件として「明認方法」が認められており、この明認方法によって、所有権および抵当権が公示される。

Q573 □□ 【予想】

立木がその地盤とともに譲渡された場合、譲受人が立木のみに明認方法を施しただけでは、土地の二重譲受人に対して、立木の所有権を対抗することはできない。

★
Q574 □□ 【予想】

A所有の甲土地に、Bが一番抵当権、Cが二番抵当権を有している場合、BがAから甲土地を取得すると、Bの一番抵当権は混同により消滅する。

★★
Q575 □□ 【予想】

動産を占有する者が、その動産の所有権を取得すると、占有権は混同により消滅する。

A 571 □□ 占有改定は、外からみて占有が他人に移転したとわからないため、即時取得の要件である占有取得には含まれない。 ○

A 572 □□ 判例が対抗要件として明認方法を認めているのは、所有権についての物権変動のみである。 ×

A 573 □□ 判例によれば、立木が地盤とともに譲渡された場合には、土地の所有権移転登記をしていなければ、立木についての所有権も対抗できないとされている（大判昭 9.12.28、大判昭 14.3.31）。 ○

A 574 □□ 混同の例外で、Ｂの一番抵当権は消滅しない（179条１項ただし書）。もし混同で消滅すれば、Ｃの二番抵当権が一番抵当権となり、Ｂの権利が著しく害されるからである。 ×

A 575 □□ 占有権は、占有の事実を保護する権利であるから、他のすべての権利に対して独自の存在意義をもつ。よって、混同で消滅することはない。 ×

民法 ⑥ さまざまな物権

★★
Q576 □□ 【予想】

占有権は、自己のためにする意思をもって物を所持することによって成立する。

★
Q577 □□ 【平14】

土地の所有者が自己所有地を他人に賃貸して土地を引き渡した場合、土地の占有権は賃借人に移転するから、所有者は土地の占有権を失う。

Q578 □□ 【予想】

土地の所有者は、隣地の竹木の枝および根が境界線を越えた場合、隣地の所有者の承諾を得ずに自らその竹木の枝および根を切り取ることができる。

Q579 □□ 【平18】

Aの所有する動産とBの所有する動産が付合して分離することが不可能になった場合において、両動産について主従の区別をすることができないときには、AとBは、当然に相等しい割合でその合成物を共有するものとみなす。

★
Q580 □□ 【平18】

Aは、所有者のいない動産を所有の意思をもって占有を始めた場合に、その動産の所有権を取得する。

一つの物を複数人で所有する、共有に関する規定を押さえておきましょう。

A 576 □□

占有権は、占有、すなわち自己のためにする意思をもって物を所持することにより成立し（180条）、この物を所持している状態を保護する点で他の物権と異なる。 ○

A 577 □□

賃借人は、直接占有者であるが、賃貸人も、賃借人を介して間接占有している（181条）。したがって、賃貸人である所有者は占有権を失わない。 ×

A 578 □□

境界線を越えた隣地の竹木の根は、切り取ることができる。これに対し、境界線を越えた隣地の竹木の枝は、竹木の所有者に切除を催告したが相当の期間内に切除しない等の一定の場合に限り、切り取ることができる（233条）。 ×

A 579 □□

所有者が異なる二つ以上の動産が付合した場合、その付合した動産の主従の区別がつかない場合には、その付合の時における価格の割合に応じてその合成物を共有することになる（244条）。 ×

A 580 □□

所有者のいない動産を所有の意思をもって占有を始めた者は、その動産の所有権を取得する（239条1項）。 ○

★
Q581 □□【予想】

所有者のいない不動産を所有の意思をもって占有し始めた者は、その不動産の所有権を取得する。

★★
Q582 □□【予想】

各共有者は、他の共有者の同意を得なければ、共有物の形状または効用の著しい変更を伴わないものであっても、共有物に変更を加えることができない。

★★
Q583 □□【予想】

共有物について、５年を超えない期間内は分割をしない旨の契約をすることができるが、その契約を更新することは認められない。

★
Q584 □□【予想】

地上権は、他人の土地において工作物または竹木を所有するため、その土地を利用する物権である。

Q585 □□【予想】

地役権者が、その有する地役権の一部を行使しないときは、地役権はその行使しない部分についてのみ時効によって消滅する。

A 581 □□ 無主物が不動産である場合、当該不動産は国庫に帰属、つまり国の所有となる（239条2項）。 ×

A 582 □□ 各共有者は、他の共有者の同意を得なければ、共有物に変更を加えることができないが、その形状または効用の著しい変更を伴わないものは除かれる（251条1項）。 ×

A 583 □□ 共有物の不分割の特約は、更新することが認められている（256条2項）。 ×

A 584 □□ 地上権は、用益物権、すなわち他人の物を利用することを内容とする物権の一つであり、工作物や竹木を所有するため、他人の土地を利用する権利である（265条）。 ○

A 585 □□ 地役権者がその権利の一部を行使しないときは、その部分のみが時効によって消滅する（293条）。 ○

⑦ 担保物権

★
Q586
□□
【平27】

Aは自己所有の建物をBに売却し登記をBに移転した上で、建物の引渡しは代金と引換えにすることを約していたが、Bが代金を支払わないうちにCに当該建物を転売し移転登記を済ませてしまった場合、Aは、Cからの建物引渡請求に対して、Bに対する代金債権を保全するために留置権を行使することができる。

Q587
□□
【予想】

造作買取請求権を行使して生じた代金債権は、建物に関して生じた債権であるため、賃借人はその弁済を受けるまで建物を留置することができる。

★
Q588
□□
【平19改】

Aは、Bから建物を賃借し、その建物内に電気製品等を備え付けている。Aがその所有物である電気製品をCに売って引き渡した場合に、Aが賃料を滞納していても、Bは、電気製品について先取特権を行使することはできない。

★★
Q589
□□
【平19改】

Aは、Bから建物を賃借し、その建物内に電気製品等を備え付けている。Aがその所有物である電気製品をCに売った場合に、Aの取得する売買代金について、Bは、Cの支払い前に差押えをすれば、先取特権を行使することができる。

★
Q590
□□
【予想】

質権を設定することができる目的物は、動産と債権であり、不動産には質権を設定することができない。

担保物権については抵当権が中心です。特に抵当権と利用権の調整のために設けられた制度についてはきちんと押さえておくようにしましょう。

A 586 □□

留置権は、物権であり、対世的効力が認められるため、債務者から目的物の所有権を譲り受けた第三者にも対抗できる。 ○

A 587 □□

造作買取請求権を行使して生じた代金債権は、造作に関して生じた債権であって、建物に関して生じた債権ではないので、賃借人は建物を留置することはできない。 ×

□□

Aは建物の賃料を滞納しているため、BはAがその建物に備え付けた動産について先取特権を有している（311条1号、312条、313条2項）。しかし、先取特権は債務者が目的物を第三取得者に引き渡した後は行使することができないところ（333条）、Aは電気製品をCに売って引き渡してしまっているので、Bはもはやこれを行使することができない。 ○

□□

先取特権には、物上代位が認められるが、そのためには、先取特権者が、金銭の支払い前に差押えをしなければならない（304条1項）。 ○

□□

質権を設定することのできる目的物は、動産と債権に限られず、不動産も目的物とすることができる（356条）。 ×

Q591 □□ 【予想】

抵当権の効力は、抵当不動産の差押えがあったときは、その後に抵当不動産から生じた果実に及ぶ。

★

Q592 □□ 【平30】

抵当権者が、被担保債権について利息および遅延損害金を請求する権利を有するときは、抵当権者は、原則として、それらの全額について優先弁済権を行使することができる。

Q593 □□ 【予想】

Aは、自己の所有する甲土地にBのために抵当権を設定した後、甲土地上に乙建物を築造した。Bは、Aに対し、抵当権侵害を理由として、乙建物の収去を求めることができる。

★★

Q594 □□ 【平13改】

債務者所有の土地への抵当権設定当時、土地上に債務者所有の建物が建っていたが、その後債務者が建物を第三者に譲渡し、第三者のために土地に賃借権を設定した。この後、抵当権が実行されても、この建物のために法定地上権は成立しない。

★★

Q595 □□ 【平13改】

一番抵当権設定当時、目的物である土地は更地であったが、二番抵当権設定の前に土地上に建物が建てられた場合、その後抵当権が実行されたときは、この建物のために法定地上権が成立する。

A 591 □□

抵当権の効力は、その担保する債権について不履行があったときは、その後に生じた抵当不動産の果実に及ぶとされる（371条）のであって、差押えの後に生じた果実に限られない。 ×

A 592 □□

抵当権者は、被担保債権について利息その他の定期金を請求する権利を有するときは、原則として、その満期となった最後の２年分についてのみ、優先弁済権を行使することができる。また、抵当権者が有する債務不履行に基づく損害賠償請求権も、同様に、原則として、最後の２年分についてのみ、優先弁済権を行使することができる（375条）。 ×

A 593 □□

抵当権設定者が抵当権の目的物である土地に建物を築造する行為は、通常の利用方法にあたり、抵当権者は妨害排除請求をすることはできない。 ×

A 594 □□

抵当権設定当時に、土地とその土地上の建物が同一の所有者に属していれば、その後土地または建物が譲渡されても、法定地上権は成立しうる。 ×

A 595 □□

法定地上権が成立するためには、抵当権設定当時、土地上に建物が存在しなければならないが、この抵当権は一番抵当権を基準とする。よって、一番抵当権設定当時更地だった本問では、建物のために法定地上権は成立しない。 ×

★

Q596

□□

【平16】

抵当権設定後に抵当地に建物が築造された場合に、その建物が抵当権設定者以外の者によって築造されたときは、土地の抵当権者は、抵当地と共に一括してその建物を競売することはできない。

★★

Q597

□□

【平16改】

抵当権者に対抗することができない賃貸借に基づく抵当建物の占有者が、競売手続の開始前よりその建物の使用または収益をなしているときは、建物の占有者は、建物の競売による買受けの時から6か月間は、買受人に対して建物を引き渡すことを要しない。

★

Q598

□□

【予想】

抵当建物使用者が、競売における買受人への引渡しの猶予を受けている場合、当該抵当建物使用者は、明渡しまでの使用の対価を支払う必要はない。

★★

Q599

□□

【平16】

登記された賃貸借は、その登記前に抵当権の登記をしている抵当権者のすべてが、その賃借権に対抗力を与えることに同意し、かつ、その同意の登記があるときは、その同意をした抵当権者に対抗することができる。

★★

Q600

□□

【平20改】

抵当権設定登記後に抵当権設定者が同抵当建物を賃貸した場合、対抗要件を備えた短期の賃貸借であっても、賃借人は抵当権実行による買受人に対抗できない。

A 596 □□ 一括競売は、抵当権設定登記後に抵当地に建物が築造されていればよく、その建物が抵当権設定者により築造されたか否かは問わない（389条1項本文）。 ×

A 597 □□ 抵当権者に対抗できない賃借人を保護するために、建物の競売による買受けの時から6か月間、引渡猶予期間が設けられている（395条1項）。 ○

A 598 □□ 抵当建物使用者が、引渡しの猶予を受けている場合、引渡しまでの使用の対価を支払わなければならない（395条）。 ×

A 599 □□ 抵当権の目的物について、抵当権と利用権の調整を図るため、同意の登記の制度（387条）が設けられている。 ○

A 600 □□ 賃借人と抵当権者とは対抗関係になり、先に登記を備えた抵当権者に賃借人は対抗できない（177条）。よって、賃借人は、その抵当権が実行されたことにより抵当目的物を取得した買受人にも対抗できない。 ○

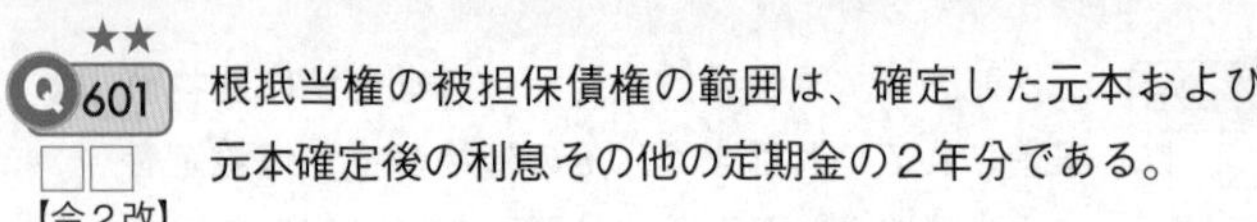
★★
Q601
□□
【令２改】

根抵当権の被担保債権の範囲は、確定した元本および元本確定後の利息その他の定期金の２年分である。

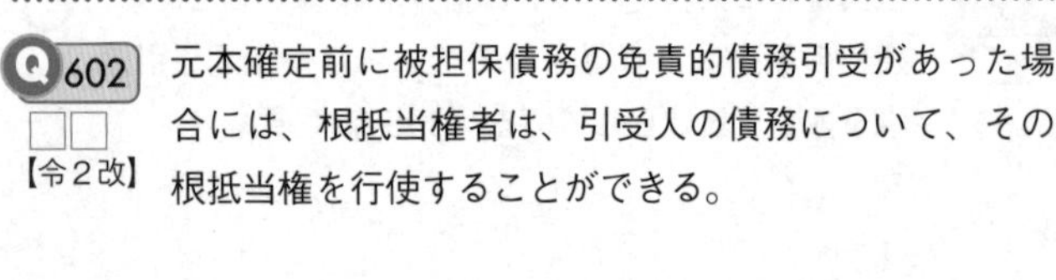

Q602
□□
【令２改】

元本確定前に被担保債務の免責的債務引受があった場合には、根抵当権者は、引受人の債務について、その根抵当権を行使することができる。

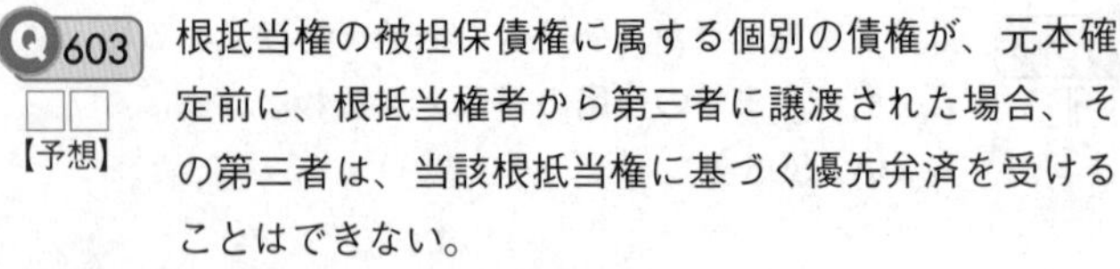

Q603
□□
【予想】

根抵当権の被担保債権に属する個別の債権が、元本確定前に、根抵当権者から第三者に譲渡された場合、その第三者は、当該根抵当権に基づく優先弁済を受けることはできない。

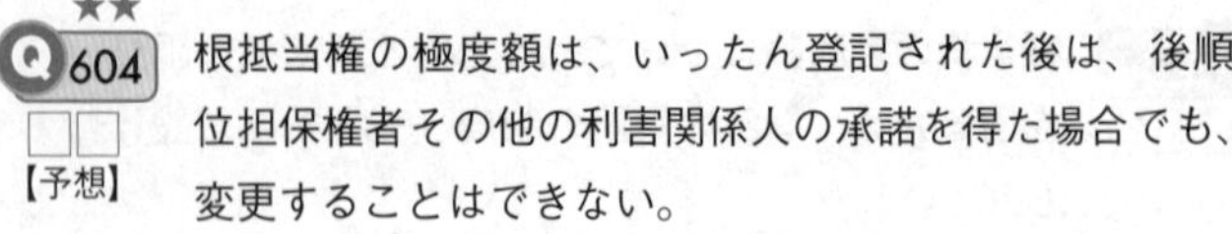
★★
Q604
□□
【予想】

根抵当権の極度額は、いったん登記された後は、後順位担保権者その他の利害関係人の承諾を得た場合でも、変更することはできない。

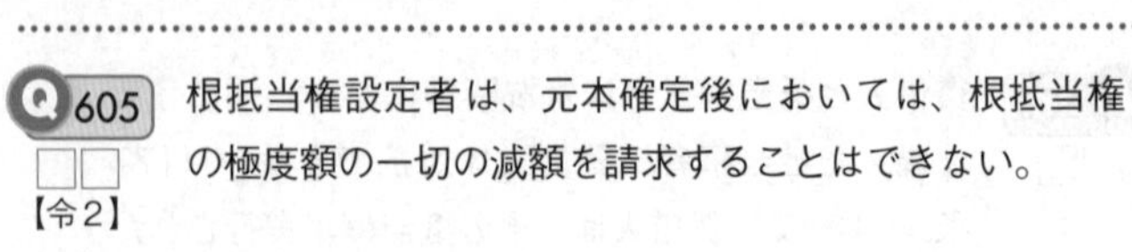

Q605
□□
【令２】

根抵当権設定者は、元本確定後においては、根抵当権の極度額の一切の減額を請求することはできない。

A 601 □□ 根抵当権者は、確定した元本ならびに利息その他の定期金および債務の不履行によって生じた損害の賠償の全部について、極度額を限度として、その根抵当権を行使することができ（398条の3第1項）、本問のような制限はない。 ×

A 602 □□ 元本の確定前に免責的債務引受があった場合における債権者は、472条の4第1項の規定にかかわらず、根抵当権を引受人が負担する債務に移すことができない（398条の7第3項）。 ×

A 603 □□ 元本確定前に根抵当権者より債権を取得した者は、その債権について根抵当権を実行することはできない（398条の7第1項前段）。つまり、根抵当権は、確定前は随伴性が認められない。 ○

A 604 □□ 根抵当権の極度額は、利害関係人の承諾を得れば変更することができる（398条の5）。 ×

A 605 □□ 元本の確定後においては、根抵当権設定者は、その根抵当権の極度額を、現に存する債務の額と以後2年間に生ずべき利息その他の定期金および債務の不履行による損害賠償の額とを加えた額に減額することを請求することができる（398条の21第1項）。 ×

民法 ⑧ 債務不履行

★
Q606
□□
【予想】

不確定期限がある債務については、その期限の到来した後に履行の請求を受けた時またはその期限の到来したことを知った時のいずれか早い時から履行遅滞になる。

★★
Q607
□□
【予想】

債務の履行が契約その他の債務の発生原因および取引上の社会通念に照らして不能であるときは、債権者は、その債務の履行を請求することができない。

★★
Q608
□□
【予想】

Aは、自己の所有する土地をBに売却したが、Cにもその土地を売却し、Cに登記を移転した。この場合、AがBに対して負う土地引渡債務は履行不能とならない。

★
Q609
□□
【予想】

特定物の引渡しについて、債権者が特定物の受領を拒んだ場合、債務者は、履行の提供をした時からその引渡しをするまで、自己の財産に対するのと同一の注意をもって、その特定物を保存すれば足りる。

★★
Q610
□□
【予想】

名誉毀損を理由として謝罪広告の掲載を命じる確定判決を受けた加害者が謝罪広告の掲載をしない場合、被害者は、謝罪広告について代替執行の手続による強制執行を求めることはできない。

債務不履行の種類を理解し、それぞれの成立要件と効果を押さえておきましょう。

A 606 □□

不確定期限の場合、債務者は、その期限の到来した後に履行の請求を受けた時またはその期限の到来したことを知った時のいずれか早い時から履行遅滞に陥る（412条2項）。 ○

A 607 □□

債務の履行が契約その他の債務の発生原因および取引上の社会通念に照らして不能であるとき、すなわち履行不能であるときは、債権者は、その債務の履行を請求することができない（412条の2第1項）。 ○

A 608 □□

履行が不能か否かは、契約その他の債務の発生原因および取引上の社会通念に照らして判断される（412条の2第1項）。不動産の二重譲渡の場合、移転登記により所有権移転が確定すれば、取引上の社会通念に照らし、履行不能となる。 ×

A 609 □□

債権者が債務の履行を受けることを拒み、または受けることができない場合において、その債務の目的が特定物の引渡しであるときは、債務者は、履行の提供をした時からその引渡しをするまで、自己の財産に対するのと同一の注意をもって、その物を保存すれば足りる（413条1項）。 ○

A 610 □□

謝罪広告について、単に事態の真相を告白し陳謝の意を表明するに止まる程度のものにあっては、代替執行の手続によることができる（最大判昭31.7.4）。 ×

Q611 □□ 【平19】

銀行から500万円を借り入れた企業が、返済の期限が到来したにもかかわらず、返済をしない場合は、直接強制の方法によって債務者の債務の強制的実現を図ることができる。

Q612 □□ 【平19】

画家が、顧客との間で顧客の似顔絵を描く契約を結んだにもかかわらず、似顔絵を描こうとしない場合は、直接強制の方法によって債務者の債務の強制的実現を図ることができる。

★★

Q613 □□ 【予想】

債務不履行による損害賠償の対象となるのは、債務不履行によって通常生ずべき損害であり、特別の事情によって生じた損害は対象とならない。

★★

Q614 □□ 【予想】

債務不履行による損害賠償は、別段の意思表示がないときは、金銭をもってその額を定める。

★

Q615 □□ 【予想】

債務の不履行またはこれによる損害の発生もしくは拡大に関して債権者に過失があったときは、裁判所は、これを考慮して、損害賠償の責任およびその額を定めることができる。

A 611 □□

直接強制は、債務者の意思に関係なく直接に債権内容を実現させる方法で、物の引渡しを目的とする「与える債務」で行うことができる。金銭債務は「与える債務」にあたるため、直接強制を行うことができる。 ○

A 612 □□

直接強制は、「与える債務」でのみ可能であり、絵を描くという「なす債務」では、行うことができない。 ×

A 613 □□

特別の事情によって生じた損害も、当事者がその事情を予見すべきであったときは、損害賠償の対象となる（416条2項）。 ×

A 614 □□

本問の原則を金銭賠償の原則という（417条）。 ○

A 615 □□

不法行為の被害者に過失があったときとは異なり、（722条2項参照）、債務の不履行またはこれによる損害の発生もしくは拡大に関して債権者に過失があったときは、裁判所は、これを考慮して、損害賠償の責任およびその額を定めると規定されている（418条）。 ×

★★
Q616
□□
【予想】

損害賠償請求権に関して、債務不履行の場合は、法定利率により中間利息の控除を行う旨が規定されているが、不法行為の場合は、中間利息の控除に関しては規定されていないため、中間利息の控除は行われない。

★
Q617
□□
【予想】

人の生命または身体の侵害による損害賠償請求権に関して、債務不履行の場合は、損害賠償請求権は権利者が権利を行使することができることを知った時から５年で時効により消滅するが、不法行為の場合は被害者または法定代理人が損害および加害者を知った時から３年で時効により消滅する。

★
Q618
□□
【予想】

金銭債務の不履行について、債務者が遅滞の責任を負った最初の時点における法定利率による賠償を求める場合、債権者は損害の証明をする必要がない。

★
Q619
□□
【予想】

Ａがその所有する中古車をＢに売却する売買契約を締結した。この場合、この契約に、契約違反の場合に備えて違約金が定められていたときは、賠償額の予定と推定される。

★★
Q620
□□
【予想】

双務契約において、同時履行の抗弁権を有する当事者は、相手方からその債務の弁済の提供を受けることなく自己の債務の履行の請求を受けた場合、自己の債務を履行しなくても、履行遅滞とならない。

A 616 □□

損害賠償請求権に関する中間利息の控除については、法定利率により行う旨の債務不履行に関する規定（417条の2）が、不法行為の場合に準用されている（722条1項）。 ×

A 617 □□

人の生命または身体を害する不法行為による損害賠償請求権は、被害者またはその法定代理人が損害および加害者を知った時から5年間行使しないときは、時効によって消滅する（724条の2）。 ×

A 618 □□

金銭債務の不履行について、債務者が遅滞の責任を負った最初の時点における法定利率による損害賠償請求をする場合には、債権者は損害の証明をすることを要しない（419条1項本文、2項）。 ○

A 619 □□

契約で違約金が定められている場合、賠償額の予定と推定される（420条3項）。 ○

A 620 □□

同時履行の抗弁権は、公平の観点から、相手方が履行の義務を果たすまでは、自らも履行義務を果たさないでよいとするものである（533条）。 ○

★★
Q621 □□【予想】

債務者が履行遅滞に陥った場合、債権者は、債務者に履行を催告することなく、ただちに契約を解除することができる。

★
Q622 □□【予想】

12月20日を引渡期日と定めたクリスマスツリーの売買契約が締結された場合において、買主に帰責事由がないのに、売主がクリスマスツリーの引渡しを拒んだまま12月25日が経過したときは、買主は、売主に履行の催告をすることなく、直ちに契約の解除をすることができる。

★★
Q623 □□【予想】

債務の履行の全部が不能となった場合、債権者は、原則として、債務者に履行を催告することなく、直ちに契約を解除することができる。

★
Q624 □□【予想】

Aは、Bから大豆1tを購入する契約を結び、大豆の引渡しを受けたが、引き渡された大豆は1tに不足していた。この場合、Aは、Bに対し、不足分の引渡しを請求することができる。

★★
Q625 □□【予想】

購入した食品の劣化が原因で買主が食中毒に罹患した場合、買主が食品の売買契約を解除するには、売主に対する履行の催告が必要である。

A 621 □□

定期行為の履行遅滞の場合等を除き、債務者が履行遅滞に陥った場合、債権者は、相当の期間を定めてその履行を催告し、その期間内に履行がないときは、契約を解除することができる。ただし、その期間を経過した時における債務の不履行がその契約および取引上の社会通念に照らして軽微であるときは、解除することができない（541条）。 ×

A 622 □□

契約の性質または当事者の意思表示により、特定の日時または一定の期間内に履行をしなければ契約をした目的を達することができない場合において、債務者が履行をしないでその時期を経過したときは、債権者は、債務者に催告をすることなく、直ちに契約の解除をすることができる（542条1項4号）。 ○

A 623 □□

履行不能の場合、催告をしても無意味である。したがって、債権者は債務者に催告をしなくても、契約を解除することができる（542条）。ただし、債務の不履行が債権者の帰責事由によるものであるときは、債権者は、契約の解除をすることができない（543条）。 ○

A 624 □□

本問は、不完全履行があったが追完が可能な場合であり、AはBに改めて債務の完全な履行を請求することができる（562条）。これを追完請求権という。 ○

A 625 □□

不完全履行があったが追完が不可能な場合、履行不能の場合に準じ、債権者は債務者に履行の催告をすることなく、契約を解除することができる。 ×

★★
Q626 □□ 【平28改】
債権者代位権は、債権者が債務者に属する権利を、債権者自身の権利として行使するのではなく、債務者の代理人として行使するものである。

★
Q627 □□ 【令3】
債権者は、債務者の相手方に対する債権の期限が到来していれば、自己の債務者に対する債権の期限が到来していなくても、被代位権利を行使することができる。

★★
Q628 □□ 【平17】
自動車事故の被害者Aは、加害者Bに対する損害賠償債権を保全するために、Bの資力がその債務を弁済するに十分であるか否かにかかわらず、Bが保険会社との間で締結していた自動車対人賠償責任保険契約に基づく保険金請求権を代位行使することができる。

★
Q629 □□ 【令3】
債権者が、被代位権利の行使に係る訴えを提起し、遅滞なく債務者に対し訴訟告知をした場合には、債務者は、被代位権利について、自ら取立てその他の処分をすることはできない。

Q630 □□ 【予想】
債権者は、債務者が第三者に対して有する差押禁止債権を被代位権利として、債権者代位権を行使することはできない。

債権者代位権と詐害行為取消権は、いずれも責任財産の保全を目的とする制度であることがポイントとなります。

A 626 □□ 債権者代位権は、債権者が自己の名をもって債務者の権利を行使するものであり、債務者の代理人として権利を行使するのではない。 ×

A 627 □□ 債権者は、その債権の期限が到来しない間は、保存行為を除き、被代位権利を行使することができない（423条2項）。 ×

A 628 □□ 損害賠償債権は金銭債権であるから、無資力が要件とされる。 ×

A 629 □□ 債権者が被代位権利を行使した場合であっても、債務者は、被代位権利について、自ら取立てその他の処分をすることを妨げられない（423条の5前段）。 ×

A 630 □□ 債権者は、差押えを禁じられた権利を被代位権利として、債権者代位権を行使することはできない（423条1項ただし書）。 ○

Q631 □□ 【予想】

債権者は、債権の弁済期前であっても、保存行為については、債権者代位権を行使することができる。

★ **Q632** □□ 【予想】

債権者が債務者に対して50万円の金銭債権を有する場合において、債務者が第三者に対して100万円の金銭債権を有していても、債権者は50万円の範囲でしか債権者代位権を行使することができない。

★ **Q633** □□ 【令3】

債権者は、被代位権利を行使する場合において、被代位権利が動産の引渡しを目的とするものであっても、債務者の相手方に対し、その引渡しを自己に対してすることを求めることはできない。

★ **Q634** □□ 【予想】

債権者による債権者代位権の行使に対して、第三債務者は債務者に対して主張することができる抗弁をもって対抗することができる。

★★ **Q635** □□ 【予想】

土地がAからB、BからCへと順次譲渡された場合において、いまだAからBへの土地所有権の移転登記がなされておらず、BがAに対して有する登記手続請求権を行使しないときは、Cは、当該登記手続請求権を代位行使することができる。

A 631 □□ 例外的に期限到来前に債権者代位権を行使できるのは、保存行為の場合である（423条2項）。 ○

A 632 □□ 債権者代位権は、被代位権利の目的が可分であるときは、自己の債権の額の限度においてのみ、行使することができる（423条の2）。 ○

A 633 □□ 債権者は、被代位権利を行使する場合において、被代位権利が金銭の支払いまたは動産の引渡しを目的とするものであるときは、相手方に対し、その支払いまたは引渡しを自己に対してすることを求めることができる（423条の3前段）。 ×

A 634 □□ 第三債務者たる相手方は、債務者自身が権利を行使するのとまったく同じ地位に立つため、債務者に対して主張することができる抗弁をもって代位債権者に対抗することができる（423条の4）。 ○

A 635 □□ 登記または登録をしなければ権利の得喪および変更を第三者に対抗することができない財産を譲り受けた者は、その譲渡人が第三者に対して有する登記手続または登録手続をすべきことを請求する権利を行使しないときは、その権利を代位行使することができる（423条の7）。 ○

★★

Q636 □□ 【予想】

詐害行為取消権は、債権者代位権とは異なり、裁判上でのみ行使することができる。

★★

Q637 □□ 【予想】

詐害行為取消権を行使するには、債務者が無資力であることを要する。

Q638 □□ 【予想】

相続放棄は、責任財産を積極的に減少させる行為ではなく、消極的にその増加を妨げる行為にすぎず、また、相続放棄は、身分行為であるから、他人の意思によって強制されるべきではないので、詐害行為取消権行使の対象とならない。

★

Q639 □□ 【予想】

離婚に伴う財産分与は、詐害行為取消権の行使の対象となることはない。

Q640 □□ 【予想】

債権者は、その債権が詐害行為の前の原因に基づいて生じたものであるか詐害行為の後の原因に基づいて生じたものであるかにかかわらず、詐害行為取消請求をすることができる。

A 636 □□

詐害行為取消権は、債権者が、債務者が債権者を害することを知ってした行為の取消しを裁判所に請求することを可能とするものである（424条1項本文）。 ○

A 637 □□

債務者に対する不当な干渉とならないよう、債務者の無資力が要件とされている。 ○

A 638 □□

詐害行為は、債権者を害する、財産権を目的とする行為である（424条）。相続放棄は、積極的に財産を減少させる行為ではないから「債権者を害する」行為にあたらず、また、家族法上の法律効果の発生を目的とする身分行為であるから「財産権を目的とする行為」にもあたらない（最判昭49.9.20）。 ○

A 639 □□

離婚に伴う財産分与は、法律の趣旨に反して不相応に過大であり、財産分与に仮託してなされた財産処分であると認められるような特段の事情がある場合には、詐害行為となりうる（最判平12.3.9）。 ×

A 640 □□

債権者は、その債権が詐害行為の前の原因に基づいて生じたものである場合に限り、詐害行為取消請求をすることができる（424条3項）。 ×

★
Q641 □□ 【予想】

債務者が債権者を害することを知っていれば、受益者が債権者を害することを知らなくても、債権者は詐害行為取消権を行使することができる。

★★
Q642 □□ 【予想】

債権者は、債務者に対し、弁済期の到来した500万円の金銭債権を有している。債務者は、自己の有する弁済期の到来した800万円の金銭債権を第三者に贈与し、無資力となった。この場合において、債権者は、500万円を限度として、裁判所に対し、詐害行為として債務者の贈与の取消しを請求することができる。

★
Q643 □□ 【予想】

債権者は、受益者に対する詐害行為取消請求において、債務者が受益者に対して行った贈与の取消しとともに、受益者に対し、債務者に引き渡すべき動産の返還を請求した。この場合、債権者は、受益者に対してその動産の引渡しを、自己に対してすることを求めることができる。

Q644 □□ 【予想】

詐害行為取消請求を認容する確定判決は、債務者およびそのすべての債権者に対してもその効力を有する。

Q645 □□ 【予想】

詐害行為取消請求に係る訴訟は、取消しの対象となる行為があった時から2年を経過したときは、提起することができない。

A 641 □□ 受益者がその行為の時において債権者を害することを知らなかったときは、債権者は詐害行為取消権を行使することができない（424条1項ただし書）。 ×

A 642 □□ 債権者は、詐害行為取消請求をする場合において、債務者がした行為の目的が可分であるときは、自己の債権の額の限度においてのみ、その行為の取消しを請求することができる（424条の8第1項）。 ○

A 643 □□ 債権者は、424条の6第1項前段または第2項前段の規定により受益者または転得者に対して財産の返還を請求する場合において、その返還の請求が金銭の支払いまたは動産の引渡しを求めるものであるときは、受益者に対してその支払いまたは引渡しを、転得者に対してその引渡しを、自己に対してすることを求めることができる（424条の9第1項前段）。 ○

A 644 □□ 詐害行為取消請求に係る訴えの被告は受益者または転得者であるが（424条の7第1項）、詐害行為取消請求を認容する確定判決は、債務者およびそのすべての債権者に対してもその効力を有する（425条）。 ○

A 645 □□ 詐害行為取消請求に係る訴えは、債務者が債権者を害することを知って行為をしたことを債権者が知った時から2年を経過したときは、提起することができない（426条前段）。 ×

民法 ⑩ 多数当事者の債権・債務

Q646
□□
【平20改】

A、B、C三人がDから自動車1台を購入する契約をした場合、Aは、Dに対して、A、B、C三人のために自動車の引渡しを請求することができるが、Dは、A、B、C三人のためであるとしても、Aに対してだけ自動車の引渡しをすることはできない。

Q647
□□
【予想】

複数の請負人が1棟の建物を共同で建築する旨の債務は不可分債務に当たり、注文者は、当該請負人の1人に対し、または同時にもしくは順次にすべての請負人に対し、全部または一部の履行を請求することができる。

★★
Q648
□□
【平20改】

A、B、C三人がDから自動車1台を購入する契約をし、自動車の売買代金について、A、B、Cの三人が連帯債務を負担することとした。この場合において、Aについて制限行為能力を理由に契約の取消しが認められるときには、Aの負担部分については、BおよびCも、その債務を免れる。

★★
Q649
□□
【予想】

A、B、C三人がDに対して60万円の連帯債務を負っている場合に、Dが死亡し、Aが単独でDを相続した。この場合、Aは、弁済をしたものとみなされる。

★★
Q650
□□
【予想】

連帯債務者の1人が債権者に対してその債務の承認をした場合、他の連帯債務者についても時効の更新が生じる。

保証について、保証人、債権者および主たる債務者の三者間の関係を理解しておきましょう。

A 646 □□ 本問において、自動車の引渡請求権は、共有物の引渡請求権であり、性質上不可分債権となるため、各債権者はすべての債権者のために全部または一部の履行を請求することができるし、債務者はすべての債権者のために各債権者に対して履行することができる（428条）。 ×

A 647 □□ 本問のような不可分債務には、混同の規定を除き、連帯債務の規定が準用されるため、債権者は、その不可分債務者の１人に対し、または同時にもしくは順次にすべての不可分債務者に対し、全部または一部の履行を請求することができる。 ○

A 648 □□ 連帯債務者の一人について法律行為の無効または取消しの原因があっても、他の連帯債務者の債務は、その効力を妨げられない（437条）。本問では、BとCが連帯債務を負うことになる。 ×

A 649 □□ 混同には絶対的効力が認められ、債権者との間に混同のあった連帯債務者は、弁済をしたものとみなされる（440条）。 ○

A 650 □□ 債務の承認には、原則として、相対的効力しか認められず（441条）、連帯債務者の１人が債権者に対してその債務の承認をしても、他の連帯債務者に対して時効の更新は生じない。 ×

★
Q651
□□
【予想】

AとBは、Cから土地を購入し、その代金2,000万円について連帯債務を負担することとした。この場合に、AがCに対して1,000万円の債権を有していても、Aが相殺を援用しない以上、Bは、Cに対して当該連帯債務の履行を拒むことはできない。

★
Q652
□□
【予想】

制限行為能力者は、保証人になることができない。

★
Q653
□□
【予想】

保証債務には附従性が認められるため、保証人は、その保証債務についてのみ、違約金または損害賠償の額を約定することはできない。

★
Q654
□□
【予想】

保証人は、主たる債務者が債権者に対して相殺権を有していても、債権者に対して債務の履行を拒むことはできない。

★★
Q655
□□
【予想】

AはBから1,000万円を借り受け、Aの依頼によってCおよびDがこの債務について連帯保証人となった。この債務の弁済期到来後、BがAに対してこの債務の履行を請求する訴訟を提起して勝訴し判決が確定した場合、CおよびDに対しても時効の更新の効力が生ずる。

A 651 □□

連帯債務者の一人が債権者に対して、債権を有する場合に、その債務者が相殺を援用しない間は、その債務者の負担部分の限度において、他の債務者は、債権者に対して債務の履行を拒むことができる（439条2項）。 ×

A 652 □□

保証人となる者には特に資格は必要なく、制限行為能力者でもかまわない。ただし、債務者が保証人を立てる義務のある例外的な場合には、弁済の資力があり、かつ、行為能力者であることが要件となる（450条1項）。 ×

A 653 □□

保証人は、その保証債務についてのみ、違約金または損害賠償の額を約定することができる（447条2項）。 ×

A 654 □□

主たる債務者が債権者に対して相殺権を有するときは、その行使によって主たる債務者がその債務を免れるべき限度において、保証人は、債権者に対して債務の履行を拒むことができる（457条3項）。 ×

A 655 □□

主たる債務者に対する履行の請求による時効の完成猶予および更新は、絶対的効力が認められ、保証人に対しても効力を生ずる（457条1項）。よって、保証債務の時効についても完成猶予および更新の効力が生ずる。 ○

AはBから1,000万円を借り受け、Aの依頼によってCおよびDがこの債務について連帯保証人となった。この債務の弁済期到来後、Bが、主債務者Aに請求しないでいきなりCに1,000万円を弁済せよと請求してきた場合、CはBに対してまずAに請求せよと抗弁することができる。

債権者は、自己の選択により、主たる債務者および連帯保証人の一人に対して、各別にまたは同時に、履行を請求することができる。

AはBから1,000万円借り受け、Aの依頼によってCおよびDがこの債務について連帯保証人となった。この債務の弁済期到来後、Bが、Cに1,000万円弁済せよと請求してきた場合、Cは500万円しか弁済する義務はない。

保証人が主たる債務者の委託を受けて保証をしたか否かにかかわらず、保証人の請求があったときは、債権者は、保証人に対し、遅滞なく、主たる債務の元本および主たる債務に関する利息、違約金、損害賠償その他その債務に従たるすべてのものについての不履行の有無ならびにこれらの残額およびそのうち弁済期が到来しているものの額に関する情報を提供しなければならない。

AがBに1,000万円を貸し付け、Bが負う借入金債務の連帯保証人となったCがAに対して債務の全額を適法に弁済した。この場合に、AがBから設定を受けた抵当権をCが代位行使するには、CはBの承諾を得る必要がある。

A 656 □□ 連帯保証人は、催告の抗弁権を有しないため（454条）、CはBに対してまずAに請求せよと抗弁することはできない。 ×

A 657 □□ 連帯保証の場合、債権者は主たる債務者および連帯保証人の一人に対して、全額請求することもでき、全員に同時あるいは順次に全額の請求をすることができる。 ○

A 658 □□ 連帯保証人には分別の利益が認められないため、1,000万円全額を支払う義務を負う。 ×

A 659 □□ 保証人が主たる債務者の委託を受けて保証をした場合において、保証人の請求があったときは、債権者は、保証人に対し、遅滞なく、主たる債務の元本および主たる債務に関する利息、違約金、損害賠償その他その債務に従たるすべてのものについての不履行の有無ならびにこれらの残額およびそのうち弁済期が到来しているものの額に関する情報を提供しなければならない（458条の2）。 ×

A 660 □□ 弁済をするについて正当の利益を有する者は、債務者の承諾がなくても、債権者が有する抵当権を代位行使することができる（499条、500条）。連帯保証人は、弁済をするについて正当の利益を有する。 ×

⑪ 債権譲渡

★
Q661
□□
【予想】

会社が自己が雇用する労働者に対して労働を請求する権利のように、債権者の変更により、義務や権利の内容が変わる場合は、債権を譲渡することはできない。

★
Q662
□□
【予想】

当事者が債権の譲渡を禁止する旨の意思表示をした場合、当該意思表示がされたことを知り、または重大な過失によって知らなかった譲受人その他の第三者に対しては、債務者は、譲渡人に対する弁済をもってその第三者に対抗することができる。

★
Q663
□□
【予想】

差押債権者は、原則として、譲渡制限の意思表示について善意であるか悪意であるかにかかわらず、譲渡制限の意思表示がされた債権を差し押さえ、転付命令によって移転することができる。

Q664
□□
【予想】

契約時点でまだ発生していない将来債権でも、譲渡することができる。

★★
Q665
□□
【予想】

AがBに対して有する金銭債権をCに譲渡する場合、Cが債権譲渡をBに対抗するためには、民法上、Aからの譲渡通知およびBの承諾が必要である。

債権譲渡については、債務者に対する対抗要件と債務者以外の第三者に対する対抗要件を、それぞれ整理して押さえておきましょう。

A 661 □□

債権の性質がこれを許さないときは、債権を譲渡することはできない（466条1項ただし書）。 ○

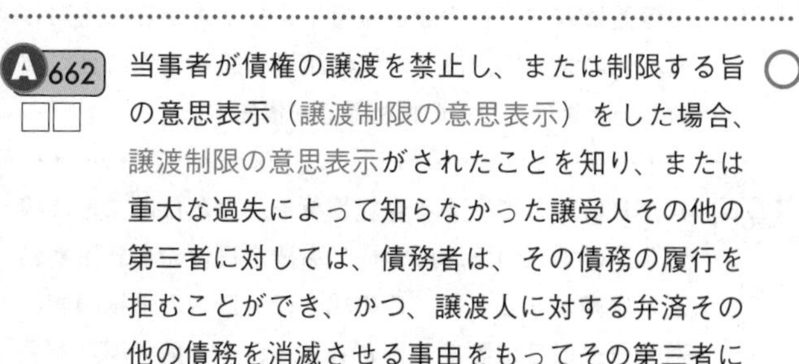

A 662 □□

当事者が債権の譲渡を禁止し、または制限する旨の意思表示（譲渡制限の意思表示）をした場合、譲渡制限の意思表示がされたことを知り、または重大な過失によって知らなかった譲受人その他の第三者に対しては、債務者は、その債務の履行を拒むことができ、かつ、譲渡人に対する弁済その他の債務を消滅させる事由をもってその第三者に対抗することができる（466条3項）。 ○

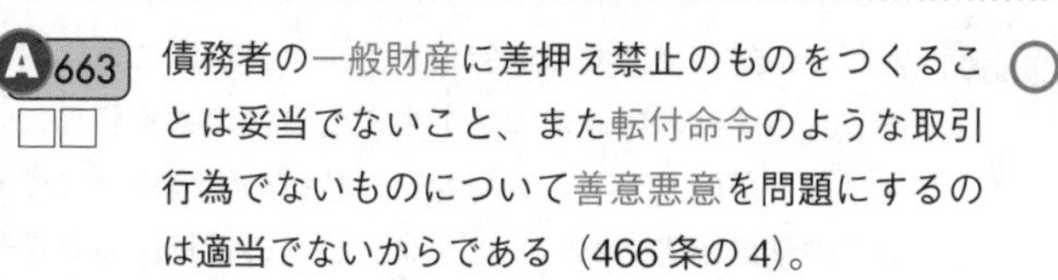

A 663 □□

債務者の一般財産に差押え禁止のものをつくることは妥当でないこと、また転付命令のような取引行為でないものについて善意悪意を問題にするのは適当でないからである（466条の4）。 ○

A 664 □□

債権の譲渡は、その意思表示の時に債権が現に発生していることを要しない（466条の6第1項）。 ○

A 665 □□

債権譲渡を債務者に対抗するには、譲渡人からの譲渡の通知または債務者の承諾があればよい（467条1項）。 ×

★
Q666
□□
【予想】

債権譲渡の通知は、債権の譲渡人から行わなければ債務者に対抗できないので、債権の譲受人が、譲渡人を代理して通知を行うことはできない。

★★
Q667
□□
【予想】

ＡがＢに対して有する金銭債権を、ＣとＤに二重に譲渡し、Ｃへの譲渡は確定日付のある証書により、Ｄへの譲渡は確定日付のない証書により、ＡがＢに通知した。この場合に、Ｄへの債権譲渡の通知が先にＢに到達したときは、Ｄへの債権譲渡が優先する。

★★
Q668
□□
【予想】

ＡがＢに対して有する金銭債権を、ＣとＤに二重に譲渡し、いずれの譲渡についても確定日付のある証書により通知がなされた。この場合に、Ｄへの債権譲渡の通知が先にＢに到達したときは、Ｄへの債権譲渡が優先する。

★★
Q669
□□
【予想】

ＡがＢに対して有する金銭債権を、ＣとＤに二重に譲渡し、いずれの譲渡についても確定日付のある証書によりＢが承諾した。この場合に、Ｄへの債権譲渡についての承諾が先であったときは、Ｄへの債権譲渡が優先する。

★★
Q670
□□
【予想】

ＡがＢに対して有する金銭債権をＣに譲渡し、これをＢに通知した場合において、Ｂが当該通知より先にＡに弁済していたときは、ＢはＡへの弁済をＣに対抗することができる。

A 666 □□

債権の譲受人が、譲渡人を「代理して」通知を行うことはできる。なお、債権の譲受人が、譲渡人に「代位して」通知を行うことは認められていないので、両者の違いに注意すること。 ×

A 667 □□

債権の二重譲渡の場合、一方の通知は確定日付のある証書によらず、他方の通知は確定日付のある証書によるときは、確定日付のある証書により通知された債権譲渡が優先する（467条2項）。 ×

A 668 □□

債権の二重譲渡の場合、いずれも確定日付のある証書により通知された場合の優劣は、確定日付の先後ではなく、通知の到達した日時の先後による。 ○

A 669 □□

債権の二重譲渡の場合、いずれも確定日付のある証書により債務者が承諾した場合の優劣は、確定日付の先後ではなく、承諾の日時の先後による。 ○

A 670 □□

債務者は、対抗要件具備時までに譲渡人に対して生じた事由をもって譲受人に対抗できる（468条1項）。 ○

民法 ⑫ 債権の消滅

★
Q671 □□ 【予想】
債務の弁済は、第三者もすることができる場合がある。

Q672 □□ 【予想】
弁済により債権者に代位した者は、債権の効力および担保としてその債権者が有していた一切の権利を行使することができる。

★★
Q673 □□ 【予想】
他人名義の預金通帳と届出印を盗んだ者が銀行の窓口でその代理人と称して銀行から払戻しを受けた場合に、銀行が、そのことにつき善意であり、かつ過失がなければ、当該払戻しは、受領権者としての外観を有する者に対する弁済として有効な弁済となる。

Q674 □□ 【予想】
弁済者が債務の弁済として他人の物を債権者に引き渡した場合に、当該債権者がこれを善意で消費し、または譲り渡したときは、その弁済は有効となる。

★
Q675 □□ 【平30】
債権者があらかじめ弁済の受領を拒んでいる場合、債務者は、口頭の提供をすれば債務不履行責任を免れるが、債権者において契約そのものの存在を否定する等弁済を受領しない意思が明確と認められるときは、口頭の提供をしなくても同責任を免れる。

弁済と相殺について、それぞれ要件を押さえておきましょう。

A 671 □□

一定の場合を除き、債務の弁済は、第三者もすることができる（474条）。 ○

A 672 □□

弁済により債権者に代位した者は、債権の効力および担保としてその債権者が有していた一切の権利を行使することができる（501条）。 ○

A 673 □□

他人名義の預金通帳と届出印を盗み、これらを銀行の窓口に持参して当該他人の代理人と称する者は、受領権者としての外観を有する者にあたるため、銀行が善意無過失であれば、この者に対する弁済は、有効な弁済となる（478条）。 ○

A 674 □□

本問のような場合、債権者を保護するため、弁済が有効とされる（476条前段）。債権者の善意が要件とされるが、無過失は要件とされない。 ○

A 675 □□

最高裁は、口頭の提供（493条ただし書）をしても、弁済を受領しない意思が明確と認められる場合には、債務者は口頭の提供をしなくても、債務不履行責任を負わないと判示した（最判昭32.6.5）。 ○

【予想】

AとBが、AがBに対して負う借入金債務の弁済に代えてA所有の土地を給付する旨の契約をした場合、その契約の時点で借入金債務は消滅する。

Q 677

【予想】

相殺の意思表示がなされた場合、双方の債務は、当該意思表示が効力を生じた時に、対当額で消滅する。

★★
Q 678

【予想】

売買契約における売主が買主に対して3か月後を弁済期とする300万円の売掛金債権を有し、買主が売主に対して6か月後を弁済期とする400万円の貸金債権を有している。この場合、4か月後の時点で売主が買主に対してする相殺はその効力を生じる。

★★
Q 679

【令5】

過失によって人の生命又は身体に損害を与えた場合、その加害者は、その被害者に対して有する貸金債権を自働債権として、被害者に対する損害賠償債務と相殺することができる。

★★
Q 680

【令5】

差押えを受けた債権の第三債務者は、差押え後に取得した債権が差押え前の原因に基づいて生じたものであれば、その第三債務者が、差押え後に他人の債権を取得したときでなければ、その債権による相殺をもって差押債権者に対抗することができる。

A 676 □□

代物弁済により債権を消滅させるには、他の給付を現実に行うことを要し（482条）、不動産の場合、所有権移転登記をしなければならない。 ×

A 677 □□

相殺の意思表示は、双方の債務が互いに相殺に適するようになった時にさかのぼってその効力を生ずる（506条2項）。 ×

A 678 □□

相殺は、自働債権が弁済期にあれば、受働債権が弁済期になくても行うことができる。受働債権は弁済期が来ていなくても、債務者が期限の利益を放棄することが可能だからである（136条2項）。 ○

A 679 □□

過失によって人の生命または身体に損害を与えた場合、その損害賠償の債務を受働債権として相殺することはできない（509条2号）。 ×

A 680 □□

差押え後に取得した債権が差押え前の原因に基づいて生じたものであるときは、第三債務者が差押え後に他人の債権を取得したときを除き、当該債権を自働債権とする相殺は、差押債権者に対抗することができる（511条2項）。 ○

⑬ 契約総論

★★
Q 681
【予想】
契約は、一方の当事者からの申込みの意思表示に対し、相手方当事者が承諾の意思表示をしたときに成立する。

★★
Q 682
【予想】
契約は、当事者が契約書を作成しなければ、成立しない。

★
Q 683
【予想】
承諾者が、申込みに条件を付し、その他変更を加えてこれを承諾したときは、その変更を加えられた内容の契約が成立する。

★★
Q 684
【予想】
双務契約の当事者の一方は、相手方の債務が弁済期にある場合、相手方がその債務の履行を提供するまでは、自己の債務の履行を拒むことができる。

Q 685
【令2】
売買契約の買主は、売主から履行の提供があっても、その提供が継続されない限り、同時履行の抗弁権を失わない。

契約の解除について、その要件と効果を押さえておきましょう。

A 681 □□

契約は、契約の内容を示してその締結を申し入れる意思表示（申込み）に対して相手方が承諾をしたときに成立する（522条1項）。 ○

A 682 □□

契約の成立には、法令に特別の定めがある場合を除き、書面の作成その他の方式を具備することを要しない（522条2項）。 ×

A 683 □□

承諾者が、申込みに条件を付し、その他変更を加えてこれを承諾したときは、その申込みの拒絶とともに新たな申込みをしたものとみなされる（528条）。 ×

A 684 □□

双務契約の当事者の一方は、相手方がその債務の履行を提供するまでは、相手方の債務が弁済期にないときを除き、自己の債務の履行を拒むことができる（同時履行の抗弁権、533条）。 ○

A 685 □□

最高裁は、双務契約の当事者の一方は相手方の履行の提供があっても、その提供が継続されない限り同時履行の抗弁権を失うものでないと判示した（最判昭34.5.14）。 ○

Q686
□□
【予想】

AはBから自動車を買い、その代金をCに支払う契約を結んだ。この場合、AとBの間の契約成立時に、CのAに対する代金請求権が発生する。

★★
Q687
□□
【平25】

Aが、その所有する建物をBに売却する契約を締結したが、その後、引渡し期日が到来してもAはBに建物を引き渡していない。Bが、期間を定めずに催告した場合、Bは改めて相当の期間を定めて催告をしなければ、当該売買契約を解除することはできない。

★★
Q688
□□
【令4】

債務者が債務の全部について履行を拒絶する意思を明確に示したとしても、債権者は、相当の期間を定めて履行の催告をし、その期間内に履行がない場合でなければ、契約を解除することができない。

★

□□
【予想】

解除は、相手方に対する意思表示によって行い、解除の意思表示は撤回することができない。

★★

□□
【予想】

解除により、各当事者は、互いに相手方を契約成立前の原状に復させる義務を負うが、これにより第三者の権利を害することはできない。

A 686 □□

本問のような第三者のためにする契約は、第三者が契約の利益を受ける意思表示（受益の意思表示）をしてはじめて受益者にその効力が発生する（537条3項）。 ×

A 687 □□

債権者は、債務者の履行遅滞に対し、相当の期間を定めずに催告した場合でも、催告の時から客観的にみて相当な期間を経過したときは、契約を解除することができる（大判昭2.2.2）。改めて相当の期間を定めて催告をする必要はない。 ×

A 688 □□

債権者は、債務者がその債務の全部の履行を拒絶する意思を明確に表示した場合は、催告をすることなく、ただちに契約を解除することができる（542条1項2号）。 ×

A 689 □□

解除は、相手方に対する意思表示によって行われる。解除の意思表示は、相手方を保護するため、撤回することができない（540条）。 ○

A 690 □□

解除により、当事者双方が負う相手方を原状に復させる義務を原状回復義務という（545条1項）。 ○

⑭ 移転型の契約

★
Q691
□□
【予想】

未登記の建物を書面によらず贈与した場合において、贈与者Aが受贈者Bにその建物を引き渡したときは、Aはその贈与契約を解除することができない。

Q692
□□
【平27】

Aは、自己所有の甲建物をBに贈与する旨を約した（以下、「本件贈与」という)。本件贈与につき書面が作成され、その書面でBがAの老後の扶養を行うことが約された場合、BがAの扶養をしないときであっても、甲の引渡しおよび所有権移転登記手続が完了していれば、Aは本件贈与を解除することができない。

Q693
□□
【平24】

定期の給付を目的とする贈与は、贈与者または受贈者の死亡によって、その効力を失う。

★★
Q694
□□
【予想】

A所有の家屋を、Bが購入する契約を締結し、この際、売買代金の1割が手付としてAに交付された。この手付の意味について契約に特に定めがなかった場合、この手付は解約手付とみなされる。

Q695
□□
【予想】

売買契約において解約手付が定められている場合において、売主は、買主から交付された手付の倍額を現実に提供して、当該売買契約を解除した。この場合、買主は、売主に対し、当該解除により被った損害の賠償を請求することができる。

売買契約について、売主の契約不適合責任の要件と効果を押さえておきましょう。

A 691 □□ 書面によらない贈与契約はいつでも解除できるのが原則であるが、履行の終わった部分については解除することができない（550条）。不動産の場合、引渡しまたは登記のいずれかが完了すれば、履行が終わったものとされる。 ○

A 692 □□ 本問のような負担付贈与において、受贈者がその負担する義務の履行を怠るときは、贈与者は契約の解除をすることができる（553条、541条、542条）。 ×

A 693 □□ 定期の給付を目的とする贈与は、当事者の人的関係を基礎になされるので、当事者の一方が死亡すると終了する（552条）。 ○

A 694 □□ 手付の意味について特に定めなかった場合には、解約手付と「推定される」のであって（最判昭29.1.21）、「みなされる」のではない。 ×

A 695 □□ 手付による解除が行われた場合、当該解除により損害が生じたとしても、手付金額のみで清算する趣旨であるから、損害賠償は行われない（557条2項）。 ×

★★
Q696
□□
【平23】

売買契約において買主から売主に解約手付が交付された場合に、売主が売買の目的物である土地の移転登記手続等の自己の履行に着手したときは、売主は、まだ履行に着手していない買主に対しても、手付倍返しによる解除を主張することはできない。

★
Q697
□□
【予想】

売買契約に関する費用は、買主のみが負担する。

Q698
□□
【予想】

売買契約に関する民法の規定は、有償契約のすべてに、その性質が許すか否かにかかわらず、準用される。

★★
Q699
□□
【予想】

不動産の売主は、買主に対し、所有権移転登記を備えさせる義務を負う。

★★
Q700
□□
【予想】

他人の所有物を目的とする売買契約は有効であり、その売主は、その目的物の所有権を取得して買主に移転する義務を負う。

A 696 □□

自ら履行に着手していても、相手方が履行に着手するまでは、手付解除できるとするのが判例である（最大判昭 40.11.24）。 ×

A 697 □□

売買契約に関する費用は、当事者双方が等しい割合で負担する（558 条）。 ×

A 698 □□

売買契約に関する民法の規定は、売買以外の有償契約について準用されるが、その有償契約の性質がこれを許さないときは、準用されない（559 条）。 ×

A 699 □□

売主は、買主に対し、登記、登録その他の売買の目的である権利の移転についての対抗要件を備えさせる義務を負う（560 条）。 ○

A 700 □□

他人物売買契約も契約としては有効であり、売主は目的物の所有権を取得して買主に移転する義務を負う（561 条）。 ○

Q 701 □□【予想】

売主に契約不適合責任が生ずるのは、売買の目的物が種類、品質または数量に関して契約の内容に適合しない場合である。

★★ Q 702 □□【予想】

Aは、自己所有の土地を、面積100m^2、1m^2あたり10万円、総額1,000万円でBに売却した。当該土地の面積が実際には90m^2しかなかった場合、Bは、ただちに代金の減額を請求することができる。

★ Q 703 □□【予想】

不動産業者から購入した建売住宅に建設業者の手抜き工事による欠陥があって、通行人がケガをした場合、通行人は建設業者に対して契約不適合責任に基づく損害賠償を請求することができる。

★ Q 704 □□【予想】

売主が種類または品質に関して契約の内容に適合しない目的物を買主に引き渡した場合において、買主が引渡しを受けた時から1年以内にその旨を売主に通知しないときは、買主は、その不適合を理由として、履行の追完の請求、代金の減額の請求、損害賠償の請求および契約の解除をすることができない。

★★ Q 705 □□【予想】

Aは、Bから土地を買い受けたが、その土地には、契約の内容に適合しない、Cのための抵当権が設定されており、Aが費用を支出して当該土地の所有権を保存した。この場合、Aは、Bに対して当該費用の償還を請求することができる。

A 701 □□ 売主が契約不適合責任を負うのは、引き渡された目的物が種類、品質または数量に関して契約の内容に適合しないものである場合である（562条1項）。 ○

A 702 □□ 引き渡された目的物が数量に関して契約の内容に適合しないものである場合において、履行の追完が不能であるときは、買主は、催告をすることなく、ただちに代金の減額を請求することができる（563条2項1号）。 ○

A 703 □□ 売主の契約不適合責任は契約当事者間に生ずる問題であり、本問のような契約関係にない第三者に生じた問題は、不法行為の問題となる。 ×

A 704 □□ 目的物の種類または品質に関する担保責任については、買主は、不適合を知った時から1年以内にその旨を売主に通知しない場合、売主の契約不適合責任を追及することができない。ただし、売主が引渡しの時にその不適合を知り、または重大な過失によって知らなかったときは、この限りでない（566条）。 ×

A 705 □□ 買い受けた不動産について契約の内容に適合しない抵当権が存していた場合において、買主が費用を支出してその不動産の所有権を保存したときは、買主は、売主に対し、その費用の償還を請求することができる（570条）。 ○

★★
Q706 □□【平18】

売買目的物の引渡しについて期限があるときは、代金の支払いについても同一の期限までに買主が売主に対してその代金を支払わなければならないものと推定される。

★★
Q707 □□【予想】

買主は、売買の目的物の引渡しと同時に代金を支払う旨を約定したときは、その引渡しの場所において代金を支払わなければならない。

★
Q708 □□【予想】

買主は、代金の支払いについて期限があるか否かにかかわらず、引渡しの日から、代金の利息を支払う義務を負う。

★
Q709 □□【予想】

不動産の売買契約と同時に買戻しの特約をする場合において、買戻しの期間を定めるときは、10年を超える期間を定めることはできない。

Q710 □□【予想】

Aの不動産をBが買戻しの特約付きで買い受けた場合につき、買戻しの期間を定めた場合にはその期間を伸長することはできない。

A 706 □□ 目的物の引渡しと代金の支払いは、同時に行われるのが公平にかなうため、本問の推定規定が定められている（573条）。 ○

A 707 □□ 売買の目的物の引渡しと同時に代金を支払うべきときは、その引渡しの場所において支払わなければならない（574条）。 ○

A 708 □□ 買主は、引渡しの日から、代金の利息を支払う義務を負うが、代金の支払いについて期限があるときは、その期限が到来するまでは、利息を支払うことを要しない（575条2項）。 ×

A 709 □□ 買戻しの期間は、10年を超えることができず、特約でこれより長い期間を定めたときは、その期間は、10年とされる（580条1項）。 ○

A 710 □□ 買戻しの期間を定めた場合にはその期間を伸長することはできない（580条2項）。 ○

民法 ⑮ 貸借型の契約

★
Q711 □□ 【予想】
消費貸借契約は、書面でするか否かにかかわらず、目的物の引渡しによって成立する要物契約である。

Q712 □□ 【予想】
将来において発生する金銭債務を目的とする準消費貸借契約は成立しない。

★
Q713 □□ 【予想】
準消費貸借契約は、目的とされた旧債務が存在しないときには、その効力を生じない。

★★
Q714 □□ 【予想】
消費貸借契約において定められた返還の時期の前に、借主が返還をした。この場合、貸主は、借主が返還時期より前に返還をしたことによって損害を受けたときは、民法上、借主に対し、その賠償を請求することができる。

★
Q715 □□ 【予想】
使用貸借契約は、当事者の一方がある物を引き渡すことを約し、相手方がその受け取った物について無償で使用および収益をして契約が終了したときに返還をすることを約することによって、その効力を生ずる。

★
Q716 □□ 【予想】
使用貸借の借主は、目的物を自己の財産に対するのと同一の注意をもって保管すれば足りるのに対し、賃借人は、目的物を善良な管理者の注意をもって保管しなければならない。

賃貸借契約について、賃貸人と賃借人がそれぞれ、どのような権利を有し、どのような義務を負うか、押さえておきましょう。

A 711 □□
書面でする消費貸借契約は、目的物の引渡しがなくても成立する（587条の2）。 ×

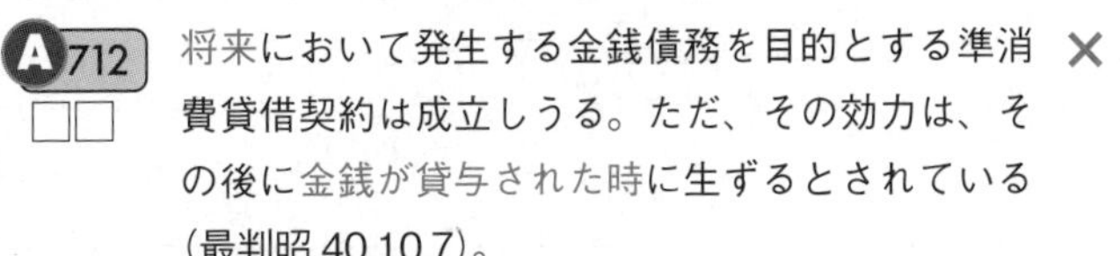

A 712 □□
将来において発生する金銭債務を目的とする準消費貸借契約は成立しうる。ただ、その効力は、その後に金銭が貸与された時に生ずるとされている（最判昭40.10.7）。 ×

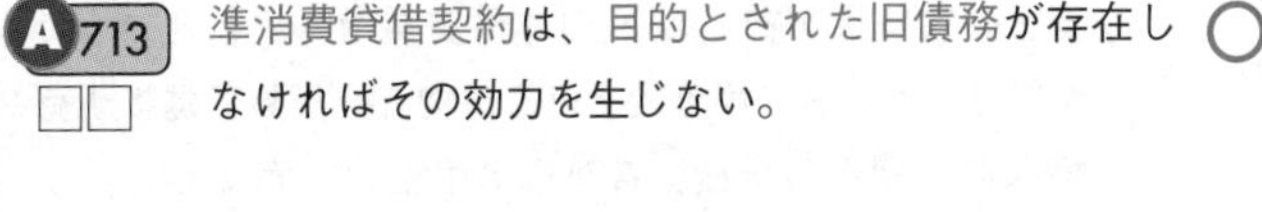

A 713 □□
準消費貸借契約は、目的とされた旧債務が存在しなければその効力を生じない。 ○

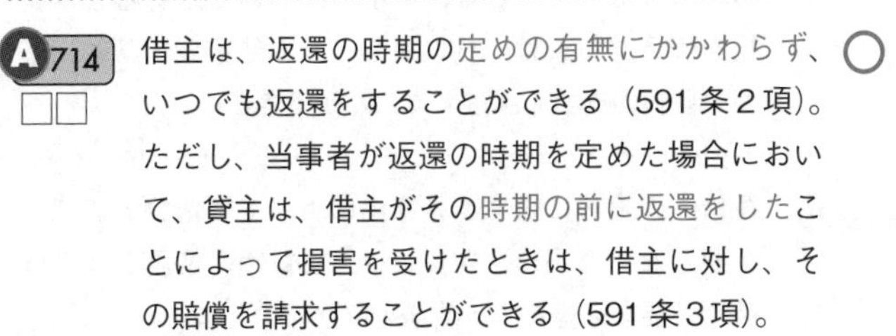

A 714 □□
借主は、返還の時期の定めの有無にかかわらず、いつでも返還をすることができる（591条2項）。ただし、当事者が返還の時期を定めた場合において、貸主は、借主がその時期の前に返還をしたことによって損害を受けたときは、借主に対し、その賠償を請求することができる（591条3項）。 ○

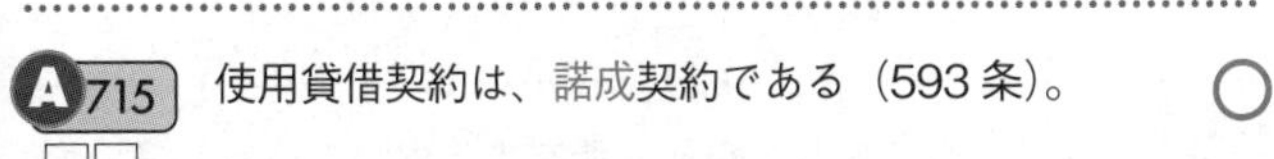

A 715 □□
使用貸借契約は、諾成契約である（593条）。 ○

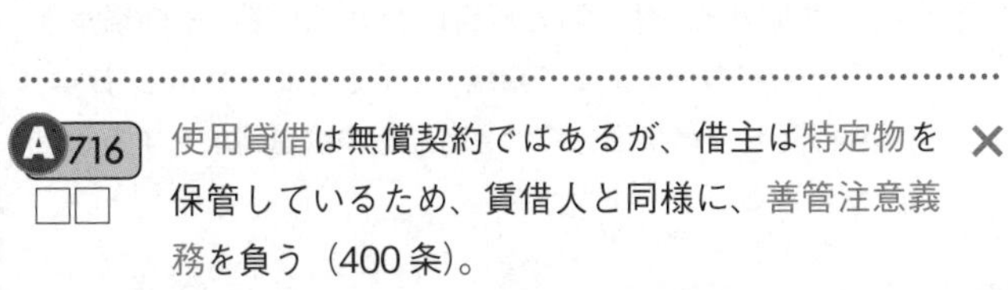

A 716 □□
使用貸借は無償契約ではあるが、借主は特定物を保管しているため、賃借人と同様に、善管注意義務を負う（400条）。 ×

★★
Q717
□□
【平30改】
使用貸借の場合にも賃貸借の場合にも、借主は、契約またはその目的物の性質によって定まった用法に従い、その物の使用および収益をしなければならない。

★
Q718
□□
【平30改】
使用貸借の場合にも賃貸借の場合にも、契約は、借主の死亡によって、その効力を失う。

★★
Q719
□□
【令2改】
A所有の甲土地をBに対して建物所有の目的で賃貸する旨の賃貸借契約（以下、「本件賃貸借契約」という。）が締結され、Bが甲土地上に乙建物を建築して建物所有権保存登記をした後、AがCに甲土地を売却した。この場合において、Cは、甲土地について所有権移転登記を備えなければ、Bに対して、本件賃貸借契約に基づく賃料の支払を請求することができない。

★★
Q720
□□
【予想】
賃借人の責めに帰すべき事由によって賃借物の修繕が必要となった場合、賃貸人は、賃貸物の使用および収益に必要な修繕をする義務を負う。

★★
Q721
□□
【平21】
Aは、Bに対して自己が所有する建物を賃貸していたが、Bが有益費を支出して同建物に増築部分を付加して同建物と一体とした場合において、後にその増築部分が隣家の火災により類焼して失われたときにも、Bは、Aに対して増築部分につき有益費の償還請求をすることができる。

A 717 ☐☐ 使用貸借において、借主は、契約またはその目的物の性質によって定まった用法に従い、その物の使用および収益をしなければならず（594条1項）、この使用貸借の規定が賃貸借に準用される（616条）。 ○

A 718 ☐☐ 使用貸借は借主の死亡によって終了するが（597条3項）、賃貸借は借主の死亡によって終了しない（616条の2～622条参照）。 ×

A 719 ☐☐ 賃借人が賃貸借の対抗要件を備えた場合において、その不動産が譲渡されたときは、その不動産の賃貸人たる地位は、原則として、その譲受人に移転するが、この賃貸人たる地位の移転は、賃貸物である不動産について所有権の移転の登記をしなければ、賃借人に対抗することができない（605条の2）。 ○

A 720 ☐☐ 賃貸人は、賃貸物の使用および収益に必要な修繕をする義務を負うが、賃借人の責めに帰すべき事由によってその修繕が必要となったときは、この限りでない（606条1項）。 ×

A 721 ☐☐ 本問の増築の費用は有益費にあたり、通常の賃貸借契約の終了時には賃貸人に費用の償還を請求できるのが原則である（608条2項）。しかし、本問のように、増築部分が返還以前に滅失した場合には、特段の事情のない限り、有益費償還請求権も消滅する（最判昭48.7.17）。 ×

★★
Q722
□□
【予想】

賃借人は、賃貸人の承諾を得ずに、第三者に賃借物の使用または収益をさせたときは、賃貸人は、原則として、契約の解除をすることができる。

★★
Q723
□□
【令４改】

Ａは、Ｂとの間でＡ所有の甲建物の賃貸借契約を締結し、甲建物を引き渡したが、その後、Ａは、同建物をＣに譲渡した。この場合において、賃貸人たる地位がＣに移転したときは、Ｂは、Ｃの承諾を得なければ、甲建物の賃借権を譲り渡すことはできないが、甲建物を転貸するときは、Ｃの承諾を要しない。

★
Q724
□□
【令１】

賃貸人の承諾がある転貸であっても、これにより賃貸人と転借人間に賃貸借契約が成立するわけではないので、賃貸人は、転借人に直接に賃料の支払を請求することはできない。

★★
Q725
□□
【平18改】

Ａはその所有する建物をＢに賃貸し、ＢはＡの承諾を得てその建物をＣに転貸している。Ａ・Ｂが賃貸借契約を合意解除した場合には、Ａはそれを Ｃに対抗することができる。

A 722 □□

賃借人が賃貸人の承諾を得ずに第三者に賃借物の使用または収益をさせたときは、賃貸人は、契約の解除をすることができる（612条2項）。ただし、最高裁は、賃借人が賃貸人の承諾なく第三者に賃借物の使用収益をさせた場合においても、賃借人の当該行為が賃貸人に対する背信的行為と認めるに足りない特段の事情がある場合には、解除権は発生しないと判示した（最判昭28.9.25）。 ○

A 723 □□

賃借人は、賃貸人の承諾を得なければ、その賃借権を譲り渡すことができないほか、賃借物を転貸することもできない（612条1項）。 ×

A 724 □□

賃借人が適法に賃借物を転貸したときは、転借人は、賃貸人と賃借人との間の賃貸借に基づく賃借人の債務の範囲を限度として、賃貸人に対して転貸借に基づく債務を直接履行する義務を負う（613条1項前段）。 ×

A 725 □□

賃貸人が転貸借を承諾していた場合において、賃貸人と賃借人がもとの賃貸借契約を合意解除したときは、賃貸人は、転借人に合意解除の効力を対抗することはできない（613条3項）。 ×

民法 貸借型の契約

□□
【平18改】

Aはその所有する建物をBに賃貸し、BはAの承諾を得てその建物をCに転貸している。Bの債務不履行によってAB間の賃貸借契約が解除された場合には、AはあらかじめCに催告をしなくてもCに対抗することができる。

★
Q727
□□
【平18改】

Aはその所有する建物をBに賃貸し、BはAの承諾を得てその建物をCに転貸している。AB間の賃貸借契約が期間満了によって終了した場合には、AはCにその旨を通知しなくても、それをCに対抗することができる。

★
Q728
□□
【平18改】

Aはその所有する建物をBに賃貸し、BはAの承諾を得てその建物をCに転貸している。Aからの正当事由を伴う解約申入れによりAB間の賃貸借契約が終了した場合には、AはCにその旨を通知しなければ、それをCに対抗することができない。

★★
Q729
□□
【予想】

賃借人は、賃借物を受け取った後にこれに生じた損傷がある場合において、賃貸借が終了したときは、通常の使用および収益によって生じた賃借物の損耗ならびに賃借物の経年変化を含め、その損傷を原状に復する義務を負う。

★★
Q730
□□
【予想】

賃貸借を解除した場合は、将来に向かってのみその効力を生じる。

A 726 □□

賃貸借契約が債務不履行で解除された場合には、合意解除の場合と異なり、もとの賃貸借契約の終了を転借人に対抗することができる（613条3項ただし書）。なお、解除するにあたって、転借人に催告することは不要とされている。 ○

A 727 □□

建物の賃貸借契約が期間満了で終了するときは、その旨を転借人に通知しなければ、その終了を転借人に対抗することができない（借地借家法34条1項）。 ×

A 728 □□

建物の賃貸借契約が解約の申入れによって終了するときは、その旨を転借人に通知しなければ、その終了を転借人に対抗することができない（借地借家法34条1項）。 ○

A 729 □□

賃借人は、賃借物を受け取った後にこれに生じた損傷がある場合において、賃貸借が終了したときは、その損傷を原状に復する義務を負うが、通常の使用および収益によって生じた賃借物の損耗ならびに賃借物の経年変化は除かれる（621条本文）。 ×

A 730 □□

賃貸借のような継続的契約は、解除によって契約を遡及させると法律関係が複雑になるので、将来に向かってのみ解除の効力が生ずる（620条）。 ○

民法 ⑯ その他の契約

★★
Q731
□□
【平14】

民法上の請負契約に関して、特約がないかぎり、請負人は自ら仕事を完成する義務を負うから、下請負人に仕事を委託することはできない。

★★
Q732
□□
【予想】

請負契約は請負人が仕事を完成することを目的とする契約であるから、請負人は、仕事を完成することができなかった場合、完成できなかった理由のいかんを問わず、注文者に報酬を請求することはできない。

★★
Q733
□□
【平14】

民法上の請負契約に関して、注文者は、仕事完成までの間は、損害賠償をすれば、何らの理由なくして契約を解除することができる。

★★
Q734
□□
【平24】

委任が無償で行われた場合、受任者は委任事務を処理するにあたり、自己の事務に対するのと同一の注意をもってこれを処理すればよい。

★
Q735
□□
【平16】

受任者が、委任事務を処理するについて費用を要する場合には、その事務を処理した後でなければ、委任者に対してその費用の支払いを請求することができない。

請負契約と委任契約を中心に、各種の典型契約について押さえておきましょう。

A 731 □□

請負人の義務は、注文者の注文どおり仕事を完成させせることにあるから（632条）、そのために下請負人を使うのも請負人の自由である。

×

A 732 □□

注文者の責めに帰することができない事由によって仕事を完成することができなくなった場合、または、請負が仕事の完成前に解除された場合において、請負人がすでにした仕事の結果のうち可分な部分の給付によって注文者が利益を受けるときは、その部分を仕事の完成とみなし、請負人は、注文者が受ける利益の割合に応じて報酬を請求することができる（634条）。

×

A 733 □□

注文者が必要なくなった契約を解除できないのは不合理だからである。ただし、請負人の損害は賠償しなければならない（641条）。

○

A 734 □□

委任契約の場合、有償無償を問わず、受任者は善管注意義務を負う（644条）。

×

A 735 □□

委任契約では、受任者に費用前払請求権が認められている（649条）。

×

★
Q736 □□ 【令5】

委任契約は、委任者であると受任者であるとにかかわらず、いつでも契約の解除をすることができる。

★
Q737 □□ 【平24】

寄託が無償で行われた場合、受寄者は他人の物を管理するにあたり、善良なる管理者の注意をもって寄託物を保管しなければならない。

★
Q738 □□ 【予想】

当事者が寄託物の返還の時期を定めたときであっても、寄託者は、いつでもその返還を請求することができ、受寄者は、いつでも返還をすることができる。

Q739 □□ 【予想】

民法上の組合において、組合員は、組合の債権者に対して、互いに連帯して債務の全額を履行する責任を負う。

Q740 □□ 【予想】

民法上の組合において、組合の業務の執行を委任する場合、業務執行者は組合員のなかから選ばなければならない。

A736 □□

委任契約では、委任者と受任者のどちらからも、いつでも契約を解除できる。相手方に不利な時期であっても解除はできるが、その場合には、解除をするにつきやむを得ない事由があった場合を除き、相手方の損害を賠償しなければならない（651条）。 ○

A737 □□

寄託契約では、委任契約と異なり、有償であるか無償であるかにより受寄者の注意義務が異なる。すなわち、無償の場合は自己の財産に対するのと同一の注意義務を負い（659条）、有償寄託の場合は善管注意義務を負う（400条）。 ×

A738 □□

当事者が寄託物の返還の時期を定めた場合、寄託者は、いつでもその返還を請求することができるが（662条1項）、受寄者は、やむを得ない事由がなければ、その期限前に返還をすることができない（663条2項）。 ×

A739 □□

組合員は、自己の損失分担の割合もしくは等しい割合で債権者に対して債務を負うにすぎない（674条）。なお、組合の債権者は、その選択に従い、各組合員に対して損失分担の割合または等しい割合でその権利を行使することができるが、債権発生の時に各組合員の損失分担の割合を知っていたときは、その割合による（675条）。 ×

A740 □□

組合員ではない第三者を業務執行者とすることができる（670条2項）。 ×

民法 ⑰ 契約によらない債権・債務の発生

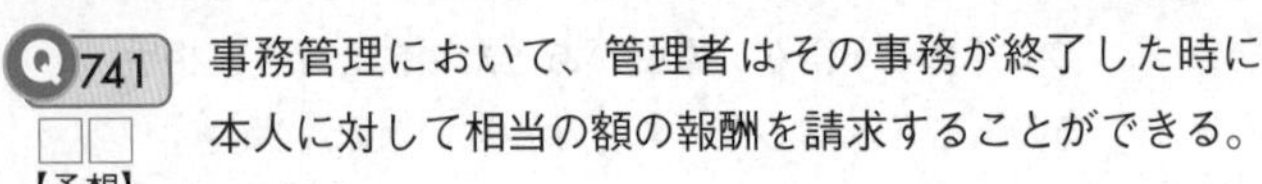

Q741 □□【予想】

事務管理において、管理者はその事務が終了した時に本人に対して相当の額の報酬を請求することができる。

Q742 □□【予想】

事務管理において、管理者は、本人の身体、名誉または財産に対する急迫の危害を免れさせるために事務管理をしたときを除き、善良な管理者の注意をもって事務を処理する義務を負う。

★
Q743 □□【予想】

事務管理において、管理者が本人の名でした法律行為の効果は、当然に本人に帰属する。

Q744 □□【予想】

事務管理において、管理者は、その事務が終了した後は、本人に対して、遅滞なくその経過および結果を報告しなければならない。

★★
Q745 □□【予想】

不当利得における善意の受益者は、不当利得によって受けた利益の全部を返還する義務を負う。

★★
Q746 □□【予想】

不当利得における悪意の受益者は、その受けた利益に利息を付して返還しなければならないが、そのほかに損害が生じていても、その賠償の責任を負わない。

不法行為について、一般の不法行為の成立要件と、特殊の不法行為の内容を押さえておきましょう。

A 741 □□ 事務管理において、管理者は、相当の額の報酬を請求することはできない。 ×

A 742 □□ 管理者は、原則として善管注意義務を負う。なお、本人の身体、名誉または財産に対する急迫の危害を免れさせるための事務管理（緊急事務管理）の場合は、注意義務が軽減され、管理者は悪意または重大な過失についてのみ責任を負う（698条）。 ○

A 743 □□ 事務管理において、管理者が本人の名でした法律行為の効果は、当然に本人に帰属するものではなく、そのような効果を生じさせるためには、別に代理等の法律関係を伴うことを必要とする。 ×

A 744 □□ 管理者は、事務管理が終了した後は、本人に対して、遅滞なくその経過および結果を報告する義務を負う（701条）。 ○

A 745 □□ 善意の受益者は、その利益の存する限度において、不当利得を返還する義務を負う（703条）。 ×

A 746 □□ 悪意の受益者は、その受けた利益に利息を付して返還しなければならず、なお損害があるときは、その賠償の責任を負う（704条）。 ×

★
Q747 □□ 【予想】

不法原因給付において、不法な原因のために給付をした者は、不法な原因が受益者についてのみ存した場合であっても、その給付したものの返還を請求することができない。

★
Q748 □□ 【令4】

精神上の障害により自己の行為の責任を弁識する能力を欠く状態にある間に他人に損害を加えた者は、過失によって一時的にその状態を招いたとしても、損害賠償の責任を負わない。

★
Q749 □□ 【予想】

他人の名誉を毀損した者に対しては、裁判所は、被害者の請求により、損害賠償に代えて、または損害賠償とともに、名誉を回復するのに適当な処分を命ずることができる。

★★
Q750 □□ 【予想】

不法行為における過失相殺に関して、被害者自身に過失がなくても、被害者と身分上ないしは生活関係上一体をなすと認められるような関係にある者の過失も被害者側の過失として考慮される。

★★
Q751 □□ 【令3】

過失相殺において、被害者たる未成年の過失を斟酌する場合には、未成年者に事理を弁識するに足る知能が具わっていれば足りる。

★★
Q752 □□ 【予想】

不法行為については金銭による損害賠償が行われるため、金銭的に評価することのできない身体、自由または名誉等の財産以外の損害については、不法行為責任は成立しない。

A 747 □□ 不法な原因のために給付をした者は、その給付したものの返還を請求することができないが、不法な原因が受益者についてのみ存したときは、この限りでない（708条）。 ×

A 748 □□ 不法行為時に責任能力がなくても、その状態を行為者自らの故意または過失によって一時的に招いたときには責任を負う（713条ただし書）。 ×

A 749 □□ 名誉を回復するのに適当な処分の例として、謝罪広告が挙げられる。 ○

A 750 □□ 過失相殺は、損害の公平な分担という趣旨から認められている。したがって、被害者自身に過失がなくても、被害者と身分上ないしは生活関係上一体をなすと認められるような関係にある者の過失も被害者側の過失として考慮される（最判昭42.6.27）。 ○

A 751 □□ 過失相殺を行うには、被害者に行為の責任を弁識する能力があることまでは要せず、事理を弁識するに足りる能力でよい（最大判昭39.6.24）。 ○

A 752 □□ 他人の身体、自由もしくは名誉を侵害した場合または他人の財産権を侵害した場合のいずれであるかを問わず、一般不法行為による損害賠償の責任を負う者は、財産以外の損害に対しても、その賠償をしなければならない（710条）。 ×

★
Q753
□□
【予想】

不法行為による賠償債務は、損害の発生と同時に、なんらの催告を要することなく、遅滞に陥るため、被害者は、加害者に対し、不法行為による損害賠償を請求するにあたり、損害発生の時から完済までの間の遅延損害金を請求することができる。

★
Q754
□□
【予想】

胎児は、不法行為に基づく損害賠償の請求権については、すでに生まれたものとみなされる。

★★
Q755
□□
【令5】

人の生命又は身体を害する不法行為による損害賠償請求権は、被害者又はその法定代理人が損害及び加害者を知った時から３年間行使しないときは、時効によって消滅する。

★
Q756
□□
【予想】

責任無能力者がその責任を負わない場合において、その責任無能力者を監督する法定の義務を負う者は、その義務を怠らなかったとき、または、その義務を怠らなくても損害が生ずべきであったときは、その責任無能力者が第三者に加えた損害を賠償する責任を負わない。

A 753 □□

最高裁は、不法行為による賠償債務は、損害の発生と同時に、なんらの催告を要することなく、遅滞に陥ると判示した（最判昭37.9.4）。 ○

A 754 □□

本来、胎児には権利能力がないが、胎児の利益を保護するために、不法行為に基づく損害賠償については、例外として、すでに生まれたものとみなして権利能力が認められる（721条）。 ○

A 755 □□

不法行為による損害賠償の請求権は、被害者またはその法定代理人が損害および加害者を知った時から3年間行使しないとき、または、不法行為の時から20年間行使しないときは、時効によって消滅するが（724条）、人の生命または身体を害する不法行為による損害賠償の請求権についての「3年」の消滅時効期間は、「5年」に延長される（724条の2）。 ×

A 756 □□

責任無能力者がその責任を負わない場合において、その責任無能力者を監督する法定の義務を負う者は、その責任無能力者が第三者に加えた損害を賠償する責任を負うが、監督義務者がその義務を怠らなかったとき、またはその義務を怠らなくても損害が生ずべきであったときは、この限りでない（714条1項）。 ○

Q757 □□【令1】

兄が自己所有の自動車を弟に運転させて迎えに来させた上、弟に自動車の運転を継続させ、これに同乗して自宅に戻る途中に、弟の過失により追突事故が惹起された。その際、兄の同乗後は運転経験の長い兄が助手席に座って、運転経験の浅い弟の運転に気を配り、事故発生の直前にも弟に対して発進の指示をしていたときには、一時的にせよ兄と弟との間に使用関係が肯定され、兄は使用者責任を負う。

★
Q758 □□【平28】

使用者Aが、その事業の執行につき行った被用者Bの加害行為について、Cに対して使用者責任に基づき損害賠償金の全額を支払った場合には、AはBに対してその全額を求償することができる。

★
Q759 □□【平21】

請負人がその仕事について第三者に損害を与えてしまった場合、注文者と請負人の間には使用関係が認められるので、注文者は、原則として第三者に対して使用者責任を負う。

★★
Q760 □□【平21】

借家の塀が倒れて通行人が怪我をした場合、塀の占有者である借家人は通行人に対して無過失責任を負うが、塀を直接占有していない所有者が責任を負うことはない。

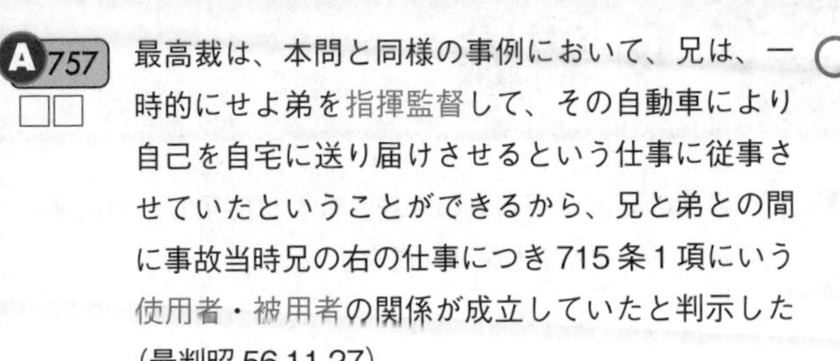

A 757 □□

最高裁は、本問と同様の事例において、兄は、一時的にせよ弟を指揮監督して、その自動車により自己を自宅に送り届けさせるという仕事に従事させていたということができるから、兄と弟との間に事故当時兄の右の仕事につき715条1項にいう使用者・被用者の関係が成立していたと判示した（最判昭56.11.27）。 ○

A 758 □□

使用者は、被害者に損害賠償をした場合、被用者に求償することができるが（715条3項）、その範囲は、損害の公平な分担という見地から信義則上相当と認められる限度とされる（最判昭51.7.8）。 ×

A 759 □□

注文者と請負人の間には、原則として使用関係は認められない。したがって、注文者は、第三者に対して使用者責任を負わず、注文者の注文または指図について過失があり、それにより第三者に損害を加えたときにのみ、注文者は責任を負う（716条ただし書）。 ×

A 760 □□

土地工作物責任については、第一次的に占有者が損害賠償責任を負うが、占有者が損害発生を防止するのに必要な注意をしたときは、所有者が、無過失であっても絶対的責任を負う（717条1項）。 ×

民法 ⑱ 親族

Q761 □□ 【平16】

婚姻の届出は戸籍吏に受理されれば完了し、戸籍簿に記入されなくても婚姻は成立する。

★
Q762 □□ 【平16】

婚姻の届出が単に子に嫡出子としての地位を得させるための便法として仮託されたものにすぎないときでも、婚姻の届出自体については当事者間に意思の合致があれば、婚姻は効力を生じ得る。

★
Q763 □□ 【平16】

配偶者のある者が重ねて婚姻をしたときは、重婚関係を生ずるが、後婚は当然には無効となるものではなく、取り消し得るものとなるにすぎない。

★★
Q764 □□ 【平18改】

Aは、Bとの婚姻前から所有し居住していた甲建物に関し、婚姻の届出前にBとの間で別段の契約をせず、婚姻後もBと同居していたが、第三者Cに甲建物を譲渡した。この場合、Bは、そのAC間の売買契約を取り消すことができる。

★★
Q765 □□ 【平18改】

Aは、Bとの婚姻前から所有し居住していた甲建物に関し、婚姻の届出前にBとの間で別段の契約をせず、婚姻後、甲建物にBと同居していた。この場合、甲建物は、AとBの共有に属するものと推定される。

婚姻の成立要件と、夫婦間の財産関係について押さえておきましょう。

A 761 □□
婚姻は、戸籍法の定めるところにより届け出ることによって、その効力を生ずる（739条1項）。 ○

A 762 □□
婚姻が効力を生ずるためには婚姻をする意思（742条1号）が必要である。判例はこれを「当事者間に真に社会観念上夫婦であると認められる関係の設定を欲する効果意思」と実質的に解しており（最判昭44.10.31）、婚姻の届出が単に他の目的を達するための便法として仮託されたものにすぎないときは、婚姻は効力を生じないとしている。 ×

A 763 □□
重婚の効果として、後婚は当然に無効となるものではなく、取り消しうるものとなるにすぎない（732条、744条2項）。 ○

A 764 □□
甲建物はAの特有財産であるから、Aは自由に譲渡することができ、取消しの対象とはならない。 ×

A 765 □□
夫婦の一方が婚姻前から有する財産は、その一方が単独で有する財産（特有財産）とされ（762条1項）、共有に属するものとは推定されない。 ×

★★
Q766
□□
【平18改】

ＡとＢが夫婦財産契約を締結せずに婚姻した後、ＡとＢが同居する甲建物内に存するに至った動産は、ＡとＢの共有に属するものとみなされる。

★★
Q767
□□
【平18改】

ＡとＢが夫婦財産契約を締結せずに婚姻した後、ＡとＢが同居する甲建物について必要な修繕をしたときは、その修繕に要した費用は、ＡとＢで分担する。

★
Q768
□□
【予想】

内縁関係にあるＡとＢの一方Ｂと日常の家事に関する法律行為をした第三者は、ＢにＡの代理権があることを主張して、Ａにその取引によって生じた債務の履行を請求することができない。

Q769
□□
【予想】

夫婦に未成年の子がいる場合には、子の監護をすべき者その他監護について必要な事項に関する協議が調わない限り、協議離婚はできない。

Q770
□□
【平25】

協議離婚をしようとする夫婦に未成年の子がある場合においては、協議の上、家庭裁判所の許可を得て、第三者を親権者とすることを定めることができる。

A 766 □□ 本問における動産は、夫婦のいずれかに属することが明らかでない財産として、その共有に属すると「推定」されるが（762条2項）、「みなされる」わけではない。 ×

A 767 □□ 夫婦が通常の社会生活を維持するのに必要な生計費は、婚姻から生ずる費用として夫婦で分担するとされる（760条）。 ○

A 768 □□ 夫婦の一方が日常家事に関し法律行為をしたときは、他方はこれにより生じた債務につき、連帯してその責任を負う（761条本文）。この規定は夫婦双方が日常家事に関し代理権を有することを前提とされていると解されている。そして、内縁関係についてもこの規定は準用される。 ×

A 769 □□ 本問のような制限はなく、協議離婚は、夫婦の離婚意思が合致し、戸籍法の定めるところにより届け出ることにより離婚の効力が生ずる（764条）。 ×

A 770 □□ 協議離婚の場合には、父母の協議で、その一方を親権者と定めなければならず（819条1項）、第三者を親権者とすることはできない。 ×

Q771 ★

□□【予想】

離婚に際して、夫婦の共有財産は、離婚の時から３年以内に分割しなければならない。

Q772

□□【平14】

夫が子の出生後その嫡出性を承認した場合には、夫は、嫡出否認の訴えを提起することはできなくなる。

Q773 ★★

□□【平22】

Ｂは、Ａと離婚した後250日を経てＣを出産したが、Ａは、離婚の１年以上前から刑務所に収容されていた場合において、Ａは、Ｃとの父子関係を争うためには嫡出否認の訴えによらなければならない。

Q774

□□【平14】

未成年者が認知をするには、法定代理人の同意を要する。

Q775

□□【予想】

父は、家庭裁判所の許可を受ければ、母の承諾を得なくても、胎児を認知することができる。

A 771 □□ 本問のような制限はなく、いつでも共有物の分割を請求することができる。 ×

A 772 □□ いったん嫡出性を承認した以上、嫡出否認権は失われる（776条）。 ○

A 773 □□ 夫による懐胎が不可能な場合には、嫡出の推定ははたらかず、推定されない嫡出子として、嫡出否認の訴え（775条）によらなくても、親子関係不存在確認の訴えにより父子関係を否定できる。 ×

A 774 □□ 未成年者であっても意思能力さえ認められれば、法定代理人の同意なしに認知することができる（780条）。 ×

A 775 □□ 父は胎児を認知することができるが、母の承諾を得なければならず（783条1項）、家庭裁判所の許可でこれに代えることはできない。 ×

Q776 □□ 【予想】

認知の訴えは、父の死亡の日から３年を経過するまでは、検察官を被告として提起することができる。

Q777 □□ 【平14】

夫と他の女性との間に生まれた子を夫婦の嫡出子として出生の届出をした場合、この届出は、嫡出子出生届としては無効であるが、特別養子縁組届としての効力を有する。

★ **Q778** □□ 【平20】

配偶者のある者が未成年者を養子とする場合には、原則として配偶者と共に縁組をしなければならないが、配偶者の嫡出である子を養子とする場合には、単独で縁組をすることができる。

★ **Q779** □□ 【平20】

配偶者のある者が成年者を養子とする場合には、原則として配偶者の同意を得なければならないが、配偶者がその意思を表示することができない場合には、その同意を得ないで縁組をすることができる。

★★ **Q780** □□ 【令２】

特別養子縁組において養親となる者は、配偶者のある者であって、夫婦いずれもが20歳以上であり、かつ、そのいずれかは25歳以上でなければならない。

A 776 □□ 子、その直系卑属またはこれらの者の法定代理人は、父の死亡の日から3年を経過するまでは、検察官を被告として、認知の訴えを提起することができる（787条）。 ○

A 777 □□ 本問のような出生届は、嫡出子の出生届としては無効であるが、認知届としての効力は認められる（最判昭53.2.24）。特別養子縁組届としての効力が認められるわけではない。 ×

A 778 □□ 配偶者のある者が未成年者を養子とする場合、原則として配偶者とともに縁組をしなければならないが、配偶者の嫡出子を養子とする場合は、この限りでない（795条）。 ○

A 779 □□ 配偶者のある者が養子縁組をする場合、原則として配偶者の同意を得なければならないが、配偶者がその意思を表示することができない場合は、この限りでない（796条）。 ○

A 780 □□ 特別養子縁組において養親となる者は、配偶者のある者でなければならず、かつ、25歳以上でなければならないが、養親となる夫婦の一方が25歳以上であれば、他方は20歳以上であればよい（817条の3第1項、817条の4）。 ○

Q781 □□ 【予想】

被相続人が第三者から与えられていた代理権は、相続人に承継されない。

Q782 ★★ □□ 【予想】

AとBが連帯して債務を負っており、Aが死亡した場合、Aの連帯債務はAの相続人間で当然に分割され、各相続人はその相続分に応じて承継し、その承継した範囲においてBとともに連帯債務者となる。

Q783 □□ 【平15】

Aが相続人の一人である妻Bを受取人とする生命保険契約を締結していた場合、その死亡保険金は相続財産に含まれる。

Q784 ★ □□ 【平15】

Aには、妻Bと子C・D・Eがいる。Aが生前友人の息子Gの身元保証人になっていた場合でも、Aの相続人B・C・D・Eは、GがAの生前に使い込みをしたためAがGの使用者に対して負っていた損害賠償債務を相続しない。

Q785 ★★ □□ 【予想】

胎児は、相続については、死体で生まれたときを除き、既に生まれたものとみなされる。

法定相続人となる親族の範囲とその間の順位、および相続人の組合せと法定相続分を押さえておきましょう。

A 781 □□

代理権は、代理人の死亡によって消滅するので（111条1項2号）、相続人に承継されることはない。 ○

A 782 □□

連帯債務者の一人が死亡し、その相続人が数人ある場合、相続人らは被相続人の債務を分割して承継し、その承継した範囲において、本来の債務者とともに連帯債務者となる（最判昭 34.6.19）。 ○

A 783 □□

相続の対象となるのは、相続開始時に被相続人に帰属していた権利義務であるが、生命保険契約に基づく死亡保険金に関しては受取人に帰属するので、妻が受取人である場合、相続の対象とはならない（最判昭 40.2.2）。 ×

A 784 □□

身元保証人の地位自体は一身専属的であり相続の対象とはならないが、相続時にすでに発生している損害賠償債務は相続の対象となる。 ×

A 785 □□

私権の享有は出生に始まるため（3条1項）、胎児は、権利能力を有しない。しかし、相続については、胎児は、死体で生まれたときを除き、既に生まれたものとみなされる（886条）。 ○

★★
Q786
□□
【平19】

Aが死亡し、その死亡時には、配偶者B、Bとの間の子CおよびAの母Dがいる場合に、Aの死亡と近接した時にCも死亡したが、CがAの死亡後もなお生存していたことが明らかでない場合には、反対の証明がなされない限り、Aを相続するのはBおよびDである。

★★
Q787
□□
【予想】

Aには、配偶者B、Bとの間の子C、Cの子（Aの孫）DおよびDの子（Aの曽孫）Eがいる。この場合において、CおよびDが死亡した後、Aが遺言をせずに死亡したときは、Aの法定相続人となるのはBおよびEである。

★★
Q788
□□
【平19】

Aが死亡し、その死亡時には、配偶者B、Bとの間の子CおよびAの母Dがいる場合に、Aが自己に対する虐待を理由に家庭裁判所にCの廃除を請求して、家庭裁判所がこれを認めた場合には、たとえCに子Fがいたとしても、FはCを代襲してAの相続人となることはできず、Aを相続するのはBおよびDである。

★★
Q789
□□
【平19】

Aが死亡し、その死亡時には、配偶者B、Bとの間の子CおよびAの母Dがいる場合に、Cが相続の放棄をした場合において、Cに子Fがいるときには、Aを相続するのはBだけでなく、FもCを代襲してAの相続人となる。

★★
Q790
□□
【平19】

Aが死亡し、その死亡時には、配偶者B、Bとの間の子CおよびAの母Dがいる場合に、Aにさらに養子Eがいる場合には、Aを相続するのはB、CおよびEであり、Eの相続分はCの相続分に等しい。

A 786 □□

CがAの死亡後もなお生存していたことが明らかでない場合には同時死亡の推定がはたらき（32条の2）、両者の間には相続は生じないので、Aを相続するのはBおよびDである。 ○

A 787 □□

代襲相続の規定は、代襲者が、相続の開始以前に死亡し、または相続欠格事由に該当し、もしくは廃除によって、その代襲相続権を失った場合について準用される（887条3項）。 ○

A 788 □□

相続の廃除は、代襲相続の原因となるので（887条2項）、Aを相続するのはBおよびFである。 ×

A 789 □□

相続の放棄は、代襲相続の原因とならないので、Fは相続人とならず、Aを相続するのはBおよびDである。 ×

A 790 □□

実子も養子も子に変わりなく、相続人として平等であるから、相続分は同じである。 ○

★★
Q791
□□
【平15】

Aには、妻Bと子C・D・Eがいる。遺産分割前に共同相続人の一人Dから相続財産に属する不動産について共有持分を譲り受けた第三者Hは、登記がなくても他の共同相続人B・C・Eに共有持分の取得を対抗することができる。

★
Q792
□□
【予想】

相続人Aが相続を放棄したことにより相続人となったBが相続の承認をした場合であっても、Bの承認後にAが相続財産を費消した場合には、Aは単純承認をしたものとみなされる。

★★
Q793
□□
【予想】

相続人が数人あるときは、限定承認は、相続人全員が共同してしなくてはならない。

Q794
□□
【予想】

公正証書によって遺言をするには、証人一人の立会いが必要である。

★★
Q795
□□
【平29】

15歳に達した者は、遺言をすることができるが、遺言の証人または立会人となることはできない。

A 791 □□

遺産分割は相続時にさかのぼって効力を生ずるが、遺産分割前に共同相続人の一人から持分を譲り受けた第三者を害することができない（909条）。しかし、この第三者とは対抗要件を備えた第三者と解されているため、登記を備えていないHは、共有持分の取得を対抗できない。 ×

A 792 □□

本問のような場合にAが単純承認したとみなされると、Aの当初の相続放棄によって相続人の地位を得たBの地位をくつがえすことになるため、法定単純承認の例外とされている（921条3号ただし書）。 ×

A 793 □□

限定承認は、共同相続人全員で行わなければならない（923条）。 ○

A 794 □□

公正証書遺言の場合には、二人以上の証人の立会いが必要である（969条1号）。 ×

A 795 □□

15歳に達した者は、遺言能力が認められるが（961条）、遺言の証人または立会人となることはできない（974条1号）。 ○

★
Q796 □□ 【令5】
夫婦は、同一の証書によって遺言をすることはできない。

Q797 □□ 【予想】
公正証書による遺言を除き、遺言書の保管者は、相続の開始を知った後、遅滞なく、これを家庭裁判所に提出して、その検認を請求しなければならない。

★
Q798 □□ 【平13】
被相続人の死後に矛盾する内容の遺言が２通出てきた場合には、後の遺言が効力を有する。

Q799 □□ 【予想】
遺留分権利者は、受遺者または受贈者に対し、遺留分侵害額に相当する金銭の支払いを請求することができる。

Q800 □□ 【予想】
遺留分の放棄は、相続の開始前であるか開始後であるかにかかわらず、家庭裁判所の許可を受けたときに限り、その効力を生ずる。

A 796 □□ 遺言は、二人以上の者が同一の証書ですることはできず（975条）、たとえ夫婦であっても例外ではない。 ○

A 797 □□ 遺言書の保管者は、相続の開始を知った後、遅滞なく、家庭裁判所にその検認を請求しなければならないが、公正証書遺言については、検認を経る必要がない（1004条1項前段、2項）。 ○

A 798 □□ 前の遺言が後の遺言と抵触するときは、その抵触する部分については後の遺言で前の遺言を撤回したものとみなされる（1023条1項）。 ○

A 799 □□ 遺留分権利者およびその承継人は、受遺者または受贈者に対し、遺留分侵害額に相当する金銭の支払いを請求することができる（1046条1項）。 ○

A 800 □□ 相続の開始前における遺留分の放棄は、家庭裁判所の許可を受けたときに限り、その効力を生ずる（1049条1項）。 ×

POINTマスター

民　法

1 自然人の権利能力の始期と終期

<table>
<tr><td rowspan="2">始期</td><td>原則</td><td>出生の時</td></tr>
<tr><td>例外</td><td>胎児が生まれたものとみなされる場合
① 不法行為に基づく損害賠償請求
② 相続
③ 遺贈</td></tr>
<tr><td>終期</td><td colspan="2">① 死亡
② 失踪宣告</td></tr>
</table>

2 制限行為能力者の種類と保護者の権限

民法は、意思能力のない者やその不十分な者を制限行為能力者と定めて、これらの者の保護と取引の安全との調整を図っている。制限行為能力者につけられる保護者とその権限は次に示すとおりである。

	未成年者	成年被後見人	被保佐人	被補助人
保護者の名称	親権者 または 未成年後見人	成年後見人	保佐人	補助人
同意権	○	×	△	□
取消権	○	○	△	□
追認権	○	○	△	□
代理権	○	○	□	□

○＝あり　△＝民法所定の行為についてあり
□＝特定の法律行為についてあり　×＝なし

3 意思表示に問題のある場合とその効果

	種　類	原則的な効果	例　外
意思の不存在	心裡留保	有効	相手方が悪意または有過失の場合、無効
	虚偽表示	無効	善意の第三者には無効を対抗できない
	錯誤	取消し可能	表意者に重過失があると取り消すことができない
瑕疵ある意思表示	詐欺	取消し可能	善意無過失の第三者には取消しを対抗できない
	強迫	取消し可能	—

4 無効と取消し

	無　効	取消し
主張権者	基本的に誰でも可能	取消権者のみ可能
効　力	はじめから生じない	行為の時にさかのぼって無効になる
期間の制限	ない	追認できる時より5年、行為の時より20年経過で消滅

5 代理権の消滅原因

	法定代理		任意代理	
	本　人	代理人	本　人	代理人
死　亡	○	○	○	○
破産手続開始決定	×	○	○	○
後見開始の審判	×	○	×	○
解約告知	－	－	○	○

○＝消滅する　×＝消滅しない

6 消滅時効期間と権利

消滅時効にかかる権利	期　間
債権	債務者が権利を行使することができることを知った時から5年または権利を行使することができる時から10年（人の生命、身体の侵害は20年）
債権または所有権以外の権利	権利を行使することができる時から20年

7 消滅時効の起算点

債権の種類	消滅時効の起算点
確定期限の定めのある債権	期限が到来した時
不確定期限の定めのある債権	期限が到来した時
期限の定めのない債権	債権の成立した時
停止条件付き債権	条件の成就した時
返還時期の定めのない金銭消費貸借の債権	債権成立後、相当の期間の経過後
債務不履行に基づく損害賠償請求権	本来の債務の履行を請求できる時
不法行為に基づく損害賠償請求権	① 被害者が損害および加害者を知った時 ② 不法行為の時

8 取得時効の要件

① 所有の意思	所有者としてその物を使う意思があること（自主占有）
② 平穏	暴力的な手段によらないこと
③ 公然	占有を隠匿していないこと
④ 他人の物の占有	動産であると不動産であるとを問わず、時効取得は可能
⑤ 時効期間の経過	占有開始時に善意無過失：10年
	占有開始時に悪意または有過失：20年

9 登記なくして不動産物権変動を対抗できる第三者

①	無権利者
②	不法占拠者または不法行為者
③	詐欺や強迫によって登記申請を妨げた第三者・他人のために登記申請をする義務のある者
④	前主と後主の関係になる者
⑤	相続人
⑥	背信的悪意者

10 担保物権の通有性と効力

		法定担保物権		約定担保物権	
		留置権	先取特権	質　権	抵当権
性質	附従性	○	○	○	○
性質	随伴性	○	○	○	○
性質	不可分性	○	○	○	○
性質	物上代位性	×	○	○	○
効力	優先弁済的効力	×	○	○	○
効力	留置的効力	○	×	○	×

○＝あり　×＝なし

11 法定地上権の成立要件

①	抵当権設定当時、土地の上に建物が存在すること
②	抵当権設定当時、土地と建物の所有者が同一であること
③	土地と建物の一方または両方に、抵当権が設定されたこと
④	競売の結果、土地と建物がそれぞれ別人の所有となったこと

12 詐害行為取消権の行使期間の制限

事　由	期　間	効　果
債務者が詐害行為をしたことを債権者が知った時から	2年間行使しないとき	訴えを提起することができない
詐害行為の時から	10年経過したとき	

13 個人根保証契約についての特則

極度額の設定	個人根保証契約は、極度額を定めなければその効力を生じない
元本確定期日の制限	個人賃金等根保証契約において元本確定期日を定める場合、契約締結の日から5年以内の日としなければならない
個人根保証契約の元本確定事由	① 債権者が保証人の財産につき強制執行または担保権の実行を申し立て、手続が開始されたとき ② 保証人が破産手続開始決定を受けたとき ③ 主たる債務者または保証人が死亡したとき ④ 個人賃金等根保証契約に元本確定期日の定めがない場合において、契約締結の日から3年が経過したとき

14 債権の自由譲渡性の例外

債権の性質による制限	債権者が変わることにより、義務の内容や権利の内容が変更してしまう場合には、債権を譲渡することができない
法律による制限	子が親に養ってもらう扶養請求権（881条）など
譲渡制限の意思表示による制限	債権譲渡は有効であるが、債務者は、譲渡制限の意思表示につき悪意・重過失の譲受人等に対し、履行を拒絶でき、債務消滅事由を対抗できる

15 民法上の債権譲渡の対抗要件

債務者に対する対抗要件	債権者から債務者への通知
	債務者の承諾
債務者以外の第三者に対する対抗要件	確定日付のある証書による債権者から債務者への通知
	確定日付のある証書による債務者の承諾

16 売主の契約不適合責任

追完請求権(562条)	(原則)引き渡された目的物が種類、品質または数量に関して契約の内容に適合しないものであるときは、買主は、売主に対し、目的物の修補、代替物の引渡しまたは不足分の引渡しによる履行の追完を請求することができる。 (例外)不適合が買主の帰責事由によるものであるときは、買主は、履行の追完の請求をすることができない。
代金減額請求権(563条)	(原則)買主が相当の期間を定めて履行の追完の催告をし、その期間内に履行の追完がないときは、買主は、その不適合の程度に応じて代金の減額を請求することができる。 ただし、履行の追完が不能である場合や売主が履行の追完を拒絶する意思を明確に表示した場合など、買主が催告をしても履行の追完を受ける見込みがないことが明らかである場合には、買主は、催告をすることなく、直ちに代金の減額を請求することができる。 (例外)不適合が買主の帰責事由によるものであるときは、買主は、代金の減額の請求をすることができない。
損害賠償請求権(564条)	買主は、売主に対し、債務不履行に基づく損害賠償を請求することができる。
解除権(564条)	買主は、売主に対し、債務不履行に基づく解除権を行使することができる。

17 請負人の担保責任の特則

請負人の担保責任の制限（636条）	（原則）注文者は、注文者の供した材料の性質または注文者の与えた指図によって生じた不適合を理由として、契約不適合責任を追及することができない。 （例外）請負人がその材料または指図が不適当であることを知りながら告げなかったときは、注文者は契約不適合責任を追及することができる。
目的物の種類または品質に関する担保責任の期間の制限（637条）	（原則）注文者が不適合を知った時から1年以内にその旨を請負人に通知しないときは、注文者は、その不適合を理由として、契約不適合責任を追及することができない。 （例外）請負人が不適合を知り、または重大な過失によって知らなかったときは、上記の1年以内の通知は不要である。

18 法定相続人とその順位

第一順位	子	配偶者は常に相続人となる
第二順位	直系尊属	
第三順位	兄弟姉妹	

19 法定相続分

相続人の組合せ	法定相続分
配偶者と子	配偶者：1/2 子　　：1/2
配偶者と直系尊属	配偶者　：2/3 直系尊属：1/3
配偶者と兄弟姉妹	配偶者　：3/4 兄弟姉妹：1/4

20 制限行為能力者の遺言

制限行為能力者	遺言ができる要件
未成年者	15 歳に達した者は単独で遺言ができる
成年被後見人	事理を弁識する能力を一時回復した時において　医師２名以上の立会いの下で遺言ができる
被保佐人 被補助人	保佐人、補助人の同意を得ずに、単独で遺言ができる

21 遺言の方式

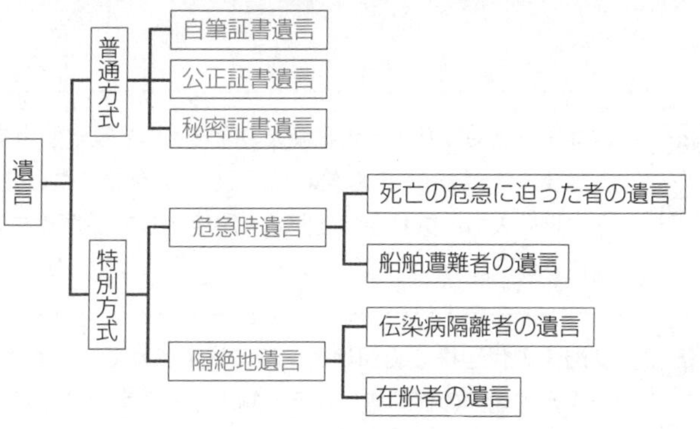

22 遺留分権利者と遺留分の割合

相続人	遺留分の割合
直系尊属のみ	1/3
配偶者	1/2
子	1/2
配偶者と子	1/2
配偶者と直系尊属	1/2

商法 ① 商法総則・商行為

Q801 □□【平14】
わが国では、商人の利益保護の観点から商号自由主義が採用されているので、商人は商号の選定につき制限を受けることなく、自由に選定できる。

★
Q802 □□【平16】
商号の譲渡は、商号と営業をともに譲渡する場合、または営業を廃止する場合に限り、これを行うことができる。

★
Q803 □□【予想】
営業を譲り受けた商人が譲渡人の商号を引き続き使用する場合には、譲渡人の営業によって生じた債務について、その譲受人も、譲り受けた財産を限度として、弁済する責任を負う。

★★
Q804 □□【平26】
支配人の代理権の範囲は画一的に法定されているため、商人が支配人の代理権に加えた制限は、悪意の第三者に対しても対抗することができない。

Q805 □□【平18改】
物品の販売等を目的とする店舗の使用人は、相手方が悪意であった場合も、その店舗にある物品の販売等をする権限を有するものとみなされる。

民法に対し、商法がどのような特則を設けているか、押さえておきましょう。

A 801 □□ たとえば、会社の場合、必ず会社であることを示さなければならない（会社法6条2項）等の一定の制限がある。逆に、会社でない者は、その商号中に、会社であると誤認されるおそれのある文字を用いてはならない（会社法7条）。 ×

A 802 □□ 商号は営業と密接に結びついており、自由な譲渡を認めると、公衆に無用の混乱を招くおそれがあるため、譲渡が制限されている（15条1項）。 ○

A 803 □□ 商号の譲受人が負う弁済の責任は、譲り受けた財産を限度としない（17条1項、会社法22条1項）。 ×

A 804 □□ 支配人の代理権に加えた制限は、善意の第三者に対抗することができないが（21条3項、会社法11条3項）、悪意の第三者に対抗することはできる。 ×

A 805 □□ 物品の販売等を目的とする店舗の使用人は、相手方が悪意であった場合を除いて、店舗にある物品の販売等をする権限を有するものとみなされる（26条、会社法15条）。 ×

Q806 □□ 【令5】

商人である隔地者の間において承諾の期間を定めないで契約の申込みを受けた者が相当の期間内に承諾の通知を発しなかったときは、その申込みは、その効力を失う。

★★ Q807 □□ 【令5】

商人が平常取引をする者からその営業の部類に属する契約の申込みを受けたときは、遅滞なく、契約の申込みに対する諾否の通知を発しなければならず、当該通知を発することを怠ったときは、その商人はその申込みを承諾したものとみなす。

★ Q808 □□ 【令5】

商人が平常取引をする者からその営業の部類に属する契約の申込みを受けた場合において、その申込みとともに受け取った物品があるときは、その申込みを拒絶したかどうかにかかわらず、申込みを受けた商人の費用をもって、その物品を保管しなければならない。

★★ Q809 □□ 【予想】

A株式会社は、輸入業者Bとの間でコーヒー豆の売買契約を締結した。Aの仕入れ担当者はコーヒー豆の納入に立ち会い、数量の確認および品質の検査を行った。その際、コーヒー豆の品質の劣化を発見したが、Bに直ちには通知しなかった。この場合に、AはBに対して履行の追完の請求、代金の減額の請求、損害賠償の請求および契約の解除をすることができない。

★ Q810 □□ 【平21】

A株式会社は、輸入業者Bとの間でバナナの売買契約を締結した。履行期日になったが、Aの加工工場でストライキが起こり、Aは期日にバナナを受領することができなかった。そこでBは、Aへの催告なしに、そのバナナを競売に付し、競売の代金をバナナの代金に充当したが、これについて、Bに責任はない。

A 806 □□ 商人である隔地者の間において承諾の期間を定めないで契約の申込みを受けた者が相当の期間内に承諾の通知を発しなかったときは、その申込みは、その効力を失う（508条1項） ○

A 807 □□ 本問のような場合、遅滞なく諾否の通知を発することを怠った商人は、申込みを承諾したものとみなされる（509条2項）。 ○

A 808 □□ 本問のような場合、申込みを拒絶するときは、原則として申込者の費用をもって物品を保管しなければならない（510条）。 ×

A 809 □□ Aは、コーヒー豆の品質の劣化について、検査によりこれを発見したが、Bにただちに通知していないため、履行の追完の請求、代金の減額の請求、損害賠償の請求および契約の解除をすることができない（526条1項、2項前段）。 ○

A 810 □□ バナナは損傷その他の事由による価格の低落のおそれがある物にあたるため、Bは、Aへの催告なしに競売に付することができ、その代価をバナナの代金に充当することができる（524条）。 ○

★
Q811 □□【平21】

A株式会社は、輸入業者Bとの間でクリスマス商品の売買契約を締結したが、輸出国の工場での製造工程にトラブルが生じ、商品の製造が遅れたため、納入がクリスマスに間に合わなかった。Aが、Bに対して契約の解除等何らの意向を示さずに、Bからの度重なる連絡を無視し続けた場合、クリスマス商品の受領を拒むことはできない。

Q812 □□【予想】

匿名組合契約は、当事者の一方が相手方の営業のために出資をし、その営業から生ずる利益を分配することを約する契約である。

★
Q813 □□【平17】

商法上の仲立人とは、他人間の商行為について、代理または媒介をなすことを業とする者である。

★
Q814 □□【予想】

商法上の問屋とは、自己の名をもって他人のために物品の販売または買入れをすることを業とする者である。

Q815 □□【平30】

自己の営業の範囲内で、無報酬で寄託を受けた商人は、自己の財産に対するのと同一の注意をもって、寄託物を保管する義務を負う。

A 811 □□

クリスマス商品は、その性質により、特定の日時または一定の期間内に履行をしなければ契約をした目的を達することができないため、Aは、ただちに履行の請求をしない限り、売買契約を解除したものとみなされ、クリスマス商品の受領を拒むことができる（525条）。 ×

A 812 □□

匿名組合契約は、当事者の一方（匿名組合員）が相手方（営業者）の営業のために出資をし、その営業から生ずる利益を分配することを約することによって、その効力を生ずる（535条）。 ○

A 813 □□

商法上の仲立人は、他人間の商行為の媒介をなすことを業とする者であるが（543条）、代理をなすことは含まれていない。 ×

A 814 □□

自己の名をもって他人のために物品の販売または買入れをすることを業とする者を問屋（といや）という（551条）。 ○

A 815 □□

商人がその営業の範囲内において寄託を受けた場合には、民法上の寄託とは異なり、報酬を受けないときであっても、善良な管理者の注意をもって寄託物を保管する義務を負う（595条）。 ×

Q816
□□
【予想】

合同会社の社員は、株式会社の株主と同様、間接有限責任を負うにすぎない。

★
Q817
□□
【平13】

会社の資本金は、利害関係人にとって唯一の責任財産となるから、定款に記載されるとともに、登記および貸借対照表により公示される。

★
Q818
□□
【平13】

会社の資本金の額は、自由に増減させることができる。

★
Q819
□□
【予想】

株式会社の財政的基礎を確保するために、会社設立時における資本金の額は1,000万円以上であることが要求されている。

Q820
□□
【予想】

会社法上の公開会社において発行される株式は、その全部が譲渡制限のついていない株式である。

株式会社の特徴を押さえ、株式会社の種類を整理しておきましょう。

A 816 □□ 合同会社の社員は、出資について有限責任を負うのみであり（会社法576条4項、580条2項）、かつ、全額払込主義がとられており（会社法578条、604条3項）、間接有限責任を負うにすぎない。 ○

A 817 □□ 資本金は、登記および貸借対照表により公示されるが（会社法911条3項5号、914条5号、会社計算規則76条）、定款の記載事項ではない。 ×

A 818 □□ 資本充実・維持の原則により、資本金の額を減少させるには、厳格な法定の手続を経ることが必要である（会社法447条、309条2項）。 ×

A 819 □□ 会社法の制定に際し、最低資本金制度は廃止された結果、本問のような制限はなされていない。 ×

A 820 □□ 発行する株式のうち、一部に譲渡制限を設けていない株式会社も公開会社にあたる。 ×

商法 ③ 株式会社の設立

★
Q821
□□
【平27】

発起設立または募集設立のいずれの方法による場合であっても、発起人でない者が、会社設立の広告等において、自己の名または名称および会社設立を賛助する旨の記載を承諾したときには、当該発起人でない者は発起人とみなされ、発起人と同一の責任を負う。

★★
Q822
□□
【令2】

発起設立または募集設立のいずれの場合であっても、各発起人は、設立時発行株式を1株以上引き受けなければならない。

★★
Q823
□□
【令4】

発起設立において、発行可能株式総数を定款で定めていない場合には、発起人は、株式会社の成立の時までに、その全員の同意によって、定款を変更して発行可能株式総数の定めを設けなければならない。

★
Q824
□□
【平24】

発起人以外の設立時募集株式の引受人が金銭以外の財産を出資の目的とする場合には、その者の氏名または名称、目的となる財産およびその価額等を定款に記載または記録しなければ、その効力を生じない。

Q825
□□
【令5】

設立時取締役は、その選任後、株式会社が成立するまでの間、発起人と共同して、株式会社の設立の業務を執行しなければならない。

設立手続の流れと、発起人の権限と責任を押さえておきましょう。

A 821 □□

このような発起人を擬似発起人というが、擬似発起人が発起人と同一の責任を負うのは、募集設立の方法による場合のみである（会社法 103 条 4 項）。 ×

A 822 □□

各発起人は、株式会社の設立に際し、設立時発行株式を 1 株以上引き受けなければならない（会社法 25 条 2 項）。 ○

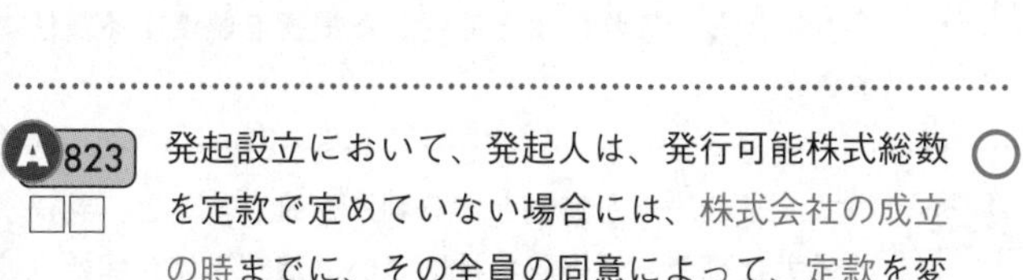

A 823 □□

発起設立において、発起人は、発行可能株式総数を定款で定めていない場合には、株式会社の成立の時までに、その全員の同意によって、定款を変更して発行可能株式総数の定めを設けなければならない（会社法 37 条 1 項）。 ○

A 824 □□

会社設立の際に現物出資を行うことができるのは、発起人のみである。なお、会社成立後、募集株式を発行する際は、現物出資を行うことができる者につき制限はない。 ×

A 825 □□

設立時取締役の権限は、会社が設立される前は設立事項の調査に限られている（会社法 46 条）。 ×

Q826 □□【平19】

会社の設立に際しては、発起設立または募集設立のいずれの方法による場合も、創立総会を開催しなければならない。

★
Q827 □□【平29】

発起人は、その引き受けた設立時発行株式について、その出資に係る金銭の全額を払い込み、またはその出資に係る金銭以外の財産の全部を給付した時に、設立時発行株式の株主となる。

★★
Q828 □□【令３】

発起人、設立時取締役または設立時監査役は、株式会社の設立についてその任務を怠ったときは、当該株式会社に対し、これによって生じた損害を賠償する責任を負う。

Q829 □□【予想】

株式会社の設立を無効とする判決が確定すると、判決の効力は遡及し、当該会社について清算手続が開始されることはない。

★★
Q830 □□【平30】

株式会社が成立しなかったときは、発起人は、連帯して、株式会社の設立に関してした行為についてその責任を負い、株式会社の設立に関して支出した費用を負担する。

A 826 □□ 創立総会を開かなければならないのは、募集設立の場合のみである（会社法65条1項）。 ×

A 827 □□ 発起人が株主となるのは、会社成立の時である（会社法50条1項）。 ×

A 828 □□ 発起人、設立時取締役または設立時監査役は、株式会社の設立についてその任務を怠ったときは、当該株式会社に対し、これによって生じた損害を賠償する責任を負う（会社法53条1項）。 ○

A 829 □□ 設立を無効とする判決が確定すると、判決の効力に遡及効はなく、当該会社について清算手続が開始される（会社法839条、475条2号）。 ×

A 830 □□ 本問のような場合、発起人は連帯して、株式会社の設立に関してした行為についてその責任を負い、株式会社の設立に関して支出した費用を負担する（会社法56条）。 ○

商法 ④ 株式

★
Q831 □□ 【平16】

株式の分割を行う場合には、株主総会の特別決議によるその承認が必要である。

Q832 □□ 【平16改】

株式の払込額の２分の１を超えない額については、資本金に計上せず資本準備金とすることができる。

★
Q833 □□ 【平28】

会社法上の公開会社（指名委員会等設置会社を除く。）が発行する株式に関し、会社は、譲渡による当該種類の株式の取得について、会社の承認を要する旨の定款の定めがある種類株式を発行することができる。

Q834 □□ 【予想】

種類株式発行会社において単元株制度を採用するときは、各種類株式に係る単元株式数は、同じ数でなければならない。

★
Q835 □□ 【予想】

単元株制度を廃止する旨の定款変更は、株主総会決議によらないで行うことができる。

種類株式の内容と株式の譲渡について押さえておきましょう。

A 831 □□

株式の分割を認めても、既存株主の利益に実質的な影響はないため、株主総会の普通決議（取締役会設置会社では取締役会決議）により行うことができる（会社法183条2項）。 ×

A 832 □□

株式の払込額の2分の1を超えない額は、資本金として計上しないことができるが、この額は資本準備金として計上しなければならない（会社法445条）。 ○

A 833 □□

株式会社は、譲渡による当該種類の株式の取得について、会社の承認を要する旨の定款の定めがある種類株式を発行することができる。 ○

A 834 □□

種類株式発行会社においては、単元株式数は、株式の種類ごとに定めなければならない（会社法188条3項）。 ×

A 835 □□

単元株制度を廃止しても、既存の株主の利益を損なわないので、単元株制度を廃止する定款の変更は取締役の決定（取締役会設置会社では取締役会の決議）で行うことができる（会社法195条1項）。 ○

Q836 □□ 【平27】

単元未満株主は、定款にその旨の定めがあるときに限り、株式会社に対し、自己の有する単元未満株式を買い取ることを請求できる。

★★
Q837 □□ 【平23】

譲渡制限株式の譲渡を承認するか否かの決定は、定款に別段の定めがない限り、取締役会設置会社では取締役会の決議を要し、それ以外の会社では株主総会の決議を要する。

Q838 □□ 【平14改】

株式が譲渡されると、株主総会の決議によりすでに確定している剰余金配当請求権も移転することになる。

★★
Q839 □□ 【予想】

会社法上の公開会社でない株券発行会社において、株券が発行されていないときは、株式を譲渡しようとする株主は、会社に対し、株券の発行を請求する必要がある。

★
Q840 □□ 【平16改】

株主となる権利の譲渡は、成立後の株式会社に対抗することができない。

A 836 □□

単元未満株式を有する者は、いつでも会社に対して単元未満株式の買取りを請求できる（会社法192条1項）。 ×

A 837 □□

譲渡制限株式の譲渡を承認する機関は、取締役会設置会社では取締役会、それ以外の会社では株主総会であるが、定款で別段の定めをすることもできる（会社法139条1項）。 ○

A 838 □□

すでに確定している剰余金配当請求権は、具体的な金銭債権として、決議時の株主に帰属し、株式とは別個独立の権利となるため、株式が譲渡されても移転しない。 ×

A 839 □□

株券発行会社の株式の譲渡は、株券の交付をしなければ効力が生じないため（会社法128条1項本文）、当該株式を譲渡するには、会社に対し、株券の発行を請求する必要がある。 ○

A 840 □□

株主となる権利を権利株というが、権利株の譲渡は、成立後の株式会社に対抗することができない（会社法35条、50条2項）。 ○

★
Q 841 □□【平14】

株券発行前の株式の譲渡は無効である。

Q 842 □□【平14】

子会社と親会社が株式交換をする場合には、子会社は親会社の株式を取得することができる。

Q 843 □□【平19】

議決権制限株式を発行する旨の定款変更決議に反対する株主は、株式買取請求権を行使することができる。

★
Q 844 □□【平16】

自己株式を取得した場合には、相当の時期に当該自己株式を処分または消却しなければならない。

Q 845 □□【予想】

内容の異なる２以上の種類の株式を発行している株式会社は、株主総会の決議により、そのうち１種類の株式のみを株主との合意により有償で取得することができる。

A 841 □□ 譲渡の当事者間では有効であり、ただ、会社との関係で無効となるにすぎない(会社法128条2項)。 ×

A 842 □□ 子会社は親会社の株式を取得できないのが原則であるが、株式交換の際には、子会社は親会社の株式を取得することができる(会社法135条2項5号、会社法施行規則23条2号)。 ○

A 843 □□ 議決権制限株式を発行する旨の定款変更決議に反対する株主に、株式買取請求権は認められていない。 ×

A 844 □□ 会社は取得した自己株式を期間制限なしに保有することができる。 ×

A 845 □□ 種類株式発行会社においては、ある種類の株式のみを取得することを株主総会で決議することができる(会社法156条1項1号かっこ書)。 ○

★★
Q846
□□
【平26】

取締役会設置会社の株主総会は、法令に規定される事項または定款に定められた事項に限って決議を行うことができる。

★★
Q847
□□
【予想】

株式会社は、毎事業年度の終了後一定の時期に定時株主総会を招集しなければならないが、必要がある場合には、いつでも、臨時株主総会を招集することができる。

★
Q848
□□
【令4】

総株主の議決権の100分の3以上の議決権を6か月前から引き続き有する株主は、取締役に対し、株主総会の目的である事項および招集の理由を示して、株主総会の招集を請求することができる。

Q849
□□
【予想】

株主総会は、定款に別段の定めがある場合を除き、本店の所在地またはこれに隣接する地に招集しなければならない。

★
Q850
□□
【平16】

株主総会の決議について特別の利害関係を有する株主は、当該決議事項について議決権のある株式の株主であっても、議決権を行使することができない。

株主総会、取締役および取締役会の役割と権限を、それぞれ押さえておきましょう。

A 846 □□

取締役会設置会社の株主総会は、会社法または定款に定められた事項に限り、決議をすることができる（会社法295条2項）。 ○

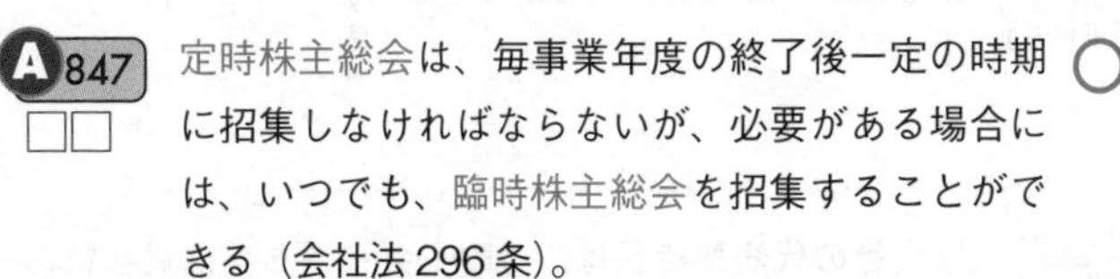

A 847 □□

定時株主総会は、毎事業年度の終了後一定の時期に招集しなければならないが、必要がある場合には、いつでも、臨時株主総会を招集することができる（会社法296条）。 ○

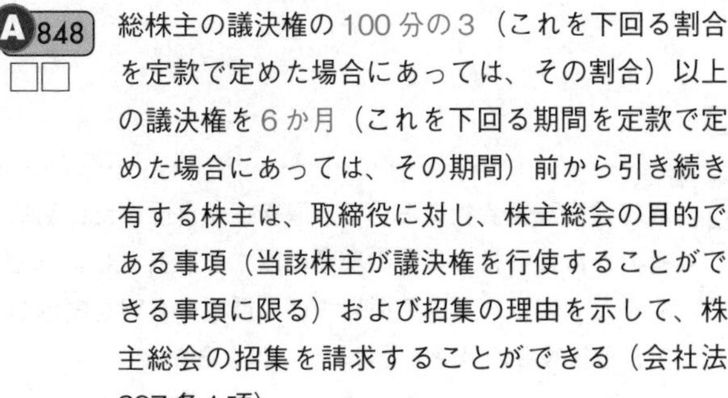

A 848 □□

総株主の議決権の100分の3（これを下回る割合を定款で定めた場合にあっては、その割合）以上の議決権を6か月（これを下回る期間を定款で定めた場合にあっては、その期間）前から引き続き有する株主は、取締役に対し、株主総会の目的である事項（当該株主が議決権を行使することができる事項に限る）および招集の理由を示して、株主総会の招集を請求することができる（会社法297条1項）。 ○

A 849 □□

従前は本問のような制限があったが、会社法の制定に際し廃止され、現在は本問のような制限はない。 ×

A 850 □□

特別利害関係を有する株主も、議決権を行使することはできる。ただし、株主総会決議取消しの訴えにより、決議が取り消される場合がある（会社法831条1項3号）。 ×

★
Q851 □□ 【平21】

株主総会は株主が議決権を行使するための重要な機会であるため、本人が議決権を行使する場合のほか、代理人による議決権行使の機会が保障されているが、会社法上の公開会社であっても、当該代理人の資格を株主に制限する旨を定款に定めることができる。

★
Q852 □□ 【平15改】

公開会社においては、定款をもってしても取締役の資格を株主に限定することはできない。

Q853 □□ 【予想】

親会社の代表取締役は、その子会社である株式会社の社外取締役となることができない。

★★
Q854 □□ 【平25改】

取締役会設置会社において、取締役が自己または第三者のために会社の事業の部類に属する取引をしようとするときには、その取引について重要な事実を開示して、取締役会の承認を受けなければならない。

★★
Q855 □□ 【平17】

取締役が法令または定款に違反する行為により会社に損害を与えた場合には、会社に対して損害の賠償をしなければならないが、総株主の同意があれば、会社はこの責任を免除することができる。

A 851 □□

いわゆる総会屋対策として、代理人を株主に限るとする定款の規定は、有効である（最判昭 43.11.1）。 ○

A 852 □□

公開会社でない株式会社では、本問のような定款の規定も有効であるが、公開会社では無効である（会社法 331 条2項）。 ○

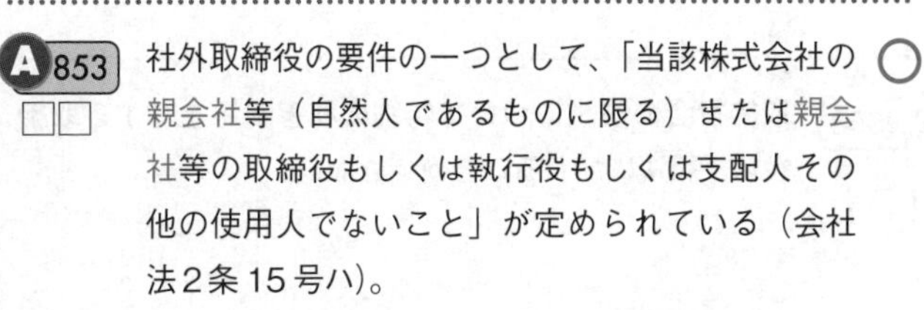

A 853 □□

社外取締役の要件の一つとして、「当該株式会社の親会社等（自然人であるものに限る）または親会社等の取締役もしくは執行役もしくは支配人その他の使用人でないこと」が定められている（会社法2条 15 号ハ）。 ○

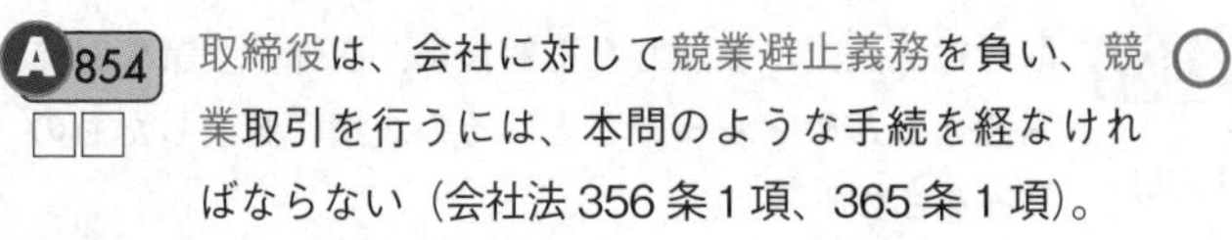

A 854 □□

取締役は、会社に対して競業避止義務を負い、競業取引を行うには、本問のような手続を経なければならない（会社法 356 条1項、365 条1項）。 ○

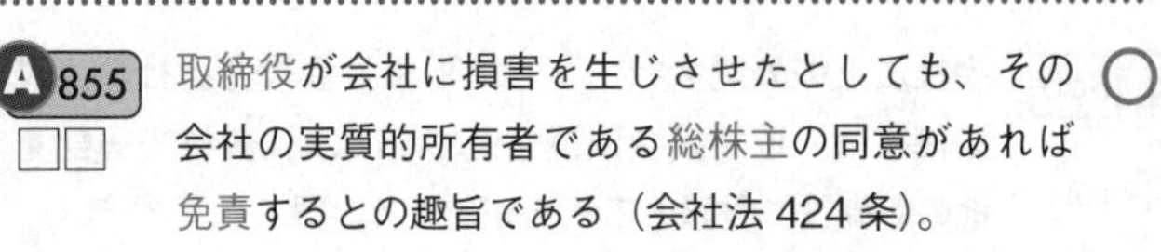

A 855 □□

取締役が会社に損害を生じさせたとしても、その会社の実質的所有者である総株主の同意があれば免責するとの趣旨である（会社法 424 条）。 ○

★
Q856
□□
【予想】

取締役会設置会社の取締役が株主の権利行使に関して当該株主に利益の供与をした場合には、当該取締役は、その職務を行うについて注意を怠らなかったことを証明したとしてもなお、供与した利益の価額に相当する額を会社に対し支払う義務を負う。

★★
Q857
□□
【予想】

公開会社において、株式会社に対し、責任追及等の訴えの提起を請求することができるのは、原則として、6か月前から引き続き株式を有する株主である。

★
Q858
□□
【令1】

取締役会の決議について特別の利害関係を有する取締役は、議決に加わることができない。

★
Q859
□□
【予想】

取締役会決議に参加した取締役は、取締役会議事録に異議をとどめなかったときはその決議に賛成したものとみなされる。

Q860
□□
【平20】

会社法上の公開会社であって取締役会設置会社の代表取締役は、取締役会決議に基づいて、代表権の一部を他の取締役に委譲することができる。

A 856 □□
「利益の供与をした」取締役は、免責されない。ただし、「利益の供与に関与した」取締役は、その職務を行うについて注意を怠らなかったことを証明した場合は、免責される（会社法120条4項）。 ○

A 857 □□
公開会社において、6か月前から引き続き株式を有する株主は、原則として、株式会社に対し、書面その他の法務省令で定める方法により、責任追及等の訴えの提起を請求することができる（会社法847条1項）。 ○

A 858 □□
特別の利害関係を有する取締役は、取締役会決議の参加資格がない（会社法369条2項）。 ○

A 859 □□
その決議に賛成したものと「みなされる」のではなく、「推定される」のである（会社法369条5項）。 ×

A 860 □□
本問のような、取締役会決議に基づいて代表権の一部を他の取締役に委譲することができると定める規定は存在しない。 ×

商法 ⑥ 株式会社のその他の機関

★

Q861 □□【平19】

会計参与は、会計監査人とは異なる会社役員であり、取締役と共同して計算書類等を作成する。

★★
Q862 □□【平19】

取締役会または監査役を設置していない株式会社も設立することができる。

★★
Q863 □□【予想】

株式会社の監査役は、当該会社の子会社の取締役を兼ねることができない。

★
Q864 □□【予想】

監査役は、正当な理由がない限り、株主総会の特別決議によっても、解任することができない。

★
Q865 □□【令3】

監査役会設置会社においては、３人以上の監査役を置き、そのうち半数以上は、社外監査役でなければならない。

会社の業務執行を監査する各機関について、異同を理解しておきましょう。

A 861 □□

会計参与は、取締役と共同して計算書類等を作成する（会社法374条1項）。なお、会計監査人は、会社法上の役員に含まれない点に注意を要する。 ○

A 862 □□

すべての株式会社は、会社の機関として株主総会と取締役を設置する必要があるが、取締役会または監査役を設置していない株式会社も設立することができる。 ○

A 863 □□

監査役は、その株式会社の取締役もしくはその子会社の取締役を兼任することは認められない（会社法335条2項）。 ○

A 864 □□

監査役は、正当な理由がなくても、株主総会の特別決議によって解任することができる（会社法339条1項、309条2項）。正当な理由のない場合には株式会社が損害賠償を請求されるにすぎない（会社法339条2項）。 ×

A 865 □□

監査役会設置会社においては、監査役は、三人以上で、そのうち半数以上は、社外監査役でなければならない（会社法335条3項）。 ○

Q866 □□ 【予想】

監査役会において会社の業務および財産の状況の調査の方法の決定をした場合、監査役は、その権限の行使にあたり、当該決定に従わなければならない。

★★

Q867 □□ 【令3】

指名委員会等設置会社においては、指名委員会、監査委員会または報酬委員会の各委員会は、３人以上の取締役である委員で組織し、各委員会の委員の過半数は、社外取締役でなければならない。

★

Q868 □□ 【予想】

指名委員会等設置会社において、指名委員会は、株主総会に提出する取締役および執行役の選任および解任に関する議案の内容を決定する。

★★

Q869 □□ 【平19】

指名委員会等設置会社の業務を執行し代表権を有する執行役は、指名委員会が指名する候補者の中から株主総会で選任される。

★

Q870 □□ 【予想】

指名委員会等設置会社における取締役は、執行役を兼ねることはできるが、使用人を兼ねることはできない。

A 866 □□ 監査役会設置会社においても、各監査役は独任制が採用されており、監査役会の決定に拘束されない（会社法390条2項ただし書）。 ×

A 867 □□ 指名委員会等設置会社においては、各委員会は委員三人以上で組織し、各委員会の委員の過半数は社外取締役でなければならない（会社法400条1項3項）。 ○

A 868 □□ 指名委員会は、取締役および会計参与の選任および解任に関する議案の内容を決定する（会社法404条1項）。また、執行役は、取締役会の決議によって選任される。 ×

A 869 □□ 代表執行役は、執行役のなかから取締役会で選定される（会社法420条1項前段）。 ×

A 870 □□ 指名委員会等設置会社の取締役は、執行役を兼任することはできるが（会社法402条6項）、使用人を兼任することはできない（会社法331条4項）。 ○

商法 ⑦ 計算その他

Q871 □□ 【予想】

資本準備金の額の減少をする場合において、減少する資本準備金の額の全部を資本金とするときは、会社法の定める債権者保護手続を経ることを要しない。

★★
Q872 □□ 【平20】

剰余金の配当により株主に交付される金銭等の帳簿価額の総額は、剰余金の配当が効力を生ずる日における分配可能額を超えてはならない。

★
Q873 □□ 【平30】

株式会社は、配当財産として、金銭以外に当該株式会社の株式、社債または新株予約券を株主に交付することはできない。

★★
Q874 □□ 【令3】

株式会社は、純資産の額が300万円を下回る場合には、剰余金の配当を行うことができない。

★★
Q875 □□ 【平20】

会社が自己株式を有する場合には、株主とともに当該会社も剰余金の配当を受けることができるが、配当財産の額は利益準備金に計上しなければならない。

剰余金の配当の要件と、会社の資金調達の方法について押さえておきましょう。

A 871 □□ 資本準備金の額の減少をする場合、原則として、債権者保護手続を経なければならないが、減少する資本準備金の額の全部を資本金とするときは、債権者を害することはないため、債権者保護手続を経ることを要しない（会社法449条1項）。 ○

A 872 □□ 会社財産を確保するため、分配可能額を超えて剰余金の配当を行うことはできない（会社法461条1項）。 ○

A 873 □□ 株式会社は、当該会社の株式、新株予約権または社債を配当財産とすることはできない（会社法454条1項1号）。 ○

A 874 □□ 会社債権者の保護のためにこのような制限が設けられている（会社法458条）。 ○

A 875 □□ 株式会社は、自己株式については、剰余金の配当を受けることができない（会社法453条かっこ書）。 ×

Q876 ★ □□【平20】
取締役会設置会社は、１事業年度の途中において１回に限り、取締役会決議により剰余金の配当（中間配当）をすることができる旨を定款で定めることができる。

Q877 ★ □□【予想】
募集株式の引受人が会社に対する債権を有する場合であっても、出資の履行義務について、当該引受人側から当該債権を自働債権、出資の履行義務を受働債権として相殺をすることはできない。

Q878 □□【予想】
株式の無償割当てにより株式が発行された場合には、新たに資本金は計上されない。

Q879 □□【予想】
社債管理者は、社債権者のために、公平かつ誠実に社債の管理を行わなければならない。

Q880 □□【予想】
社債管理者は、社債に係る債権の実現を保全するために必要があるときは、裁判所の許可を得て、裁判上の行為をすることができる。

A 876 □□

取締役会設置会社では、中間配当は１事業年度の途中において１回に限り、認められる（会社法454条５項）。 ○

A 877 □□

出資の履行義務を受働債権とする相殺は禁止されている（会社法208条３項）。このような相殺を認めると、資本充実の原則に反するからである。 ○

A 878 □□

本問のような場合、株式数が増加するにすぎず、新たな払込みが生じないので、資本金に計上されることはない。 ○

A 879 □□

社債管理者は、社債権者のために、公平かつ誠実に社債の管理を行わなければならず、社債権者に対し、善管注意義務を負う（会社法704条）。 ○

A 880 □□

社債管理者が、本問のような行為を行うにあたり、裁判所の許可は必要ない（会社法705条１項）。 ×

商法 ⑧ 組織再編

Q881 □□ 【平21改】

株式会社がその事業の全部または重要な一部の譲渡を行う場合には、譲渡会社において株主総会の特別決議による承認を要するが、譲渡する資産の帳簿価格が譲渡会社の総資産の額の五分の一を超えないときは、株主総会の承認は不要である。

★★ **Q882** □□ 【予想】

事業譲渡において、譲渡会社の事業の一部を譲り受ける場合には、譲受会社においては、株主総会の決議を必要としない。

★ **Q883** □□ 【予想】

事業譲渡が行われた場合であっても、譲渡会社が債権者の承諾を得て譲受会社に免責的債務引受けをさせない限り、譲渡会社の債務は存続する。

★ **Q884** □□ 【平18】

合併の各当事会社は、会社債権者に対して、合併に異議があれば一定の期間内に述べるように官報に公告し、かつ電子公告をした場合であっても、知れたる債権者には個別催告する必要がある。

★★ **Q885** □□ 【平18】

会社が合併するには、各当事会社の株主総会の特別決議による承認を要するが、存続会社に比べて消滅会社の規模が著しく小さい場合には、各当事会社は株主総会決議を省略することができる。

合併の要件と手続の流れを押さえておきましょう。

A 881 □□

株式会社がその事業の重要な一部を譲渡する場合、原則として株主総会の特別決議による承認が必要だが、本問のような規模の小さな事業譲渡については、株主総会の承認は不要である（会社法468条2項）。 ○

A 882 □□

事業の一部の譲受けの場合、譲受会社の株主総会決議は不要である（会社法467条1項3号参照）。 ○

A 883 □□

合併とは異なり、事業譲渡によって当然に権利義務が引き継がれるわけではない。 ○

A 884 □□

本問のような場合、知れたる債権者への各別の催告は省略できる（会社法789条3項、799条3項）。 ×

A 885 □□

本問のような場合、存続会社は、株主総会の決議を省略できるが（会社法796条2項）、消滅会社では省略することができない。 ×

★

□□
【平18】

合併決議前に反対の意思表示をし、かつ合併承認決議に反対した株主は、合併承認決議が成立した場合には、株式買取請求権を行使することができる。

★★

Q887

□□
【平24】

吸収合併存続会社の株主総会において、消滅会社の債務の一部を承継しない旨の合併承認決議が成立しても、債務を承継しない旨の条項は無効であって、すべての債務が存続会社に承継される。

★

□□
【平18】

会社の合併が違法である場合に、各当事会社の株主、取締役等、または合併を承認しなかった債権者は、その無効を合併無効の訴えによってのみ主張することができ、合併無効の判決が確定した場合には、将来に向かってその合併は無効となる。

★

□□
【予想】

株式交換においては、いずれの当事会社の反対株主も、会社法所定の手続に従って、自己が株主である会社に対し、自己の有する株式を公正な価格で買い取ることを請求することができる。

□□
【予想】

株式交換をする場合、株式交換完全子会社となる会社の債権者は、株式交換について異議を述べることができる。

A 886 □□ 合併に反対の株主を保護するために、本問の要件を満たした反対株主には、株式買取請求権が認められている（会社法785条1項、797条1項）。 ○

A 887 □□ 合併は包括承継であり、存続会社が消滅会社の債務の一部を引き継がないとすることはできない。 ○

A 888 □□ 合併という会社組織の根幹にかかわる行為を無効とするためには、その法的安定性の確保が必要であり、会社法は、主張権者および主張方法を限定し、かつ将来効としている（会社法828条、839条）。 ○

A 889 □□ 株式交換における反対株主には、株式買取請求権が認められている（会社法785条1項、797条1項）。 ○

A 890 □□ 株式交換をする場合、株式交換完全子会社となる会社の債権者は、株式交換について異議を述べることはできない。 ×

★★
Q891 □□ 【予想】

合名会社、合資会社および合同会社を総称して、持分会社という。

★
Q892 □□ 【平18】

合名会社の無限責任社員は、各社員が会社債務全額につき連帯責任を負うが、会社債権者に対して、まず会社資産から弁済を受けるように求めることができる。

Q893 □□ 【平18】

合資会社の有限責任社員は、定款記載の出資額までしか責任を負わないため、有限責任社員となる時点で出資全額の履行が要求されている。

★
Q894 □□ 【予想】

合同会社の常務は、その行為が完了する前に他の社員が異議を述べない限り、各社員が単独で行うことができる。

★★
Q895 □□ 【平22】

持分会社の社員は、株式会社の株主とは異なり、退社による持分の払戻しが認められているが、当該社員の責任を明確にするために、登記によって退社の効力が生じる。

持分会社の特徴を、株式会社との対比で明確にして、押さえておきましょう。

A 891 □□ 合名会社、合資会社および合同会社は、持分会社と総称される（会社法575条1項）。 ○

A 892 □□ 合名会社であっても、法人格を有する以上、第一次的な責任は会社自身が負い、それでも債務が完済できない部分について第二次的な責任として無限責任社員が残債務について責任を負うにすぎない（会社法580条1項）。 ○

A 893 □□ 合資会社の有限責任社員は、有限責任社員となる時点で出資全額の履行が要求されているわけではない。 ×

A 894 □□ 持分会社の常務は、原則として、各社員が単独で行うことができるとされている（会社法590条3項）。 ○

A 895 □□ 持分会社においては、持分の払戻しが認められる（会社法611条1項本文）。この点が株式会社と異なる点である。退社する社員の氏名等が登記されている場合、退社による変更も登記しなければならないが（会社法915条1項）、退社の効力は、たとえば任意退社であれば予告のあった事業年度終了の時に生ずるのであり（会社法606条1項）、登記により生ずるわけではない。 ×

POINTマスター

商　法

1 株式会社と持分会社の比較

<table>
<tr><th colspan="2"></th><th>社員の地位</th><th>社員の責任</th></tr>
<tr><td colspan="2">株式会社</td><td>均一的な割合的単位（株式）</td><td>間接有限責任</td></tr>
<tr><td rowspan="3">持分会社</td><td>合名会社</td><td rowspan="3">各社員について単一であり、その内容が出資の価額に応じて異なる（持分単一主義）</td><td>直接無限責任</td></tr>
<tr><td>合資会社</td><td>直接無限責任社員と直接有限責任社員が存在</td></tr>
<tr><td>合同会社</td><td>間接有限責任</td></tr>
</table>

2 一株一議決権の原則の例外

① 議決権制限株式	定款の定めにより議決権の行使を制限された事項につき議決権を行使できない
② 自己株式	会社は、自己株式について議決権を行使できない
③ 相互保有株式	会社がその総株主の議決権の 1/4 以上を有することその他の事由を通じてその経営を実質的に支配することが可能な関係にある者は、その会社の株式について議決権を行使できない
④ 基準日後に発行された株式	基準日に株主でない者は、議決権を行使できない
⑤ 特別利害関係を有する株主が有する株式	会社が自己株式を取得する際に、その相手方となる株主のように、決議につき特別の利害関係を有する株主は、議決権を行使できない
⑥ 単元未満株式	単元未満の株式に議決権は与えられない

3 取締役に委任することができない事項

会社法上、次に示す事項は、その重要性から、業務執行の決定を取締役に委任することができない。

事　項	取締役会設置会社でない会社	取締役会設置会社
① 支配人の選任および解任	×	×
② 支配人でない重要な使用人の選任および解任	○	×
③ 支店の設置、移転および廃止	×	×
④ 支店以外の重要な組織の設置、変更および廃止	○	×
⑤ 株主総会の招集の決定に掲げる事項	×	×
⑥ 重要な財産の処分および譲受け	○	×
⑦ 多額の借財	○	×
⑧ 募集社債の総額その他の社債を引き受ける者の募集に関する重要な事項として法務省令で定める事項	○	×
⑨ 内部統制システムの整備	×	×
⑩ 定款の定めに基づく、役員等の会社に対する損害賠償責任の免除	× （取締役の過半数の同意）	× （取締役会決議）

○：委任できる　×：委任できない

4 会計参与の権限および義務

会計参与は、取締役等と共同して、計算書類等を作成することを職務とする株式会社の役員であり、次のような権限を有し、義務を負う。

①	計算書類等の作成
②	報告徴収・調査権
③	閲覧・謄写権
④	子会社調査権
⑤	不正行為の報告義務
⑥	説明義務
⑦	取締役会出席義務
⑧	計算書類等備置義務

5 監査役の権限および義務

監査役は、取締役および会計参与の職務執行の監査をするための株式会社の役員であり、次のような権限を有し、義務を負う。

①	報告徴収・調査権
②	会社と取締役との間の訴えにおける会社代表権、責任追及等の訴えに関する権限
③	子会社調査権
④	不正行為の報告義務
⑤	取締役会出席義務、取締役会招集請求権、招集権
⑥	違法行為の差止請求権

6 会計監査人の権限および義務

会計監査人は、株式会社の計算書類等の監査をする株式会社の機関であり、次のような権限を有し、義務を負う。

①	会計帳簿等の閲覧・謄写権
②	報告徴収・調査権
③	子会社調査権
④	株主総会出席権および意見陳述権
⑤	定時株主総会の出席義務および意見陳述義務
⑥	不正行為の報告義務

7 指名委員会等設置会社の各委員会に共通する特徴

①	委員３名以上で組織される
②	委員は取締役のなかから、取締役会決議で選定される
③	委員はいつでも、取締役会決議で解職できる
④	委員の過半数は、社外取締役でなければならない
⑤	委員は会社に対し、職務の執行について費用の前払いや支出した費用および利息の償還を請求できる

8 指名委員会等設置会社の取締役会の権限

指名委員会等設置会社においては、取締役は、法令に別段の定めがある場合を除き、指名委員会等設置会社の業務を直接に執行することができず、取締役会は次に示す権限を有する。

①	経営の基本方針の決定等、業務執行の基本事項の決定
②	各委員会の委員の選定および解職
③	執行役の選任および解任
④	一定の重要事項を除く業務執行の決定の執行役への委任

基礎法学 ① 法の概念

★★
Q 896 □□ 【平20】

わが国の法令は、原則としてわが国の領域内でのみ効力を有するが、わが国に属する船舶および航空機内では、外国の領域内や公海においても効力を有することがある。

★★
Q 897 □□ 【平30】

渉外的な法律関係に適用される法として、国際私法上のルールによって指定される法を「準拠法」という。

★★
Q 898 □□ 【令3】

法律の効力発生日を明確にする必要があるため、公布日とは別に、必ず施行期日を定めなければならない。

Q 899 □□ 【平23】

日本国憲法は遡及処罰の禁止を定めており、法律の廃止に当たって廃止前の違法行為に対し罰則の適用を継続する旨の規定をおくことは許されない。

★
Q 900 □□ 【平16】

法令の中の公の秩序に関しない規定とは異なる慣習がある場合において、法律行為の当事者がその慣習による意思を有しているものと認められるときは、その慣習に従う。

法の効力について、原則と例外をしっかり押さえておきましょう。

A 896 □□

刑法には、国内犯について、本問と同様の規定がある（刑法1条）。 ○

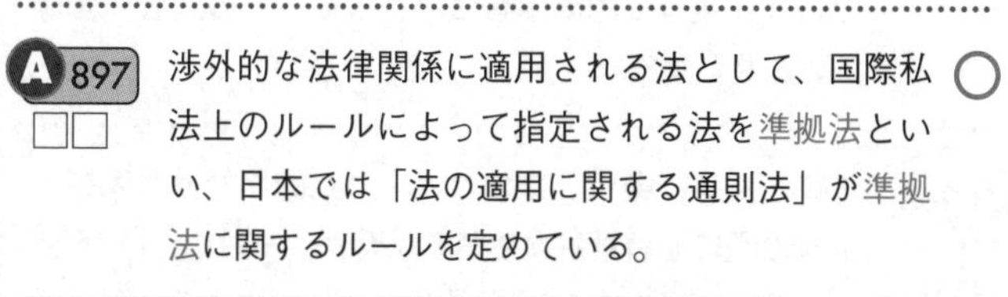

A 897 □□

渉外的な法律関係に適用される法として、国際私法上のルールによって指定される法を準拠法といい、日本では「法の適用に関する通則法」が準拠法に関するルールを定めている。 ○

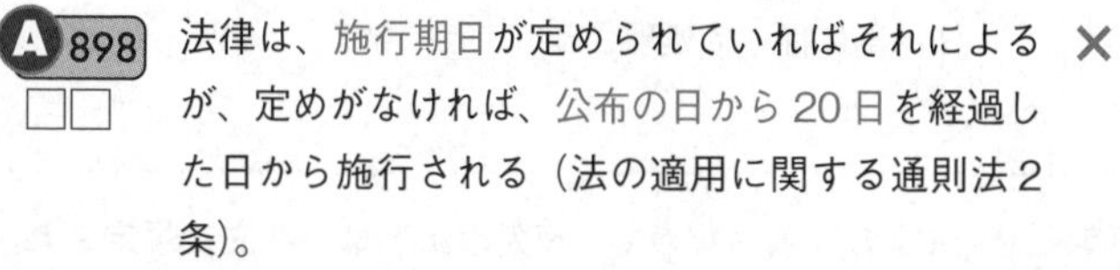

A 898 □□

法律は、施行期日が定められていればそれによるが、定めがなければ、公布の日から20日を経過した日から施行される（法の適用に関する通則法2条）。 ×

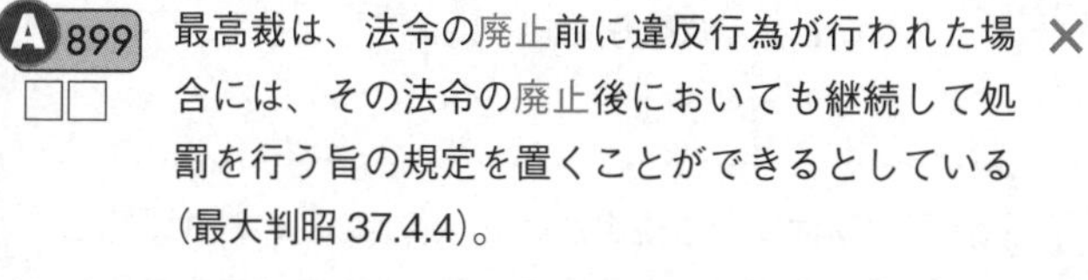

A 899 □□

最高裁は、法令の廃止前に違反行為が行われた場合には、その法令の廃止後においても継続して処罰を行う旨の規定を置くことができるとしている（最大判昭37.4.4）。 ×

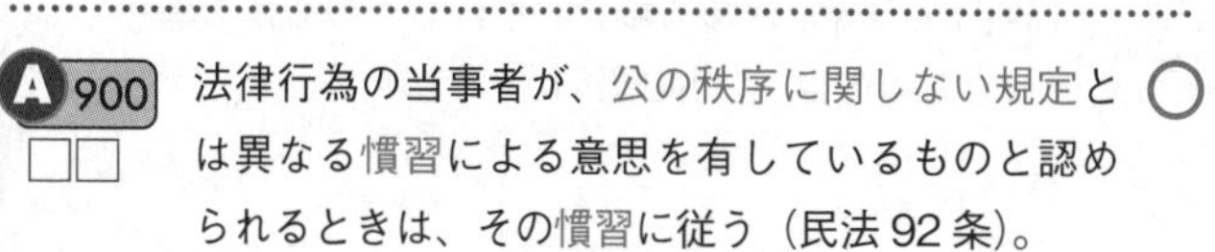

A 900 □□

法律行為の当事者が、公の秩序に関しない規定とは異なる慣習による意思を有しているものと認められるときは、その慣習に従う（民法92条）。 ○

★★
Q 901
□□
【平16】

商事に関しては、まず商法の規定が適用されるが、商法に規定がないときは民法が適用され、民法の規定もない場合には商慣習法が適用される。

★
Q 902
□□
【平16】

国際法は国家間の合意に基づいて成立するが、その合意には明示のものと黙示のものとがあり、前者は条約であり、後者は国際慣習法であって、この両者が国際法の法源となる。

★★
Q 903
□□
【平21】

法律と法律、条例と条例など、形式的な効力が同等の法規の間に矛盾抵触が生じる場合は、一般に、「特別法は一般法に優先する」「後法は前法に優先する」という法原則に従って処理されることになる。

★
Q 904
□□
【予想】

法律の解釈のなかで、反対解釈とは、条文に規定されている事項以外の事項については、その条文は適用されないという解釈方法をいう。

★
Q 905
□□
【平25】

甲の事件につき規定がなく、類似の乙の事件に関しては明文の規定がある場合、甲にも乙の規定を準用しようとするのは、「類推解釈」である。

A 901 □□ 商事に関しては、商法→商慣習法→民法の順番で適用される（商法１条２項）。 ×

A 902 □□ 国際法においては、国家間の合意につき、明示のものが条約であり、黙示のものが国際慣習法である。 ○

A 903 □□ 形式的な効力が同等の法規の間に矛盾抵触が生ずる場合には、より合理的な法規を優先して適用すべきである。したがって、「特別法は一般法に優先する」「後法は前法に優先する」という法原則に従って処理される。 ○

A 904 □□ 反対解釈とは、条文に規定されている事項以外の事項については、その条文は適用されないという解釈方法をいう。 ○

A 905 □□ 類推解釈をするには、両事項に共通または類似する点（類推の基礎）がなければならず、また、刑法の領域では類推解釈は禁止されている。 ○

Q 906 □□【平30】

手続法に対して、権利の発生、変更および消滅の要件など法律関係について規律する法を「実質法」という。

★
Q 907 □□【予想】

個人が物を全面的に支配する権利（所有権）は、不可侵のものとして尊重されるので、その所有権の内容を制限するような法律はすべて無効となる。

Q 908 □□【令4】

「立法事実」とは、法律を制定する場合において、当該立法の合理性を根拠付ける社会的、経済的、政治的または科学的事実のことをいう。

★★
Q 909 □□【平26】

「又は」と「若しくは」は、いずれも前後の語句を選択的に連結する接続語であり、選択される語句に段階がある場合には、一番大きな選択的連結にだけ「又は」を用い、他の小さな選択的連結には全て「若しくは」を用いる。

★★
Q 910 □□【平26】

「遅滞なく」、「直ちに」、「速やかに」のうち、時間的即時性が最も強いのは「直ちに」であり、その次が「遅滞なく」である。これらのうち、時間的即時性が最も弱いのは「速やかに」である。

A 906 □□ 権利の発生、変更および消滅の要件など法律関係について規律する法を「実体法」という。手続法は、実体法の内容を実現するための手続について定めた法である。 ×

A 907 □□ 憲法では、所有権も公共の福祉によって制約されうるとされており（憲法29条2項）、所有権の内容を制限する法律がすべて無効となるわけではない。 ×

A 908 □□ 法律を制定する場合において、当該立法の合理性を根拠付ける社会的、経済的、政治的または科学的事実のことを立法事実という。 ○

A 909 □□ 「又は」と「若しくは」は、いずれも前後の語句を選択的に連結する接続語であり、選択される語句に段階がある場合には、いちばん大きな選択的連結にだけ「又は」が用いられ、他の小さな選択的連結にはすべて「若しくは」が用いられる。 ○

A 910 □□ 「遅滞なく」、「直ちに」、「速やかに」のうち、時間的即時性が最も強いのは「直ちに」、その次が「速やかに」であり、時間的即時性が最も弱いのは「遅滞なく」である。 ×

基礎法学 ② 紛争の解決方法

★★
Q 911
□□
【平17】

裁判所は、法令適用の前提となる事実の存否が確定できない場合であっても、裁判を拒否することはできない。

★
Q 912
□□
【平17】

ある事件について刑事裁判と民事裁判が行われる場合には、それぞれの裁判において当該事件に関して異なる事実認定がなされることがある。

Q 913
□□
【平19】

地方裁判所や家庭裁判所の裁判は、事案の性質に応じて、三人の裁判官による合議制で行われる場合を除き、原則として一人の裁判官によって行われるが、高等裁判所の裁判は、法律に特別の定めがある場合を除き、複数の裁判官による合議制で行われることになっている。

★
Q 914
□□
【平24】

最高裁判所が、法令の解釈適用に関して、自らの過去の判例を変更する際には、大法廷を開く必要がある。

Q 915
□□
【平19】

高等裁判所長官、判事、判事補および簡易裁判所判事は、いずれも最高裁判所の指名した者の名簿によって、内閣が任命する。

民事訴訟とそれ以外の紛争解決方法について、整理しておきましょう。

A 911 □□ 国民には、裁判を受ける権利が憲法上保障されているので、裁判所は、法令適用の前提となる事実の存否が確定できない場合であっても、裁判を拒否することはできない。 ○

A 912 □□ 民事裁判、刑事裁判それぞれ別個の裁判手続であるから、異なる事実認定がなされることはありうる。 ○

A 913 □□ 地方裁判所や家庭裁判所の裁判は、原則として単独で行われる（裁判所法26条1項、31条の4第1項）のに対して、高等裁判所の裁判は、原則として複数の裁判官による合議制で行われる（裁判所法18条）。 ○

A 914 □□ 最高裁判所は、法令等の憲法違反の判断や自らの過去の判例を変更する判断をするときは、大法廷で裁判しなければならない（裁判所法10条ただし書）。 ○

A 915 □□ 本問の列挙する下級裁判所の裁判官は、いずれも最高裁判所の指名した者の名簿によって、内閣が任命する（憲法80条1項前段、裁判所法40条1項）。 ○

Q916 □□【平19】

高等裁判所、地方裁判所および家庭裁判所の裁判官については65歳の定年制が施行されているが、最高裁判所および簡易裁判所の裁判官については定年の定めが存在しない。

★ **Q917** □□【平19】

簡易裁判所は軽微な事件の処理のために設けられた下級裁判所であり、訴訟の目的の価額が一定額を超えない請求に関する民事事件、罰金以下の刑にあたる罪など一定の軽微な犯罪についての刑事事件の第一審を担当する。

★ **Q918** □□【予想】

裁判上の和解とは、民事訴訟係属中に、訴訟の両当事者が、訴訟物をめぐる主張について、相互に譲歩することによって、訴訟の全部または一部を終了させる旨の期日における合意をいう。

Q919 □□【令1】

上告審の裁判は、原則として法律問題を審理するもの（法律審）とされるが、刑事訴訟において原審の裁判に重大な事実誤認等がある場合には、事実問題について審理することがある。

★  □□【予想】

民事訴訟法上の少額訴訟は、60万円以下の金銭の支払請求について利用でき、原則として1回の期日で終了し、ただちに判決が言い渡される。

A 916 □□

最高裁判所および簡易裁判所の裁判官については70歳の定年制が施行されている（裁判所法50条）。 ×

A 917 □□

簡易裁判所は、民事事件および刑事事件のうち、一定の軽微な事件について第一審の裁判権を有する（裁判所法33条）。 ○

A 918 □□

訴訟係属中に、訴訟の両当事者が、訴訟物をめぐる主張について、相互に譲歩することによって、訴訟の全部または一部を終了させる旨の期日における合意を裁判上の和解という。 ○

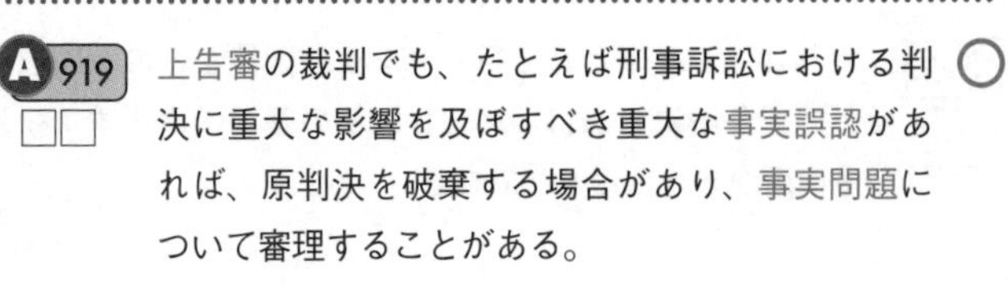

A 919 □□

上告審の裁判でも、たとえば刑事訴訟における判決に重大な影響を及ぼすべき重大な事実誤認があれば、原判決を破棄する場合があり、事実問題について審理することがある。 ○

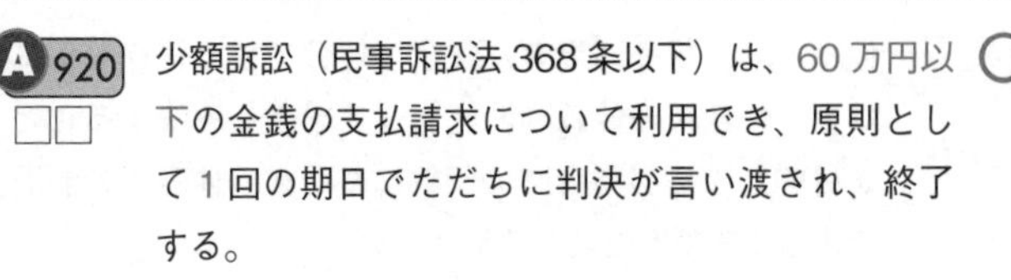

A 920 □□

少額訴訟（民事訴訟法368条以下）は、60万円以下の金銭の支払請求について利用でき、原則として1回の期日でただちに判決が言い渡され、終了する。 ○

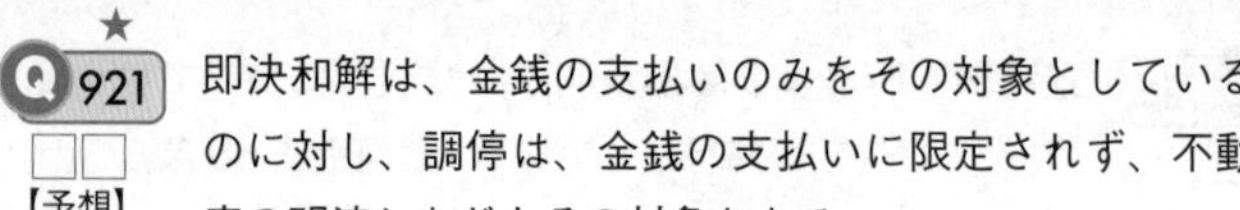

★ Q 921 □□ 【予想】

即決和解は、金銭の支払いのみをその対象としているのに対し、調停は、金銭の支払いに限定されず、不動産の明渡しなどもその対象となる。

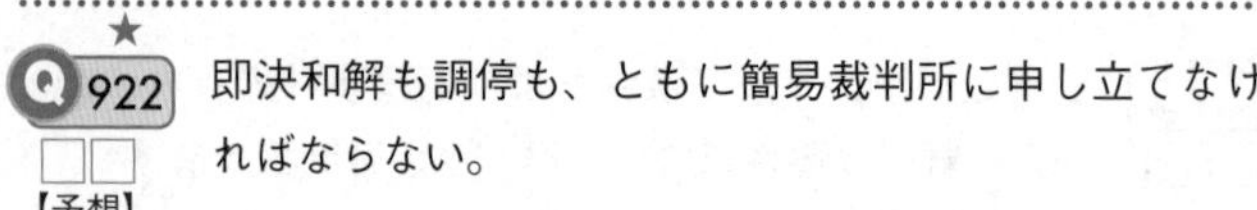

★ Q 922 □□ 【予想】

即決和解も調停も、ともに簡易裁判所に申し立てなければならない。

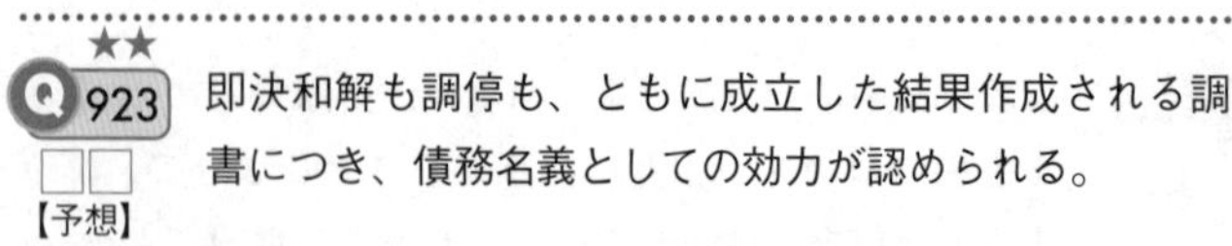

★★ Q 923 □□ 【予想】

即決和解も調停も、ともに成立した結果作成される調書につき、債務名義としての効力が認められる。

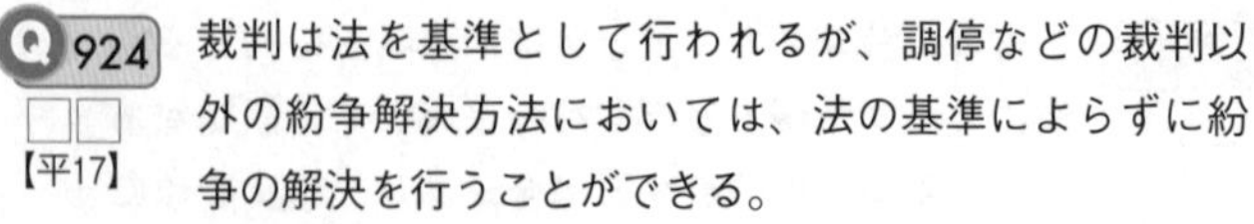

Q 924 □□ 【平17】

裁判は法を基準として行われるが、調停などの裁判以外の紛争解決方法においては、法の基準によらずに紛争の解決を行うことができる。

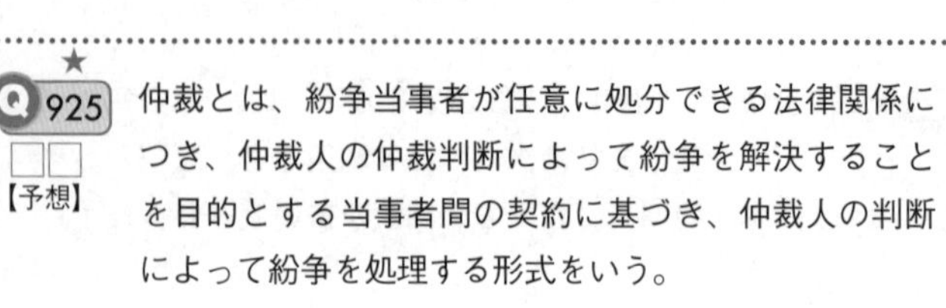

★ Q 925 □□ 【予想】

仲裁とは、紛争当事者が任意に処分できる法律関係につき、仲裁人の仲裁判断によって紛争を解決することを目的とする当事者間の契約に基づき、仲裁人の判断によって紛争を処理する形式をいう。

A 921 □□ 即決和解もその対象は金銭の支払いに限定されていない。 ×

A 922 □□ 即決和解の申立先は簡易裁判所であるが、調停に関しては、家事事件については家庭裁判所、一般事件に関しては、原則は簡易裁判所であり、当事者が事前に合意していれば、地方裁判所に申し立てることができる（民事調停法３条）。 ×

A 923 □□ 和解証書、調停調書ともに債務名義としての効力が認められている（民事執行法22条７号、民事訴訟法267条、民事調停法16条、家事事件手続法268条）。 ○

A 924 □□ たとえば、調停では、条理・衡平によって当事者の互譲を求め、両者の納得の下、妥当な処理を図るとしている。 ○

A 925 □□ 仲裁とは、紛争当事者が任意に処分できる法律関係につき、第三者である仲裁人の仲裁判断によって紛争を解決することを目的とする紛争処理形式をいう。 ○

POINTマスター

基礎法学

1 法の適用および効力の及ぶ範囲

原則	属地主義	法の適用および効力の及ぶ範囲を、自国の領域内に限定する考え方
例外	属人主義	自国の国民の行った行為には、その場所を問わず、自国の法律を適用するという考え方
	保護主義	自国または自国民の利益を保護する必要がある場合に、当事者の国籍や行為の場所を問わず、自国の法律を適用するという考え方
	世界主義	世界共通の法益を侵害する行為に対して、当事者の国籍や行為の場所を問わず、自国の法律を適用するという考え方

2 法の解釈の方法

文理解釈	
論理解釈	① 反対解釈　② 類推解釈　③ 勿論解釈 ④ 縮小解釈　⑤ 拡張解釈　⑥ 変更解釈

3 私法の基本原理

①	権利能力平等の原則
②	私的自治の原則
③	所有権絶対の原則
④	過失責任の原則

4 罪刑法定主義の具体的内容

罪刑法定主義とは、一定の行為を犯罪とし、これに刑罰を科するには、あらかじめ成文の刑法が存在しなければならないとする原則をいい、具体的には次のような事項をその内容とする。

① **事後法の禁止**	ある行為について、行為後に施行された刑罰法規に基づいて処罰することは許されない
② **類推解釈の禁止**	被告人に不利となる刑罰法規の類推解釈は許されない
③ **明確性の原則**	犯罪と刑罰の定めは、できるだけ明確に規定されなければならない
④ **慣習刑法の禁止**	慣習法に基づく処罰は許されない

5 裁判所の種類

最高裁判所		一切の法律、命令、規則または処分が憲法に適合するかしないかを決定する権限を有する終審裁判所。下級裁判所からの上告などについて、裁判権を有する
下級裁判所	高等裁判所	原則として、地方裁判所の第一審判決、家庭裁判所の判決および簡易裁判所の刑事事件に関する判決に対する控訴や、刑事事件に関するものを除く、地方裁判所の第二審判決および簡易裁判所の判決に対する上告などについて、裁判権を有する
	地方裁判所	原則として、民事訴訟および刑事訴訟の第一審および簡易裁判所の民事事件に関する判決に対する控訴などについて、裁判権を有する
	家庭裁判所	家事事件手続法上の審判および調停、人事訴訟の第一審の裁判、少年法上の少年の保護事件の審判などについて権限を有する
	簡易裁判所	訴訟の目的となる物の価額が140万円を超えない民事事件および罰金以下の刑にあたる罪などの比較的軽い刑事事件について、第一審の裁判権を有する

基礎知識 ① 政治総論

★
Q 926 □□【平17】

大統領制に比べて議院内閣制のほうが権力分立の原理が忠実に適用され、立法権と行政権の分離が徹底される。

★
Q 927 □□【平17】

議院内閣制では、内閣の意思決定と政権党の意思決定が対立することが通例であるため、内閣の閣内不一致による総辞職が引き起こされやすい。

★★
Q 928 □□【平17】

普通選挙とは、選挙人の選挙権に平等の価値を認め、一人一票を原則とする選挙制度をいう。

Q 929 □□【平22】

小選挙区制度では、選挙期間中にマスメディアが不利と報道した候補者については、その潜在的な支持者が積極的に投票に行くようになり、得票を大きく伸ばす現象が見られるが、これは「バンドワゴン効果」と呼ばれる。

Q 930 □□【予想】

政党とは、ある特定の主義または原則において一致している人々が、その実現のために政権の獲得を目指して協力する団体をいうが、政治資金規正法では、政党とは、所属国会議員五人以上のもの、または直近の国政選挙における得票率が２％以上のものとしている。

政治に関する基礎的な概念を押さえておきましょう。

A 926 □□ 一般に、議院内閣制に比べて大統領制のほうが権力分立の原理が忠実に適用され、立法権と行政権の分離が徹底される。 ×

A 927 □□ 議院内閣制の下の内閣は、議会の信任に依拠しており、事実上議会の多数派と内閣の意思決定が対立する場面はまれであるため、内閣の閣内不一致による総辞職は起こりにくい。 ×

A 928 □□ 普通選挙とは、広義では、納税額や財産という財力の有無、教育、性別等を選挙権取得の要件としない選挙をいう。 ×

A 929 □□ 本問は、アンダードッグ効果についての説明である。バンドワゴン効果は、マスメディアが有利と報道した候補者について、勝ち馬に乗ろうとする有権者がその候補者に投票し、得票を大きく伸ばす現象のことである。 ×

A 930 □□ 政治資金規正法３条２項は、所属国会議員五人以上のもの、または直近の国政選挙における得票率が２％以上のものを政党と定義している。 ○

基礎知識 ② 日本の政治制度

★
Q 931
□□
【予想】

衆議院議員選挙では、小選挙区比例代表並立制がとられ、重複立候補が認められているが、小選挙区においてその得票数が有効投票の総数の10分の1に達しなかった候補者については、重複立候補していたとしても、名簿に記載されていないものとみなされ、いわゆる復活当選が認められない。

★
Q 932
□□
【平21】

参議院議員選挙では、都道府県を単位とする選挙区選挙と比例代表制選挙がとられており、比例代表制選挙では各政党の得票数によって議席数を決め、各政党が作成した名簿上の順位によって当選者を決めることとされている。

★★
Q 933
□□
【平21】

一般に小選挙区制は、政治が安定しやすいという長所がある反面、小政党の議席獲得が難しく、死票が多いという問題点が指摘されている。

★★
Q 934
□□
【平21】

一般に比例代表制は、有権者の意思を公正に反映できるという長所がある反面、小党分立になり、政治が不安定になりやすいという問題点が指摘されている。

日本における国会議員の選挙制度の仕組みとその問題点を整理しておきましょう。

A 931 □□

重複立候補の場合に、小選挙区で供託金没収点（衆議院議員小選挙区の場合、有効投票の総数の10分の1）未満の得票だった候補者については、比例代表で当選となる復活当選は認められない（公職選挙法95条の2第6項）。 ○

A 932 □□

参議院議員選挙では、比例代表制において非拘束名簿式を採用しており、各党の候補者には順位をつけず、当選者は各候補者が獲得した票数に従って事後的に順位を決める仕組みとなっている。 ×

A 933 □□

小選挙区制の特徴は、大政党に有利であり、その結果二大政党制を促進し、政治が安定しやすいことにあるが、小政党は議席を獲得しづらく、死票が多くなる点が問題とされる。 ○

A 934 □□

比例代表制の特徴は、民意を政治に反映しやすいところにあるが、小党分立により連立政権となりやすく、政治が不安定になりやすいという点が問題とされる。 ○

★

Q935 一般の有権者が、電子メールを送信することによる選挙運動を行うことは、可能である。

□□
【平26】

Q936 地方自治体で行われている住民投票は、当該自治体の条例に基づかずに実施されているため、法的拘束力のないものとなっている。

□□
【平18】

★★

Q937 裁判員制度は、国民が刑事裁判に参加して、被告人が有罪かどうか、有罪の場合はどのような刑にするかを裁判官と一緒に決める制度である。

□□
【予想】

A 935 □□ 2013年（平成25年）の公職選挙法の改正により、インターネットを利用する選挙運動が解禁された。ただし、一般の有権者は、電子メールを送信することによる選挙運動を行うことはできない。 ×

A 936 □□ これまでに多くの地方自治体で住民投票条例が制定され、これに基づく住民投票が行われている。 ×

A 937 □□ 裁判員制度は、司法に対する国民の理解と信頼を深めることを目的として、2009年（平成21年）5月から始まった。 ○

基礎知識 ③ 財政

★
Q 938
□□
【予想】

国の会計は、財務省が一括して経理処理しており、財務大臣や各省各庁の長が処理の任にあたるわけではない。

★
Q 939
□□
【平16】

支出負担行為がありながら年度内に支出を終らなかった歳出予算経費は、翌年度に繰り越して使用することができる。ただし、そのためには国会の承認が必要である。

★
Q 940
□□
【平16】

歳出予算および継続費の目的外使用は原則として禁止されるが、財務大臣の承認があるならば、経費の流用が認められることもある。

★
Q 941
□□
【平16】

その性質上、年度内に支出を終らない見込みがある繰越明許費については、事後における国会の承認を条件に、翌年度に繰り越して使用することも可能である。

Q 942
□□
【平16】

暫定予算に基づく支出は、当該年度予算の成立後も当該年度の支出と区分して取り扱われるが、債務負担は、その性質上、当該年度の債務負担とされている。

国の財政に関する基本的な事項を押さえておきましょう。

A 938 □□ 国の会計は、財務省ではなく、財務大臣や各省各庁の長が処理の任にあたっている。 ×

A 939 □□ 本問の場合、国会の承認ではなく、財務大臣の承認を経て実施される（財政法42条ただし書、43条1項）。 ×

A 940 □□ 財務大臣の承認があるならば、経費の流用が認められる場合がある（財政法33条2項）。 ○

A 941 □□ 年度内に支出を終わらない見込みがある繰越明許費については、あらかじめ国会の議決を経て、翌年度に繰り越して使用することができる（財政法14条の3）。 ×

A 942 □□ 暫定予算は、当該年度の予算が成立したときは失効し、暫定予算に基づく支出に基づく債務負担があるときはこれを当該年度の予算に基づくものとみなすとしている（財政法30条2項）。 ×

★ Q943 □□ 【平19】

地方交付税は国税５税の一定割合を原資としており、その税目は所得税・法人税・消費税・酒税・たばこ税の五つである。

★ Q944 □□ 【平19】

普通交付税はその総額を人口と面積によって国から自治体に配分する仕組みとなっており、都道府県では、人口の多い東京都や面積の広い北海道で、交付額が多くなっている。

★

□□ 【平14】

地方債と呼ばれるものも、地方公共団体の活動に必要な資金を確保するために国が発行する国債の一種であって、地方公共団体が発行するものではない。

A 943 □□

現在、所得税・法人税の33.1%、酒税の50%、消費税の19.5%、地方法人税の全額が地方交付税の総額とされている（地方交付税法6条1項）。 ×

A 944 □□

普通交付税は、財政需要額が財政収入額を超える地方公共団体に対し、公平にその超過額を補填することを目的に交付されるものであり、その結果、たとえば、東京都は、現在地方交付税を受けない不交付団体となっている。 ×

A 945 □□

地方債を発行するのは、地方公共団体である（地方財政法5条）。 ×

基礎知識 ④ 市場経済

★★
Q 946
□□
【平17改】

日本の中央銀行は、国庫金の出納を扱い、政府短期証券を引き受け、政府財政の資金繰りの調整を行うほか、必要に応じて法定外の公債の引受けも行う。

Q 947
□□
【予想】

日本銀行は、日本銀行法による認可法人であり、本店を東京都に置くとされている。

★★
Q 948
□□
【平23】

日本銀行は「発券銀行」として、日本銀行券を発行する。日本銀行券は法定通貨であり、金(きん)と交換できない不換銀行券である。

★
Q 949
□□
【平23】

日本銀行は「銀行の銀行」として市中銀行から預託を受け入れ、市中銀行に貸し出しを行う。日本銀行が市中銀行に貸し出す金利を法定利息と呼ぶ。

★
Q 950
□□
【予想】

世界貿易機関（WTO）の定める三原則として、最恵国待遇の原則、内国民待遇の原則、数量制限の一般的廃止の原則があげられる。

日本銀行の業務と金融政策について、概略を押さえておきましょう。

A 946 □□

日本の中央銀行（日本銀行）は、財政法の規定によらなければ、法定外の公債の引受けを行うことができない。 ×

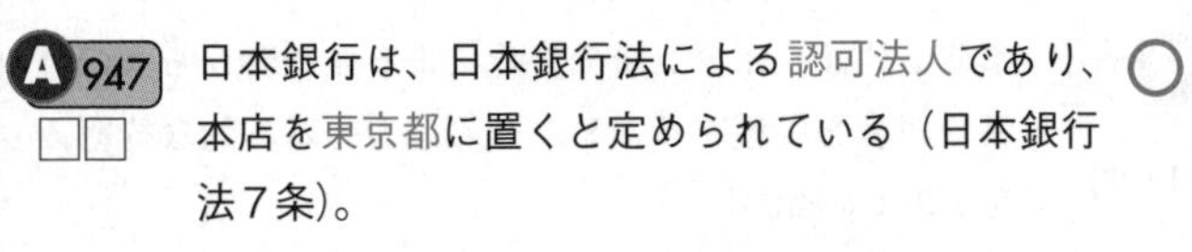

A 947 □□

日本銀行は、日本銀行法による認可法人であり、本店を東京都に置くと定められている（日本銀行法7条）。 ○

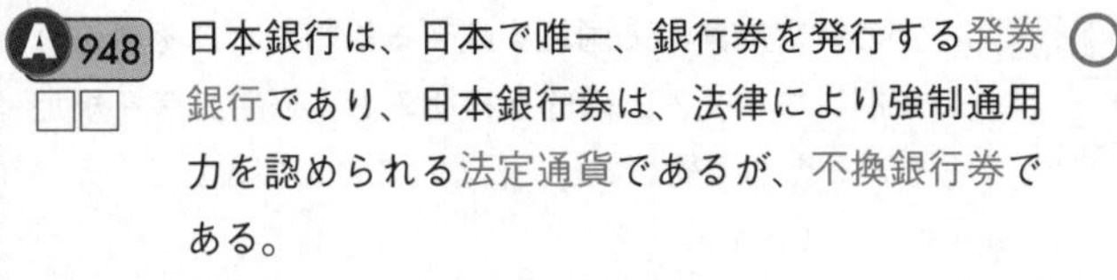

A 948 □□

日本銀行は、日本で唯一、銀行券を発行する発券銀行であり、日本銀行券は、法律により強制通用力を認められる法定通貨であるが、不換銀行券である。 ○

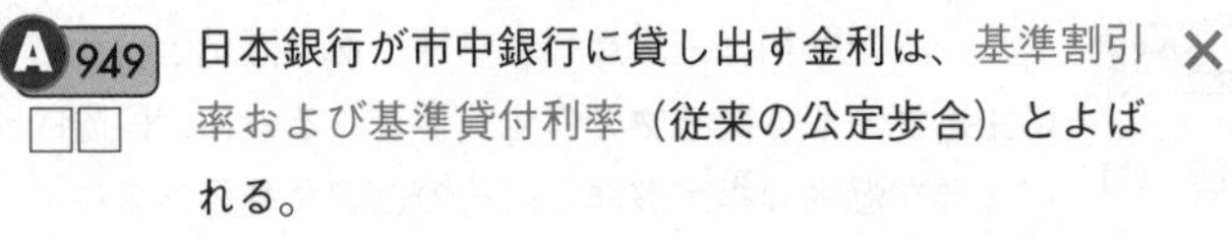

A 949 □□

日本銀行が市中銀行に貸し出す金利は、基準割引率および基準貸付利率（従来の公定歩合）とよばれる。 ×

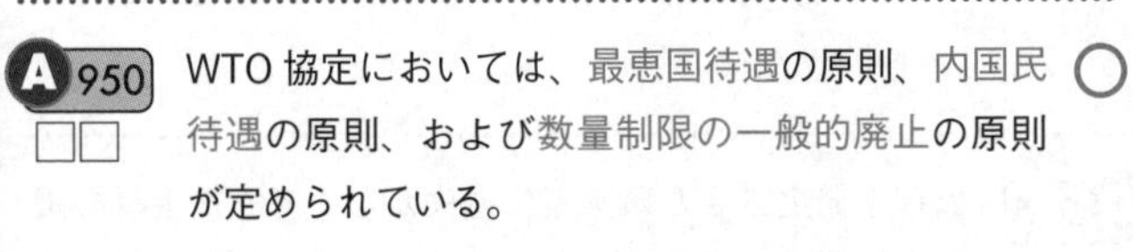

A 950 □□

WTO 協定においては、最恵国待遇の原則、内国民待遇の原則、および数量制限の一般的廃止の原則が定められている。 ○

基礎知識 ⑤ 環境問題

★★
Q 951
□□
【予想】

気候変動に関する国際連合枠組条約（気候変動枠組条約）は、地球温暖化問題に対する国際的な枠組みを設定した条約で、原則として、１年に一度、締約国会議（COP）が開催されている。

★
Q 952
□□
【予想】

南極条約は、オゾン層の変化による悪影響から人の健康や環境を保護するため、国際協力の基本的な枠組みを定めている。

Q 953
□□
【令１】

一定の有害廃棄物の国境を越える移動およびその処分の規制について、国際的な枠組みおよび手続等を規定したバーゼル条約があり、日本はこれに加入している。

Q 954
□□
【平17改】

ワシントン条約は、水鳥の生息地である湿地と、そこに生息生育する動植物の保全を促進するため、国際的に重要な湿地の指定登録と、その適切な利用を求めている。

★★
Q 955
□□
【平23】

公害を発生させた事業者に過失がなくても被害者の損害を賠償する責任を負わせる仕組みを「無過失責任制度」というが、日本の法律では導入された例はない。

主要な環境問題について、その原因と対策を押さえておきましょう。

A 951 □□ 気候変動に関する国際連合枠組条約（気候変動枠組条約）は、地球温暖化の防止に関する国際的な取決めであり、締約国会議（COP）は、原則として、１年に一度開催される。 ○

A 952 □□ 本問は、オゾン層の保護のためのウィーン条約についての記述である。なお、南極条約は、南極地域の平和利用、科学調査の自由と国際協力の推進、領土権主張の凍結などを取り決めるものである。 ×

A 953 □□ 本問の示す規制を目的として1989年に結ばれたのが有害廃棄物の国境を越える移動及びその処分の規制に関するバーゼル条約（バーゼル条約）であり、日本は1993年に加入している。 ○

A 954 □□ 本問は、特に水鳥の生息地として国際的に重要な湿地に関する条約（ラムサール条約）についての記述である。なお、絶滅のおそれのある野生動植物の種の国際取引に関する条約（ワシントン条約）は、絶滅のおそれのある野生動植物の保護を目的として、野生動植物の輸出入や持込みなどの規制を定めている。 ×

A 955 □□ 大気汚染防止法、水質汚濁防止法など、日本の法律で無過失責任制度を導入しているものはある。 ×

基礎知識 ⑥ 社会保障

★★
Q 956
□□
【平20】

社会保障制度は、社会保険、公的扶助、公衆衛生、社会福祉の四つの柱から成り立つとされている。

★
Q 957
□□
【平20】

年金保険の財源調達方式について、かつては賦課方式を採用していたが、制度改正により、しだいに積立方式に移行している。

★★
Q 958
□□
【平29】

国民皆年金の考え方に基づき、満18歳以上の国民は公的年金に加入することが、法律で義務付けられている。

★★
Q 959
□□
【予想】

厚生年金に関して、日本国内に住所を有する20歳以上70歳以下の者で、適用事業所に使用されている者は、原則として被保険者となる。

★★
Q 960
□□
【予想】

厚生年金の保険料は、原則として、被保険者とその使用する事業者とが、1対2の割合で負担する。

★
Q 961
□□
【平20】

医療保険は、民間の給与所得者などを対象とする健康保険、農業・自営業者などを対象とする国民健康保険、公務員などを対象とする共済組合保険などに分立している。

日本の社会保障制度の種類とその概略を押さえておきましょう。

A 956 □□ 日本の社会保障制度は、社会保険、公的扶助、公衆衛生、社会福祉から成り立つ。 ○

A 957 □□ 年金保険の財源調達方式について、現在でも賦課方式を採用している。 ×

A 958 □□ 日本国内に住所を有する20歳以上60歳未満の者は、原則として、国民年金の強制被保険者として、加入を義務づけられる。 ×

A 959 □□ 20歳以上70歳以下ではなく、70歳未満の者が厚生年金保険の被保険者となる。 ×

A 960 □□ 被保険者とその使用する事業者とが、折半で負担する。 ×

A 961 □□ 医療保険は、健康保険、国民健康保険、共済組合保険等に分立している。 ○

Q962 ★ □□【予想】

介護保険は、要介護状態または要支援状態に関し、必要な保険給付を行うものである。

Q963 ★ □□【予想】

介護保険の被保険者は、市町村または特別区の区域内に住所を有する65歳以上の者（第1号被保険者）と、市町村または特別区の区域内に住所を有する40歳以上65歳未満の医療保険加入者（第2号被保険者）に区分される。

Q964 ★ □□【平20】

介護保険法では、介護サービスを利用する際の利用者負担として費用の1割を負担する原則がとられているが、市町村の条例によってこの負担割合を増減することができる。

Q965 □□【令5】

生活保護の給付は医療、介護、出産に限定され、生活扶助、住宅扶助は行われない。

要介護状態とは、身体上または精神上の障害があるために、入浴、排せつ、食事等の日常生活における基本的な動作の全部または一部について、６か月間にわたり継続して、常時介護を要すると見込まれる状態であって、要介護状態区分のいずれかに該当するもの（要支援状態にあるものを除く）をいう。また、要支援状態とは、身体上もしくは精神上の障害があるために、入浴、排せつ、食事等の日常生活における基本的な動作の全部または一部について、６か月間にわたり継続して、常時介護を要する状態の軽減もしくは悪化の防止に特に資する支援を要すると見込まれ、または身体上もしくは精神上の障害があるために、６か月間にわたり継続して日常生活を営むのに支障があると見込まれる状態であって、要支援状態区分のいずれかに該当するものをいう。 ○

介護保険の被保険者は、市町村または特別区の区域内に住所を有する65歳以上の者（第１号被保険者）と、市町村または特別区の区域内に住所を有する40歳以上65歳未満の医療保険加入者（第２号被保険者）に区分される。 ○

介護保険法では、介護サービスを利用する際の利用者負担として費用の１割を負担するが、市町村の条例によってこの負担割合を増減することはできない。 ×

生活保護の種類には、生活扶助および住宅扶助も含まれる（生活保護法11条１項１号３号）。 ×

基礎知識 ⑦ 情報通信

★
Q 966 □□ 【平20】
バイオメトリクス認証とは、指紋、声紋、虹彩、静脈の血管形状パターンなど、個々人の生体固有の情報を用いて本人確認を行う方式をいい、出入国管理や金融の分野における利用が進められている。

★
Q 967 □□ 【平20】
電子署名とは、実社会の手書きサイン（署名）や押印を電子的に代用しようとする技術であって、作成名義の同一性（本人性）および内容の同一性（非改ざん性）を確認することができるものをいう。

Q 968 □□ 【平22改】
コンピュータウイルスとは、電子メールやホームページの閲覧などを通じてコンピュータに侵入する特殊なプログラムであり、自らを複製しながら増殖する性質を持つものが多い。

Q 969 □□ 【平20】
ファイアーウォールとは、「防火壁」を意味し、インターネットから送られるパケットを識別することを通じて、不正侵入やアタック等をリアルタイムで監視し、管理者に警告するシステムをいう。

Q 970 □□ 【平28】
ウェブ上で公開されている文書の様式は HTML*と呼ばれ、文書内で様々な指定をタグという世界共通の文字列で設定することで画像の表示や文字の色やデザインを指定し、ハイパーテキストなどを組み込むことができるようになっている。

（注）＊HTML：Hyper Text Markup Language の略

情報セキュリティの主要な手段を押さえておきましょう。

A 966 □□

バイオメトリクス認証とは、個々人の生体固有の情報を用いて本人確認を行う方式をいう。 ○

A 967 □□

電子署名は、作成名義の同一性および内容の同一性を確認することができるものとされている（電子署名及び認証業務に関する法律２条１項）。 ○

A 968 □□

コンピュータウイルスは、第三者のプログラムやデータベースに対して意図的に何らかの被害を及ぼすようにつくられたプログラムであり、自己伝染機能、潜伏機能、発病機能を一つ以上有するものをいう。 ○

A 969 □□

ファイアーウォールは「防火壁」を意味するが、その役割は、必要な通信は通過させ、不正な通信を遮断するシステムである。 ×

A 970 □□

HTML は、ウェブ上で公開されている文書の様式であり、文書内でさまざまな指定をタグという世界共通の文字列で設定することで画像の表示や文字の色やデザインを指定し、ハイパーテキストなどを組み込むことができるようになっている。 ○

【予想】

刑法では、電磁的記録に関連した犯罪について規定を設けておらず、電磁的記録に関連する不正行為の処罰は特別法に委ねられている。

Q 972

【平21】

「不正アクセス行為の禁止等に関する法律」は、不正アクセス行為およびコンピュータウイルスの作成行為等を禁止し、それらに対する罰則を定めている。

Q 973

【予想】

「特定電子メールの送信の適正化等に関する法律」では、原則としてあらかじめ同意した者に対してのみ広告宣伝メールの送信を認める方式（いわゆる「オプトイン」方式）が導入されている。

【平21】

プロバイダ責任制限法[*1]は、インターネット上の情報流通によって権利侵害を受けたとする者が、プロバイダ等に対し、発信者情報の開示を請求できる権利を定めている。

★ Q 975

【平21】

電子消費者契約法[*2]は、インターネットを用いた契約などにおける消費者の操作ミスによる錯誤について、消費者保護の観点から民法の原則を修正する規定を置いている。

＊1 特定電気通信役務提供者の損害賠償責任の制限及び発信者情報の開示に関する法律
＊2 電子消費者契約に関する民法の特例に関する法律

A 971 □□

刑法には、電磁的記録不正作出および供用（刑法161条の2）や支払用カード電磁的記録不正作出等（刑法163条の2）など、電磁的記録に関連した犯罪についての規定が設けられている。 ×

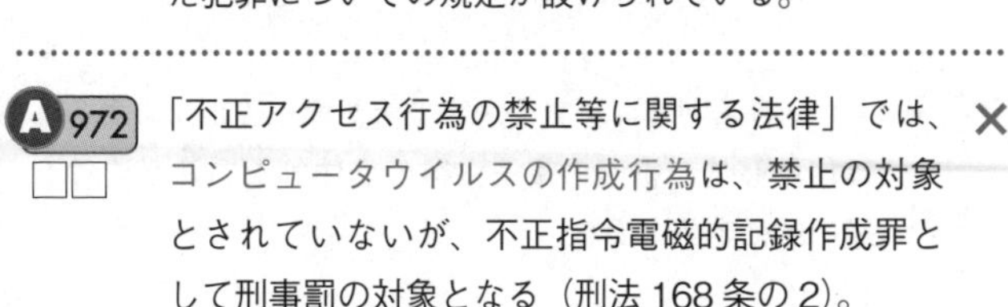

A 972 □□

「不正アクセス行為の禁止等に関する法律」では、コンピュータウイルスの作成行為は、禁止の対象とされていないが、不正指令電磁的記録作成罪として刑事罰の対象となる（刑法168条の2）。 ×

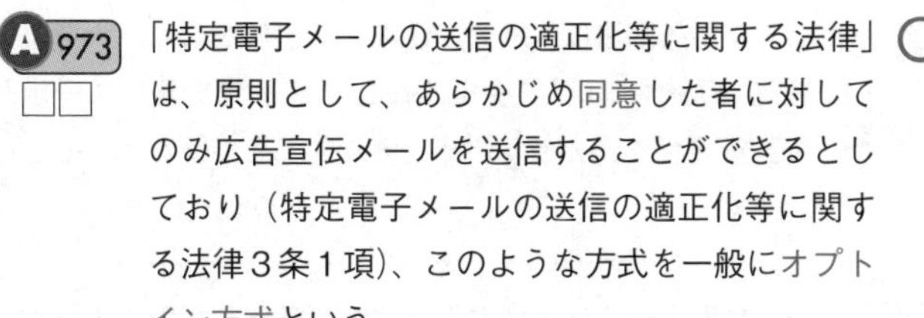

A 973 □□

「特定電子メールの送信の適正化等に関する法律」は、原則として、あらかじめ同意した者に対してのみ広告宣伝メールを送信することができるとしており（特定電子メールの送信の適正化等に関する法律3条1項）、このような方式を一般にオプトイン方式という。 ○

A 974 □□

プロバイダ責任制限法は、特定電気通信による情報流通によって自己の権利を侵害されたとする者が、プロバイダ等に対し、発信者情報の開示を請求することができるとしている。 ○

A 975 □□

電子消費者契約法は、電子消費者契約において、消費者の操作ミス等により、申込みまたは承諾の意思表示に錯誤があった場合に、消費者保護の観点から民法の原則を修正し、事業者は、原則として消費者に重大な過失があることを主張できないとする旨の規定を置いている。 ○

★★
Q 976
□□
【平20改】

e-文書通則法*は、法令の規定により民間事業者等が行う書面の保存等に関し、電磁的方法により行うことを義務づけるに際しての共通事項を定めるものである。

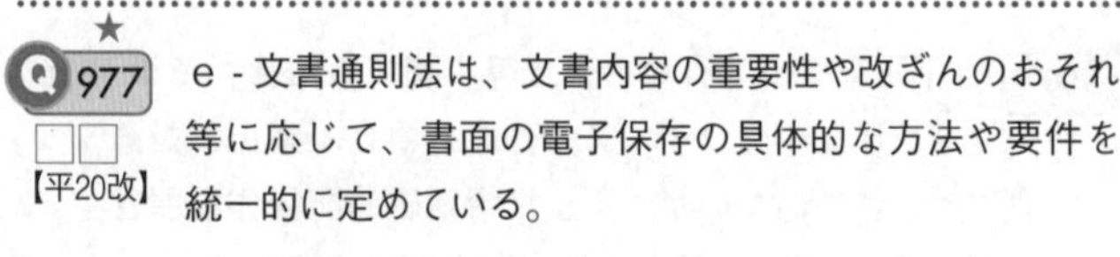

★
Q 977
□□
【平20改】

e-文書通則法は、文書内容の重要性や改ざんのおそれ等に応じて、書面の電子保存の具体的な方法や要件を統一的に定めている。

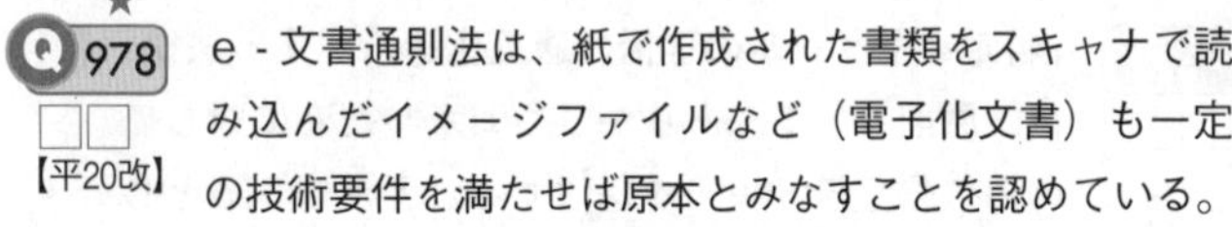

★
Q 978
□□
【平20改】

e-文書通則法は、紙で作成された書類をスキャナで読み込んだイメージファイルなど（電子化文書）も一定の技術要件を満たせば原本とみなすことを認めている。

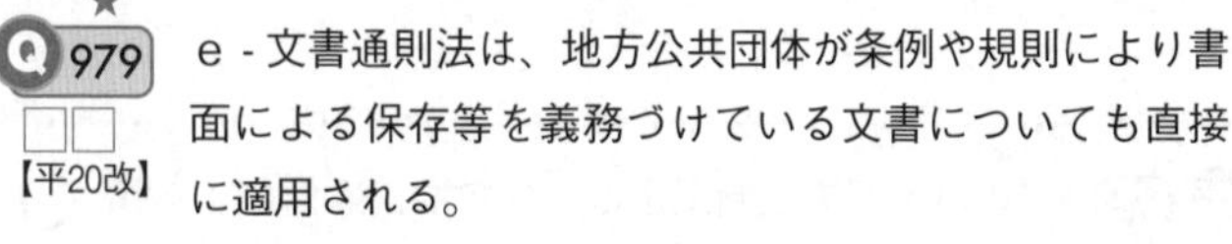

★
Q 979
□□
【平20改】

e-文書通則法は、地方公共団体が条例や規則により書面による保存等を義務づけている文書についても直接に適用される。

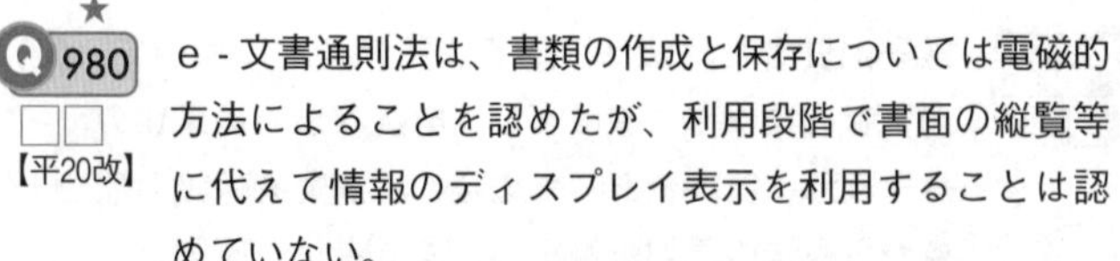

★
Q 980
□□
【平20改】

e-文書通則法は、書類の作成と保存については電磁的方法によることを認めたが、利用段階で書面の縦覧等に代えて情報のディスプレイ表示を利用することは認めていない。

＊民間事業者等が行う書面の保存等における情報通信の技術の利用に関する法律

A 976 □□ この法律は、書面の保存等に関し電磁的方法を義務づけるものではなく、文書の電子保存を一括して認めるための法律であり、その目的や用語の定義等共通事項を定めたものである。 ×

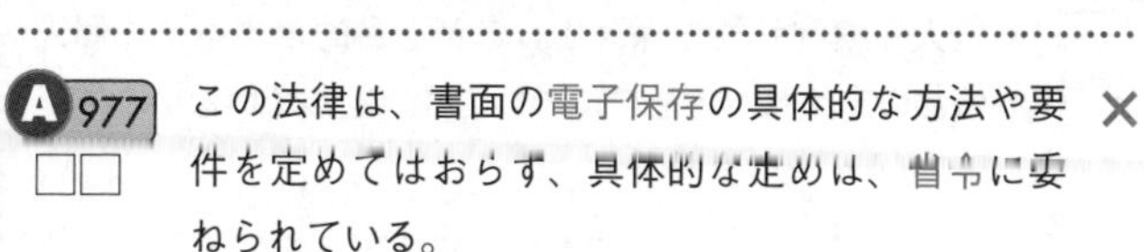

A 977 □□ この法律は、書面の電子保存の具体的な方法や要件を定めてはおらず、具体的な定めは、省令に委ねられている。 ×

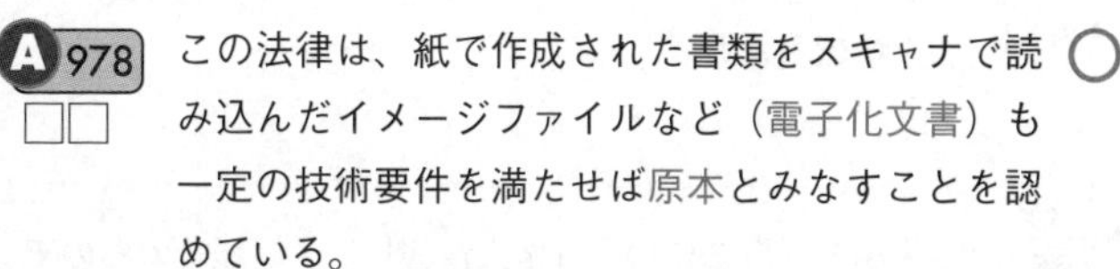

A 978 □□ この法律は、紙で作成された書類をスキャナで読み込んだイメージファイルなど（電子化文書）も一定の技術要件を満たせば原本とみなすことを認めている。 ○

A 979 □□ この法律は、民間事業者が法律および法律に基づく命令によって作成保存することを義務づけられている文書の電子保存について定めるものであり、地方公共団体が条例や規則により書面による保存等を義務づけている文書について直接に適用されることはない。 ×

A 980 □□ 利用段階で書面の縦覧等に代えて情報のディスプレイ表示を利用することも認められている（e - 文書通則法５条）。 ×

基礎知識 ⑧ 個人情報保護

★★
Q 981 □□ 【予想】

個人情報保護法*は、個人情報の適正な取扱いに関し、個人の権利利益を保護することを目的とするが、個人情報の有用性への配慮については規定していない。

Q 982 □□ 【平21改】

個人情報保護法にいう「個人情報」は、生存する個人に関する情報であれば、日本国民のみならず外国人の個人情報も含む。

★★
Q 983 □□ 【予想】

個人情報保護法にいう「個人情報」は、情報そのもので個人が識別されるものでなければならず、他の情報と容易に照合することができ、それにより特定の個人を識別することができることとなるものを含まない。

★
Q 984 □□ 【予想】

個人情報保護法にいう「個人識別符号」には、行政手続における特定の個人を識別するための番号の利用等に関する法律に規定する個人番号が含まれる。

＊ 個人情報の保護に関する法律

個人情報保護法の規定する基礎的概念を整理しておきましょう。

A 981 □□

個人情報保護法は、個人情報の適正な取扱いに関し、個人情報の有用性に配慮しつつ、個人の権利利益を保護することを目的とするとしている（個人情報保護法１条）。 ×

個人情報保護法にいう個人情報とは、「生存する個人に関する情報」とされており（個人情報保護法２条１項柱書）、外国人の個人情報は除外されない。 ○

個人情報保護法にいう「個人情報」には、他の情報と容易に照合することができ、それにより特定の個人を識別することができることとなるものが含まれる（個人情報保護法２条１項１号）。 ×

個人情報保護法にいう「個人識別符号」には、行政手続における特定の個人を識別するための番号の利用等に関する法律に規定する個人番号（いわゆるマイナンバー）が含まれる。 ○

★★
Q985
□□
【予想】

個人情報保護法にいう「要配慮個人情報」とは、本人の人種、信条、社会的身分、病歴、犯罪の経歴、犯罪により害を被った事実その他本人に対する不当な差別、偏見その他の不利益が生じないようにその取扱いに特に配慮を要するものとして政令で定める記述等が含まれる個人情報をいうが、健康診断等の結果が含まれる個人情報は要配慮個人情報にあたらない。

Q986
□□
【予想】

個人情報保護法にいう「個人情報データベース等」とは、個人情報を含む情報の集合物をいい、利用方法からみて個人の権利利益を害するおそれが少ないものであっても、これに該当する。

★
Q987
□□
【予想】

個人情報データベース等を事業の用に供している者は、原則として、個人情報保護法にいう「個人情報取扱事業者」に該当する。

★★
Q988
□□
【予想】

個人情報保護法上、匿名加工情報とは、同法所定の個人情報の区分に応じて所定の措置を講じて特定の個人を識別することができないように個人情報を加工して得られる個人に関する情報であって、当該個人情報を復元することができないようにしたものをいう。

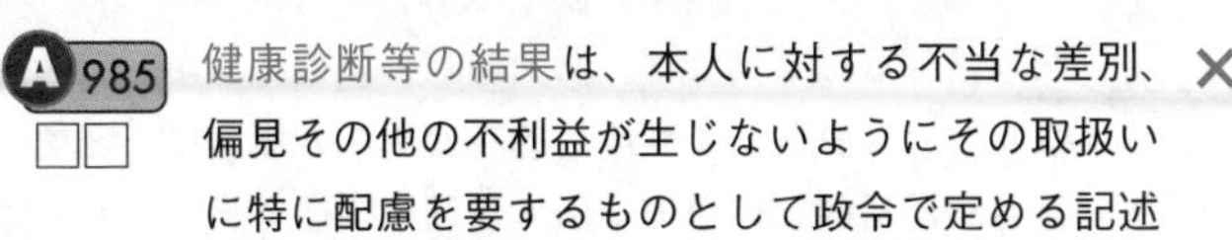

A 985 □□

健康診断等の結果は、本人に対する不当な差別、偏見その他の不利益が生じないようにその取扱いに特に配慮を要するものとして政令で定める記述等に該当し、これが含まれる個人情報は要配慮個人情報にあたりうる（個人情報保護法２条３項）。 ×

A 986 □□

個人情報保護法にいう「個人情報データベース等」とは、個人情報を含む情報の集合物であるが、利用方法からみて個人の権利利益を害するおそれが少ないものとして政令で定めるものは除かれる（個人情報保護法16条１項）。 ×

A 987 □□

個人情報保護法にいう個人情報取扱事業者とは、国の機関など一定の者を除き、個人情報データベース等を事業の用に供している者をいう（個人情報保護法16条２項）。 ○

A 988 □□

匿名加工情報とは、個人情報保護法所定の個人情報の区分に応じて所定の措置を講じて特定の個人を識別することができないように個人情報を加工して得られる個人に関する情報であって、当該個人情報を復元することができないようにしたものをいう（個人情報保護法２条６項）。 ○

★★
Q 989
□□
【令2】

個人情報取扱事業者は、個人情報の取得にあたって通知し、又は公表した利用目的を変更した場合は、変更した利用目的について、個人情報によって識別される特定の個人である本人に通知し、又は公表しなければならない。

★
Q 990
□□
【令2】

個人情報取扱事業者は、個人データの取扱いの安全管理を図る措置をとった上で、個人データの取扱いについて、その一部を委託することは可能であるが、全部を委託することは禁止されている。

Q 991
□□
【令2】

個人情報取扱事業者は、公衆衛生の向上のため特に必要がある場合には、個人情報によって識別される特定の個人である本人の同意を得ることが困難でない場合でも、個人データを当該本人から取得することができ、当該情報の第三者提供にあたっても、あらためて、当該本人の同意を得る必要はない。

Q 992
□□
【令2】

個人情報取扱事業者は、地方公共団体が法令の定める事務を遂行することに対して協力する必要がある場合でも、個人情報によって識別される特定の個人である本人の同意を得た場合に限り、個人データを当該地方公共団体に提供することができる。

A 989 □□

個人情報取扱事業者は、利用目的を変更した場合は、変更された利用目的について、本人に通知し、または公表しなければならない（個人情報保護法21条3項）。 ○

A 990 □□

個人情報取扱事業者は、個人データの取扱いの安全管理を図る措置をとった上で、個人データの取扱いの全部または一部を委託することができる（個人情報保護法25条）。 ×

A 991 □□

個人情報取扱事業者は、公衆衛生の向上のため特に必要がある場合であって、本人の同意を得ることが困難であるときは、あらかじめ本人の同意を得ないで、個人データを第三者に提供することができる（個人情報保護法27条1項3号）。 ×

A 992 □□

個人情報取扱事業者は、地方公共団体が法令の定める事務を遂行することに対して協力する必要がある場合であって、本人の同意を得ることにより当該事務の遂行に支障を及ぼすおそれがあるときは、あらかじめ本人の同意を得ないで、個人データを第三者に提供することができる（個人情報保護法27条1項4号）。 ×

★★

Q 993 □□ 【令2】

個人情報取扱事業者は、合併その他の事由による事業の承継に伴って個人データの提供を受ける者が生じる場合には、個人情報によって識別される特定の個人である本人の同意を得なければならない。

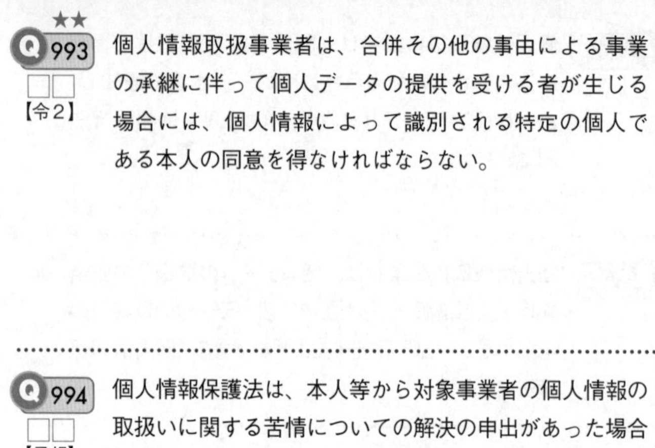

Q 994 □□ 【予想】

個人情報保護法は、本人等から対象事業者の個人情報の取扱いに関する苦情についての解決の申出があった場合に、その相談、助言、解決を図るための事業者団体の存在を予定し、その団体による処理を期待している。

Q 995 □□ 【令1】

個人情報保護委員会は、総務大臣、経済産業大臣および厚生労働大臣の共管である。

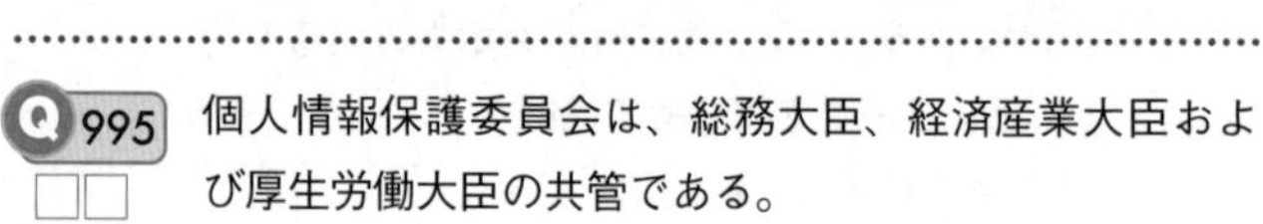

Q 996 □□ 【令1】

個人情報保護委員会の委員長および委員は、在任中、政党その他の政治団体の役員となり、または積極的に政治運動をしてはならない。

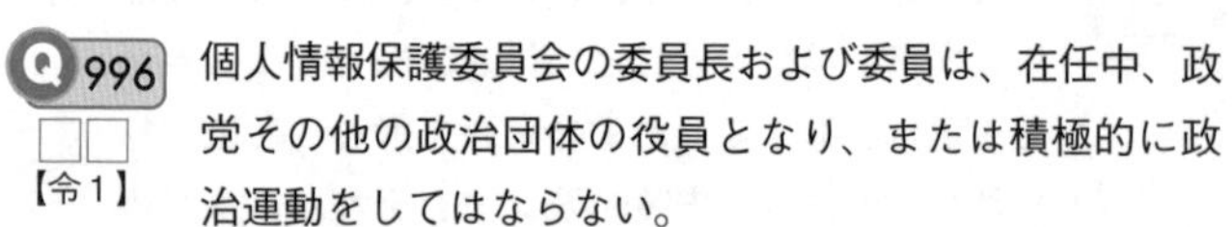

Q 997 □□ 【令1】

個人情報保護委員会の委員長、委員、専門委員および事務局の職員は、その職務を退いた後も、職務上知ることのできた秘密を漏らし、または盗用してはならない。

A 993 □□

個人情報取扱事業者は、原則として、あらかじめ本人の同意を得ないで、個人データを第三者に提供してはならないが、合併その他の事由による事業の承継に伴って個人データが提供される場合において、当該個人データの提供を受ける者は、第三者に該当しないものとされるため（個人情報保護法27条5項2号）、個人データを提供するにあたり本人の同意は不要である。 ×

A 994 □□

個人情報保護法上、本問のような認定個人情報保護団体の存在が予定され（個人情報保護法47条以下）、その団体による苦情処理などが期待されている。 ○

A 995 □□

個人情報保護委員会は、内閣総理大臣の所轄に属する（個人情報保護法130条2項）。 ×

A 996 □□

個人情報保護委員会の委員長および委員は、在任中、政党その他の政治団体の役員となること、または積極的に政治運動をすることを禁止される（個人情報保護法142条1項）。 ○

A 997 □□

個人情報保護委員会の委員長、委員、専門委員および事務局の職員は、職務上知ることのできた秘密を漏らし、または盗用してはならず、その職務を退いた後も同様とされる（個人情報保護法143条）。 ○

★
Q998 □□ 【令1】

個人情報保護委員会は、法律の施行に必要な限度において、個人情報取扱事業者に対し、必要な報告または資料の提出を求めることができる。

Q999 □□ 【令4】

個人情報保護委員会は、認定個人情報保護団体に関する事務をつかさどる。

★
Q1000 □□ 【平24改】

個人情報取扱事業者である法人の従業者が、当該法人の業務における個人情報の取扱いに関して個人情報保護委員会に虚偽報告をした場合、当該従業者個人が罰せられることはあっても、当該法人が罰せられることはない。

A 998 □□

個人情報保護委員会は、個人情報保護法の規定の施行に必要な限度において、個人情報取扱事業者に対し、個人情報の取扱いに関し、必要な報告または資料の提出を求めることができる（個人情報保護法146条1項）。 ○

A 999 □□

個人情報保護委員会は、その任務を達成するため、認定個人情報保護団体に関する事務をつかさどる（個人情報保護法132条3号）。 ○

A 1000 □□

個人情報の取扱いに関して個人情報保護委員会に虚偽の報告をした者は、50万円以下の罰金に処せられる（個人情報保護法182条1号）。法人の従業者が、その法人の業務に関して虚偽の報告をしたときは、行為者を罰するほか、その法人も、50万円以下の罰金に処せられる（個人情報保護法184条1項2号）。 ×

POINTマスター

基礎知識

1 日本国民の被選挙権

衆議院議員	年齢満 25 年以上の者
参議院議員	年齢満 30 年以上の者
都道府県の議会の議員	その選挙権を有する者で年齢満 25 年以上の者
都道府県知事	年齢満 30 年以上の者
市町村の議会の議員	その選挙権を有する者で年齢満 25 年以上の者
市町村長	年齢満 25 年以上の者

2 国の財政・予算

① 予算総則

② 歳入歳出予算

③ 継続費

工事、製造その他の事業で、完成に数年度を要するものについて、特に必要がある場合に、経費の総額および年割額を定め、あらかじめ国会の議決を経て、数年度にわたって支出するもの

④ 繰越明許費

歳出予算のうち、諸事情により年度内に支出の終わらない見込みのある経費について、あらかじめ国会の議決を経て翌年度に繰り越して支出されるもの

⑤ 国庫債務負担行為

法律に基づくものまたは歳出予算の金額もしくは継続費の総額の範囲内におけるもののほか、国が債務を負担する行為のこと

3 日本銀行の金融政策

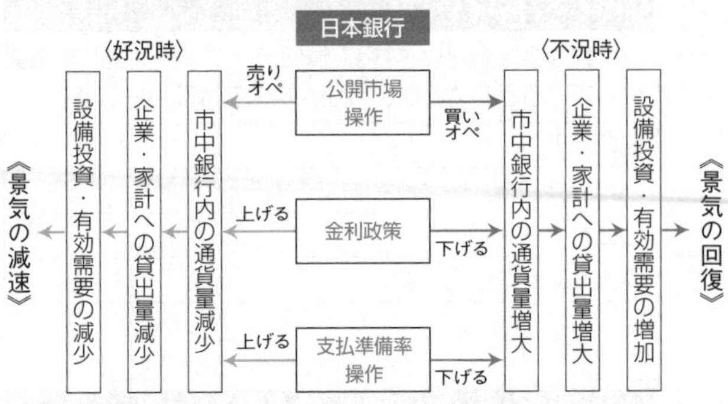

4 日本の社会保障制度

日本の社会保障制度は、次の四つの制度で成り立っている。

社会保障	
	社会保険　① 年金保険　② 医療保険　③ 雇用保険 ④ 労働者災害補償保険　⑤ 介護保険
	公的扶助
	公衆衛生
	社会福祉

5 少子化対策と高齢化対策

少子高齢化対策の経緯を整理すると、次のようになる。

少子化対策	エンゼルプラン、新エンゼルプラン、 少子化社会対策基本法、 次世代育成支援対策推進法、 子ども・子育て支援法　など
高齢化対策	ゴールドプラン、新ゴールドプラン、 介護保険法、ゴールドプラン 21、 後期高齢者医療制度　など

6 個人情報保護法上の個人情報取扱事業者から除外される者

個人情報取扱事業者とは、「個人情報データベース等」を事業の用に供している者のことをいうが、次の者は除外される。

①	国の機関
②	地方公共団体
③	独立行政法人等
④	地方独立行政法人

7 個人情報・個人データ・保有個人データ

個人情報	生存する個人に関する情報であって、次のいずれかに該当するもの ① 当該情報に含まれる氏名、生年月日その他の記述等（個人識別符号を除く）により特定の個人を識別することができるもの（他の情報と容易に照合することができ、それにより特定の個人を識別することができることとなるものを含む） ② 個人識別符号が含まれるもの
個人データ	個人情報データベース等を構成する個人情報
保有個人データ	個人情報取扱事業者が、開示、内容の訂正、追加または削除、利用の停止、消去および第三者への提供の停止を行うことのできる権限を有する個人データであって、その存否が明らかになることにより公益その他の利益が害されるものとして政令で定めるもの以外のもの

8 仮名加工情報・匿名加工情報

仮名加工情報	匿名加工情報
次の①②の個人情報の区分に応じて所定の措置を講じて他の情報と照合しない限り特定の個人を識別することができないように個人情報を加工して得られる個人に関する情報	次の①②の個人情報の区分に応じて所定の措置を講じて特定の個人を識別することができないように個人情報を加工して得られる個人に関する情報であって、当該個人情報を復元することができないようにしたもの
① 生存する個人に関する情報であって、当該情報に含まれる氏名、生年月日その他の記述等（個人識別符号を除く）により特定の個人を識別することができるもの（他の情報と容易に照合することができ、それにより特定の個人を識別することができることとなるものを含む） （措置）当該個人情報に含まれる記述等の一部を削除すること（当該一部の記述等を復元することのできる規則性を有しない方法により他の記述等に置き換えることを含む） ② 生存する個人に関する情報であって、個人識別符号が含まれるもの （措置）当該個人情報に含まれる個人識別符号の全部を削除すること（当該個人識別符号を復元することのできる規則性を有しない方法により他の記述等に置き換えることを含む）	

著者紹介

ユーキャン行政書士試験研究会

本会は、行政書士試験対策本の制作にあたって、長年にわたり行政書士試験の受験指導を行ってきた著者を中心に結成されました。執筆者の専門性に加え、通信講座の教材制作で蓄積したノウハウを生かし、よりわかりやすい書籍づくりのために日々研究を積み重ねています。

■直井　雅人（監修）

弁護士（東京弁護士会所属）
弁護士として実務に携わる傍ら、司法試験や東京商工会議所主催「ビジネス実務法務検定試験®」の教材執筆、受験指導など法務教育にも力を注いでいる。行政書士試験の法律系科目にも造詣が深い。

■田中　孝司

民間企業での30年近くに及ぶ実務経験を生かし、行政書士試験の受験指導を始める。私法分野（民法、商法）について幅広い知識をもち、行政書士試験受験対策用に執筆した教材も多数。

■藤井　正一

2002年から行政書士試験の受験指導を始める。特に、公法分野（憲法、行政法）を得意としており、出題傾向の分析には定評がある。行政書士試験の受験用教材の執筆、講師経験も豊富。

■光浦　太

15年以上にわたり行政書士試験の受験指導を行っている。出題範囲の広い一般知識分野を効率的に指導するノウハウをもつ。公務員試験の一般知識分野にも精通している。

●**法改正・正誤等の情報につきましては、下記「ユーキャンの本」ウェブサイト内「追補（法改正・正誤）」をご覧ください。**
https://www.u-can.co.jp/book/information

●**本書の内容についてお気づきの点は**
・「ユーキャンの本」ウェブサイト内「よくあるご質問」をご参照ください。
https://www.u-can.co.jp/book/faq
・郵送・FAXでのお問い合わせをご希望の方は、書名・発行年月日・お客様のお名前・ご住所・FAX番号をお書き添えの上、下記までご連絡ください。
【郵送】〒169-8682 東京都新宿北郵便局 郵便私書箱第2005号
ユーキャン学び出版 行政書士資格書籍編集部
【FAX】03-3378-2232
◎より詳しい解説や解答方法についてのお問い合わせ、他社の書籍の記載内容等に関しては回答いたしかねます。

●**お電話でのお問い合わせ・質問指導は行っておりません。**

2024年版　ユーキャンの 行政書士　これだけ！ 一問一答集

2010年3月5日　初　版　第1刷発行
2023年12月22日　第15版　第1刷発行

編　者　ユーキャン行政書士試験研究会
発行者　品川泰一
発行所　株式会社 ユーキャン 学び出版
〒151-0053　東京都渋谷区代々木1-11-1
Tel 03-3378-1400
編　集　有限会社 中央制作社
発売元　株式会社 自由国民社
〒171-0033　東京都豊島区高田3-10-11
Tel 03-6233-0781（営業部）

印刷・製本　カワセ印刷株式会社

※ 落丁・乱丁その他不良の品がありましたらお取り替えいたします。お買い求めの書店か自由国民社営業部（Tel 03-6233-0781）へお申し出ください。

 ISBN978-4-426-61530-7